Wilfried Ruff, Sebastian Leikert
Therapieverläufe im stationären Setting

Reihe »Forschung psychosozial«

Wilfried Ruff, Sebastian Leikert

Therapieverläufe im stationären Setting

Eine psychoanalytische Untersuchung zur Prozeßqualität

unter Mitwirkung von
Dorothea Kuttenkeuler, Hermann Schürmann
und Edeltraud Thamm

Psychosozial-Verlag

Die Umschlagsabbildung von C. Mörschel, „Peer Gynt", ist in der Werkstatt der
für Seidenmalerei der Lebenshilfe Gießen enstanden.

Bibliografische Information der Deutschen Nationalbibliothek
Die Deutsche Nationalbibliothek verzeichnet diese Publikation in der Deutschen
Nationalbibliografie; detaillierte bibliografische Daten sind im Internet über
<http://dnb.d-nb.de> abrufbar.

© 1999 Psychosozial-Verlag
E-Mail: info@psychosozial-verlag.de
www.psychosozial-verlag.de
Umschlagabbildung: C. Mörschel „Peer Gynt"
Umschlaggestaltung: Atelier Warminski, Büdingen.
Printed in Germany
ISBN 978-3-932133-63-3

Inhalt

8

Vorwort

Stationäre Behandlungen nach psychoanalytischen Gesichtspunkten können auf eine lange Tradition zurückblicken. Im April 1926 eröffnete Ernst Simmel die erste psychoanalytische Klinik im Sanatorium Schloß Tegel (Berlin) mit 50 Zimmern für 74 Patienten.* Dort sollten Kranke aufgenommen werden, „die infolge der Schwere und Ausdehnung ihres neurotischen Symptombildes ambulant entweder gar nicht behandelt werden können, oder bei denen sich die ambulante Behandlung allein als unzureichend erweist, um den Heilerfolg – in den gegebenen zeitlichen Grenzen – zu erzielen" (Simmel 1927, S. 245). Auch Kranke, deren Umgebung negativ und störend auf ihre therapeutische Besserung reagiert, müßten „unter mehr oder minder strenger Isolierung bzw. Dosierung menschlicher Beziehungen" in einer Klinik therapiert werden (1928, S. 355). Dabei schrieb Simmel dem Zusammensein mit anderen Patienten und deren „Schwankungen" in ihrer Therapie einen Heileffekt zu (S. 356), wenn er auch deren gruppendynamische Bedeutung noch nicht erkannte. Insgesamt soll die Klinik mit ihrer Organisation (wozu er Ärzte, Pfleger, gutes Essen, eine ästhetische Behausung mit landschaftlich schöner Umgebung rechnete) dem Patienten „eine neue, anders geartete Realität" und damit gleichsam „einen Stützapparat" so lange bieten, „bis er extra muros selbständig wieder laufen kann, d. h. Existenz- und Genußfähigkeit erlangt hat" (S. 359).

„Durch die in einem Sanatorium mögliche Intensivierung der psychoanalytischen Behandlung" erwartete Simmel therapeutische Erfolge nicht nur bei den klassischen Übertragungsneurosen, sondern auch bei funktionellen Organstörungen, Süchten aller Art, Charakterfehlentwicklungen und Psychosen bzw. psychotischen Grenzzuständen, sowie bei „komplizierten und langwierigen organischen Erkrankungen, bei denen eine psychische Komponente deutlich den Heilvorgang behindert" (1927, S. 245f). Er unterschied also bestimmte Krankheitsgruppen, für die er unter bestimmten Be-

---

*Wir verwenden in diesem Buch die Wörter „Patient" und „Patienten" , „Therapeut" und „Therapeuten" als geschlechtsneutrale Begriffe und differenzieren nur dann nach Geschlecht, wenn wir über eine bestimmte Person berichten.

dingungen (Schweregrad, häusliches Umfeld) eine Indikation zur stationären Psychotherapie gegeben sah, was sich aufgrund klinischer Erfahrungen und Forschungen in den letzten 20 Jahren bestätigt hat (Janssen 1987, Schepank u. Tress 1988, Ruff u. Leikert 1995). Darüber hinaus gab Simmel für die Behandlung von Suchtkranken aufgrund seiner Beobachtungen schon modifizierte Therapieanweisungen (1928, S.365-367), was als Beginn spezifischer Behandlungskonzepte angesehen werden kann und in der Folgezeit zur Einrichtung eigenständiger Suchtkliniken führte. Seine Hoffnung, daß aus diesem Anfang „später eine systematische klinische Psychotherapie erwachsen wird", erfüllte sich zunächst nicht.

Nachdem nämlich Simmel seine Klinik 1931 infolge der Weltwirtschaftskrise hatte schließen müssen, dauerte es fast zwei Jahrzehnte, bis vor 50 Jahren wieder psychotherapeutische Kliniken in Berlin-Grunewald, Tiefenbrunn/Rosdorf, Heidelberg und Bad Berleburg eröffnet wurden. Seitdem wurde die stationäre Psychotherapie schwerer neurotischer, psychosomatischer und struktureller Störungen bis hin zu Psychosen konzeptualisiert. Ende der 70-er Jahre führte dies in der Klinik Wittgenstein – ähnlich wie schon früher in der Klinik für Psychotherapie und Psychotherapeutische Medizin Tiefenbrunn – zur Bildung von Abteilungen, in denen spezifische Krankheitsbilder mit für sie entwickelten Therapiekonzepten behandelt werden. Die Klinik Wittgenstein in Bad Berleburg nimmt als einzige Klinik in Deutschland die ihr von niedergelassenen Ärzten und Psychologen oder von Krankenhäusern zugewiesenen Patienten zunächst zu einer 4-tägigen stationären Diagnostik auf (Ruff 1983). An deren Ende werden die Patienten dann entsprechend ihres Krankheitsbildes einer der 3 vollstationären Therapieabteilungen zugewiesen, wobei zwischen neurotischen, psychosomatischen und strukturellen Störungen unterschieden wird. Bei der Indikation zu einer teilstationären Behandlung werden die Patienten in unserer Tagesklinik Netphen aufgenommen. Diese Vorstrukturierung ermöglicht in den vollstationären Abteilungen ein für die Patientengruppe homogeneres therapeutisches Vorgehen. Der Gesamtbehandlungsplan wird auf der Grundlage einer psychoanalytisch orientierten Psychotherapie mit jedem Patienten individuell zusammengestellt und kann neben verschiedenen körperorientierten Behandlungen (Bewegungs-, Ergo-, Physikalische Therapie) auch andere Psy-

10

chotherapieverfahren (Verhaltens-, Familientherapie), Entspannungsmethoden (Autogenes Training, Progressive Muskelrelaxation) und medikamentöse Behandlungen enthalten. Die Gestaltung des Gesamtbehandlungsplanes richtet sich nach dem mit dem Patienten gefundenen und vereinbarten Therapieziel (Ruff u. Werner 1987). Entsprechend der Fortschritte auf das Therapieziel hin wird die Behandlung in regelmäßigen Visiten und Zwischenbilanzen überprüft und gegebenenfalls verändert. So variiert die Dauer der stationären Behandlung zwischen 3 Wochen und 6 Monaten.

Schon Simmel stellte fest, daß der Patient im stationären Setting „Schwankungen seiner eigenen Analyse" erlebe (1928, S. 356). Die klinische Erfahrung seitdem hat dies bestätigt. Auch unterschied Simmel im Therapieverlauf schon unterschiedliche Abschnitte, die der Therapeut beachten solle. So vermied Simmel am Anfang des Klinikaufenthaltes eines Patienten „die zu frühzeitige Mobilisierung unbewußter Widerstände", indem er „den Patienten sich erst ein paar Tage akklimatisieren und die ruhige, konfliktreine Atmosphäre genießen" ließ. Damit wollte er auch „zunächst eine positive Bindung an das Institut als solches, an den Genius loci" erreichen. Um den „Patienten analysebereit zu machen", hielt er neben Gesprächen mit dem Therapeuten („ harmlose Spaziergänge im Park mit dem Analytiker") auch das „unauffällige Bekanntmachen mit anderen Kranken, deren Analyse aufgrund ausreichender Übertragung gut im Gange ist", für nützlich. In der Folgezeit gerate der Patient und seine „Mitspieler ... durch das Spiel der Übertragung ... ins Schwanken" (S. 360). Dadurch fallen „Fehlleistungen ..., Symbol-, Symptomhandlungen und Ersatzbefriedigungen ... in den Beziehungen des Patienten zu seiner Klinikumwelt" auf (S. 363). Der Patient rekapituliere „unter dem korrigierenden Einfluß der analytischen Kur ... die ganze Skala seiner erstmaligen kindlichen Konfliktbewältigungs- und Abwehrversuche, die seiner Zeit eine Konsolidierung der Persönlichkeit nur mit Defekt erzielten" (S. 369). „In bestimmten Abschnitten der Kur" seien die Beziehungen des Patienten zur realen Umwelt zu berücksichtigen, indem dann „der Patient oft tage- oder auch wochenweise wieder in seine Familie oder in seinen Beruf zurückkehrt" (S. 369). Ziel der Behandlung sei, seine „Selbstverantwortung ..., die im Identifizierungsprozeß (mit den Therapeuten und überhaupt mit der Lebensgemeinschaft in der Klinik) dem Über-Ich eine Selbststeuerung im Sinne der Realität auferlegt" (S. 363).

Derartige Überlegungen zum Therapieverlauf wurden aufgrund klinischer Erfahrungen in den letzten Jahrzehnten ausgeweitet, worauf wir in den jeweiligen Kapiteln eingehen werden. Systematische Untersuchungen zum Therapieverlauf fehlen jedoch bis heute. Das scheint angesichts der Diskussionen um Indikation und Wirksamkeit von Psychotherapie – und stationärer Psychotherapie im Besonderen – zunächst verwunderlich. Aber die Forschungen zur Qualität stationärer Psychotherapie beziehen sich bisher vorwiegend auf deren Ergebnis, das in möglichst kurzer Zeit erzielt werden soll; der Therapieprozeß selbst wurde dabei unterschätzt. Die gängige Meinung, stationäre Psychotherapie könne keine eigenen stabilen Erfolge erzielen, sondern diene jeweils nur der Vorbereitung auf eine ambulante Weiterbehandlung, wurde zwar oft geäußert, aber nicht belegt. Bereits in unserer katamnestischen Untersuchung von Patienten 10 Jahre nach ihrer stationären Psychotherapie hatten wir zeigen können, daß das stationäre Setting als eigenständige Behandlungsform anzusehen ist und daß es dauerhafte Heilung ohne anschließende ambulante Psychotherapie bewirken kann (Ruff u. Leikert 1995, Leikert u. Ruff 1997). In methodischen Überlegungen zu unseren damaligen Untersuchungen hatten wir angeregt, gerade in der Psychotherapie mehr prozeßhaft zu denken, statt in statischer Weise gebannt auf Struktur- und Ergebnisqualität zu schauen (Leikert u. Ruff 1994). Diesen Gedanken setzen wir im vorliegenden Buch fort, wobei wir Therpapieprozesse beschreiben können, in denen Patienten (z. B. mit neurotischen Störungen) neue Lösungen für ihren zugrundeliegenden Konflikt finden, die sie im stationären Setting erproben und festigen. Im Rahmen einer geplanten weiteren katamnestischen Untersuchung werden wir an einem Teil der bereits untersuchten Stichprobe überprüfen, ob diese positiven Veränderungen dauerhaft sind. Wir hoffen, damit den Zusammenhang zwischen therapeutischem und posttherapeutischem Prozeß weiter klären zu können.

Ein statisches Denken kann gefördert werden durch quantitative, auf Standardisierung beruhenden Untersuchungen, wie sie sich auch in der psychoanalytischen Psychotherapieforschung finden. Zwar gilt für psychoanalytische Erkenntnisse und Ergebnisse ebenfalls die Notwendigkeit, daß sie den Kriterien der Objektivität, der Validität (Gegenstandsangemessenheit) und der Reliabilität (Zuverlässigkeit) entsprechen müssen. Diese Kriterien sind jedoch in der psychoanalytischen Forschung anders umzusetzen als in der positivistischen Methodologie, was wir in Kapitel 1 zeigen werden. Dort begründen wir das Selbstverständnis und Setting unserer Untersuchungen, die weder auf bereits vorliegende quantitative oder qualitative Forschungsdesigns noch auf klassische psychoanalytische Einzelfallforschung zurückgreifen kann.

Unsere Ergebnisse über Therapieverläufe bei verschiedenen Störungsbildern beruhen auf Diskussionen der Abschlußinterviews von Patienten vor ihrer Entlassung. In Kapitel 2 erläutern wir zunächst unsere Erfahrungen in diesen Gruppendiskussionen, an denen regelmäßig 5 Analytikerinnen bzw. Analytiker (zum Teil in Weiterbildung) teilnahmen. Wir begründen, warum wir dieses Untersuchungssetting als der psychoanalytischen Forschung gemäß betrachten. Die Darstellung der durch systematischen Vergleich gewonnenen typischen Therapieprozesse bei unterschiedlichen Patientengruppen in den folgenden 3 Kapiteln beginnt jeweils mit Angaben zur Strukturqualität, zentriert dann auf den Behandlungsverlauf und verbindet damit Überlegungen zum therapeutischen Vorgehen bei der jeweiligen Patientengruppe. Im letzten Kapitel diskutieren wir zusammenfassend das Gemeinsame und Unterscheidende in den verschiedenen Therapieverläufen.

Wir haben in den Therapieverläufen verschiedene Einflußvariablen auf den Therapieprozeß dargestellt, jedoch darauf verzichtet, diese jeweils einzeln zu bestimmen und zu werten, weil es aufgrund des individuellen Behandlungsplanes eines jeden Patienten keine „Durchschnittspatienten" geben kann. Stattdessen gingen wir in unseren Untersuchungen über den Zusammenhang zwischen Struktur (Persönlichkeitsorganisation) und Entwicklung (im Therapieverlauf) davon aus, daß ein bestimmtes Störungsbild, das bei einer Gruppe von Patienten zu diagnostizieren ist, den Therapieverlauf im wesentlichen prägen wird. Wir setzten voraus, daß die Behandlungsweise diesem Störungsbild weitgehend entsprechen wird, was durch langjährige klinische Erfahrungen belegt wurde. Andere Einflußfaktoren (z. B. Persönlichkeit der Behandler, Kombination von Therapieverfahren) modifizierten zwar den jeweiligen Behandlungsprozeß, ließen sich aber durch die Gruppendiskussion und durch systematischen Vergleich verschiedener Therapieverläufe so weit relativieren, daß jeweils ein idealtypischer Verlauf für das betreffende Störungsbild gefunden werden konnte. Diese idealtypischen Verläufe konnten miteinander verglichen werden, weil alle Patienten in derselben Institution behandelt wurden und weil während des 5-jährigen Untersuchungszeitraumes keine strukturell gravierenden Veränderungen in der Klinik vorgenommen wurden (z. B. kein Wechsel in den therapeutischen Leitungen).

Anliegen bei dieser Untersuchung war nicht, Aussagen über Therapieerfolge im Sinne eines Prä-Post-Vergleichs zu machen. Wir betrachteten das Therapieergebnis unter dem Gesichtspunkt eines mehr oder minder vollständigen therapeutischen Prozesses. In diesem Sinne lassen sich Konstellationen beschreiben, die dem Therapieprozeß förderlich oder abträglich sind, so daß wir einen Maßstab für die Beurteilung von Therapieverläufen in der jeweiligen Patientengruppe formulieren können. Durch den systematischen Vergleich vieler Einzelfälle kommen wir zu Aussagen, die einen über den Einzelfall hinausgehenden Anspruch auf Gültigkeit erheben. Die Ergebnisse können als qualitativ repräsentativ angesehen werden, weil sie auf der intensiven Auswertung von insgesamt 47 Einzeltherapien beruhen; dagegen verbieten sich – aufgrund der für statistische Fragestellungen zu kleinen Population – statistische Aussagen über die relative Wahrscheinlichkeit bestimmter Therapieverläufe.

Wir hoffen, daß unsere Studie nicht nur der Forschung Impulse zu weiteren vergleichenden Untersuchungen von Therapieverläufen zu geben vermag, sondern daß wir auch Therapeuten in Klinik und Praxis Anregungen vermitteln können, die für sie im Laufe der Behandlung eines Patienten mit einem der von uns untersuchten Störungsbilder nützlich sind.

Kapitel 1

Erkenntnistheoretische Überlegungen – angewandt auf unsere Untersuchungen

Einleitung

Psychoanalytische Forschung braucht eine Auseinandersetzung mit erkenntnistheoretischen Fragestellungen, um ihren Platz in der Psychotherapieforschung erklären zu können. Dabei muß die Diskussion – über die Frage der im einzelnen angewandten Methodik hinaus – die eigene erkenntnistheoretische Grundposition bestimmen.

Das Mitteilen von Forschungsergebnissen bedarf der Erläuterung der Methode, mit deren Hilfe sie gewonnen wurden. Diese Selbstverständlichkeit wissenschaftlichen Arbeitens gilt auch für unsere Untersuchung, auch wenn der Ausgangspunkt unserer Studie eher pragmatischer Natur war. Wir wollten mit Hilfe der Methoden und Erkenntnisweisen, die auch in der klinischen Arbeit angewandt werden, den Verlauf stationärer psychoanalytischer Therapien analysieren. Wir führten dazu mit Patienten kurz vor Beendigung ihrer Psychotherapie tiefenpsychologische Interviews – vergleichbar dem psychoanalytischen Erstgespräch – und diskutierten den jeweiligen Therapieprozeß in einer psychoanalytischen Forschungsgruppe. Wir erhofften uns von diesem Vorgehen Aussagen, die sich aufgrund ihrer klinischen Grundlegung wieder auf die klinische Arbeit anwenden lassen. Im Verlauf unserer Zusammenarbeit wurde uns zunehmend bewußt, daß sich die methodischen Grundlagen, auf die wir uns stützen, weder von der klassischen psychoanalytischen Forschung am Einzelfall noch durch die Prinzipien qualitativer Forschung so legitimieren ließen, wie das von anderen psychoanalytischen Wissenschaften dargestellt worden ist (Pfeffer 1959, Malan 1961, Kächele 1992).

Wir befaßten uns deswegen eingehend mit dem Setting unserer Untersuchung, experimentierten mit verschiedenen Möglichkeiten, um unsere Ergebnisse zu überprüfen und begannen, methodische Fragestellungen zu reflektieren (Leikert u. Ruff 1994). Im Gespräch mit anderen Forschern stellten wir fest, daß ein direkter Vergleich verschiedener methodischer Prinzipien leicht in eine unfruchtbare Gegenüberstellung der Unterschiedlichkeiten geriet. Insbesondere am Problem der Standardisierung des Erkenntniswegs ging es immer wieder um die Frage, wie sich unser Zugang rechtfertigen ließ. Deswegen wollen wir zunächst unsere erkenntnistheoretische Grundposition darstellen.

Damit folgen wir einer Forderung von Habermas, nämlich daß sich Wissenschaftstheorie stets auf eine umfassendere Erkenntnistheorie stützen müsse, wenn sie nicht zu einer starren und unhinterfragt angewandten Methodologie verkommen wolle. Habermas (1968) unternahm den Versuch, die Reflexion auf ein Niveau zurückzuführen, das er bei Kant vorgebildet sah, bei dem sich eine Erkenntnisposition „nicht nur ihrer Grenzen, sondern auch ihrer leitenden Idee vergewissern kann. Die umfassende Rationalität einer sich selbst transparent machenden Vernunft ist noch nicht auf den Inbegriff methodologischer Grundsätze zusammengeschrumpft" (S. 12).

Wie aber soll man diese Forderung einlösen, ohne sich in philosophiegeschichtliche Diskussionen zu verstricken? Welcher Ansatz bietet eine ausreichend allgemeine und doch noch handhabbare Grundlage für eine Diskussion verschiedener Standpunkte? Uns scheint *die Sprache* als Bezugspunkt für diese Aufgabe geeignet zu sein. Sprache ist Grundlage wissenschaftlicher Arbeit: Wissenschaftliche Aussagen sind nicht nur sprachlicher Natur, sie beziehen ihren Geltungsanspruch auch aus bestimmten sprachlichen Operationen. Methoden sind Regeln, nach denen sprachliche Zuordnungen, d. h. die Verknüpfung von Wort und Bedeutung, als ausreichend zuverlässig für wissenschaftliche Arbeit erachtet werden.

Die Rückwendung auf die Sprache mag zunächst trivial erscheinen, da Sprache in allen Bereichen des Lebens und keineswegs nur in der Wissenschaft Grundlage für Erkenntnis und Verständigung ist. Sprache begründet unsere Selbst- und Welterfahrung. Wenn jede Reflexion sich mit Hilfe der Sprache strukturiert, so muß eine umfassende Erkenntnistheorie sich dieser Grundlage versichern. Sprache, so selbstverständlich wir sie benutzen, ist ein komplexes System von Symbolen und Bezügen, und es ist keineswegs gleichgültig, welches Verhältnis ein Forscher zur Sprache einnimmt. Im Hinblick auf die Psychoanalyse ist sogar zu fragen, ob die durch sie möglich gewordenen neuen Erkenntnisse nicht letztlich auf einem neuen Zugang zur Sprache beruhen. Wenn Freud (1916/1917) für die Psychoanalyse postuliert, „das, was der Träumer erzählt, habe als sein Traum zu gelten" (S. 81), so hebt er im Erzählten nicht nur den sprachlichen Charakter des Gegenstands der Psychoanalyse hervor, sondern macht auch den besonderen Zugang der Psychoanalyse zur Bedeutung des Gesprochenen und damit letztlich zur Sprache als solcher offenbar: bedeutsam für die Psychoanalyse ist das Sprechen des Subjekts.

Das Sprachverständnis als Grundlage der Entscheidung für eine bestimmte Methodik

Die Wahl einer besonderen Methodik erfolgt auf dem Hintergrund einer spezifischen Auffassung von Sprache, die ihrerseits nicht empirisch-wissenschaftlicher Natur ist. Sie kann nur philosophisch begründet werden.

Zunächst lassen sich zwei Auffassungen von Sprache unterscheiden: Sprache kann als *Abbild von Realität* oder als *konstituierend für Realität* verstanden werden. In der psychologischen Forschung wird zwischen quantitativer und qualitativer Methodik unterschieden. Dieser Zweiteilung entsprechen zwei diametral entgegengesetzte Sprachauffassungen. Wir wollen sie als *vertikale* und als *horizontale* Sprachauffassung bezeichnen – je nachdem wie Wort und Bedeutung auf Sprache und Realität bezogen werden.
In der *vertikalen* Auffassung (quantitative Methodik) hat die Sprache keine andere Funktion als die einer Vermittlung von Realität. Die Bedeutung, die den Worten und Sätzen zukommt, stammt aus der Realität. Bedeutung wird hier als Verknüpfung eines sprachlichen Zeichens mit einer außersprachlichen Realität gedacht. Das Wort „Baum" repräsentiert eine außersprachliche Gegebenheit, eben die Realität „Baum". Besteht eine eindeutige Verknüp-

fung von sprachlichem Zeichen und seiner Bedeutung, so kann die Beziehung von Zeichen und Bedeutung vernachlässigt werden. Auf dieser Ebene hat ein Messen und Zählen als Zugang zur Bedeutung einen Sinn. So kann auf ein bestimmtes Merkmal – z. B. Intelligenz, Depressivität, räumliches Denken – dann geschlossen werden, wenn die mit ihm verbundenen sprachlichen Zeichen relativ häufig festgestellt wurden. – Diese Auffassung von Sprache liegt der positivistischen Wissenschaftstheorie zugrunde. Wittgenstein hat diese Auffassung von Sprache im „Tractatus logico-philosophicus" (1918) herausgearbeitet. Auf diesen Text beziehen sich immer wieder Vertreter der positivistischen Erkenntnistheorie (wie z. B. Popper 1934). Entsprechend gilt in der empirischen Forschung die Einführung von Maß und Zahl als Geburtsstunde der wissenschaftlichen Psychologie.

Die *horizontale* Sprachauffassung (qualitative Methodik) geht davon aus, daß zwischen sprachlichem Zeichen und seiner Bedeutung keine feste Verknüpfung besteht. Ein Wort erhält seine Bedeutung insbesondere durch die Beziehung der sprachlichen Zeichen zueinander. Zwar wird ein Bezug auf die außersprachliche Realität nicht geleugnet, er wird jedoch nicht als wesentlich für die jeweilige Bedeutung eines Wortes angesehen. Ein Wort läßt sich vielmehr nur durch weitere Worte erläutern, d. h. von jedem Wort führt der Weg in ein komplexes Netz von Verweisen und Bezügen. Darüber hinaus kann ein Wort je nach seinem Kontext eine andere Bedeutung annehmen; so hat das Wort „Maus", je nachdem ob es in einem zärtlichen, biologischen oder computertechnischen Kontext gebraucht wird, sehr unterschiedliche Bedeutungen. Die Bedeutung ist also nicht konstant mit ein und demselben Wort verknüpft, sondern muß immer neu aus dem Kontext erschlossen werden.

War es in der vertikalen Auffassung von Sprache ausschließlich die außersprachliche Realität, die dem Wort Bedeutung gab, so wird in der horizontalen Auffassung von Sprache das Wort selbst in zweifacher Weise als *konstituierend* für Realität angesehen. Zum einen ist die menschliche Wirklichkeit auch durch eine Realität bestimmt, die nur innerhalb der Sprache Bestand hat und auf kein konkretes Ding außerhalb der Sprache verweist (z. B. Mut, Hölle, Sehnsucht). Zum anderen ist der Zugang zur dinglichen Realität ganz und gar sprachlich-kulturell vermittelt. So wurde beispielsweise der Sonnenuntergang erst mit der deutschen Romantik gefühlvoll aufgelaladen; vorher bedeutete er den Menschen, daß sie eine Kerze anzünden müßten, wenn sie noch Licht haben wollten.

Die Psychoanalyse ist dieser vertikalen Auffassung von Sprache zuzuordnen. Insbesondere mit der „Traumdeutung" trug Freud (1900) dazu bei, die Sprache auf diese Weise zu verstehen. Er zeigte zunächst für den manifesten Trauminhalt, daß zum Verständnis seiner Bedeutung nur ein Weg führt, nämlich der über die Assoziationen des Träumers, die es erlauben, den latenten Trauminhalt zu entschlüsseln. Der Traum gilt nicht nur als Königsweg zum Unbewußten, sondern ist auch die Möglichkeit zu einem vertieften Verständnis von Gesprochenem und von Sprache als solcher. Den gleichen Weg beschritt Freud bei der Analyse neurotischer Symptome oder psychotischer Wahnvorstellungen. In letzter Konsequenz wird in der Psychoanalyse alles, was der Analysand sagt, auf diese Weise betrachtet. Auch scheinbar banale und zunächst eindeutige Äußerungen eines Analysanden können dann einen ganz anderen Sinn enthüllen.

Wird Sprache derart verstanden, dann verschiebt sich die Betrachtung auf die Beziehungen der Subjekte zueinander: Welche Sprachspiele und strukturen bestimmen die menschliche Realität, in der sich die Subjekte begegnen? Die Bedeutung von Sprache muß dann in jeder Situation immer erst erschlossen werden, indem sich „horizontal" verschiedene Subjekte zunächst über die Bedeutung des Gesprochenen verständigen.

Voraussetzungen der beiden Sprachauffassungen

Während die vertikale Sprachauffassung eine allgemeine, objektive und konsensfähige Bedeutung hervorzuheben scheint, verweist die horizontale auf eine subjektive Bedeutung. So betrachtet scheint sich zwischen beiden Auffassungen eine Polarisierung zu ergeben, nämlich ein Gegensatz zwischen objektiver und subjektiver Sichtweise, wobei letztere leicht mit wissenschaftlicher Beliebigkeit verbunden werden könnte. Deswegen wollen wir ihre Voraussetzungen und ihre Plausibilität untersuchen.

Die unserem Alltagsverständnis nahestehende Annahme, Sprache erhielte ihre Bedeutung durch ein unmittelbares Verknüpfen mit der Realität, müßte diese Beziehung begründen. Schon Wittgenstein (1918), der in seinem Frühwerk diese Sprachauffassung herausarbeitete, tat sich damit schwer:

„Das Bild ist *so* mit der Wirklichkeit verknüpft; es reicht bis zu ihr. Es ist wie ein Maßstab an die Wirklichkeit angelegt. Nur die äußersten Teilstriche *berühren* den zu messenden Gegenstand" (2.1511 – 2.15121). Wittgenstein schien also die Bedeutung als eine Art linguistischer Schieblehre zu verstehen: von links und rechts wird der Gegenstand eingespannt, abgefühlt und in seiner derart ermittelten Form in die Sprache aufgenommen. Sprache und Gegenstand sind damit isomorph, sie haben die gleiche Gestalt.

Diese Auffassung ist aus vielen Gründen problematisch. Zunächst entsprechen sich Sprache und Realität nicht in ihrer Form (z. B. ist das Wort für die Ameise nicht kleiner als das Wort für das Pferd, obwohl dieses Tier größer ist als jenes). Dann ist die messende Beziehung der Sprache in keiner Weise verständlich oder irgendwie erläuterbar: was sind die „Teilstriche", von denen Wittgenstein sprach? Wie sollen die Buchstaben der Sprache es anstellen, in die Realität zu gelangen, um diese zu messen? Schließlich ergibt sich aus dieser Auffassung eine statische Weltsicht, die sich nicht halten läßt. Wenn nämlich Wort und Ding aufs Innigste verbunden sind, wie kommt es dann zu Neuerungen? Wie kann sich diese Beziehung lockern, wie kommt es zu neuen Worten und zu neuen Sachverhalten? Wittgensteins Antwort lautete, daß die Welt vollständig und statisch sei und daß sie nur noch nicht vollständig erkannt sei: „Die Angabe aller wahren Elementarsätze beschreibt die Welt vollständig" (4.26). Damit schloß er eine unfertige und stets gefährdete Welt aus und widersprach der Erfahrung, daß die Welt sich permanent in vielfältiger Weise entwickelt.

Wittgenstein selbst hat diese Sprachauffassung in seinen späteren Überlegungen (1945) verlassen und wurde selbst zum schärfsten Kritiker dieser Sichtweise. Bedeutung suchte er dann sprachimmanent abzusichern, indem er – ganz empirisch – die Bedeutung eines Wortes durch dessen Verwendung in der gesprochenen Sprache in Erfahrung brachte: „Die Bedeutung eines Wortes ist sein Gebrauch in der Sprache" (§ 43). Wichtig scheint uns dabei, daß Wittgenstein mit dem Wechsel seiner Auffassung von Sprache auch einen Wechsel in seiner Methodik bei der Sicherung von Bedeutung vollzog. Hielt er zuvor die Methode des Messens und des Festlegens des Wahrheitsgehaltes eines Satzes aufgrund von Wahrscheinlichkeitsrechnungen für vernünftig, so beschrieb er nun bei seiner zweiten Auffassung die je spezifischen Bedeutungskonstellationen, um zur Sicherung einer Bedeutung zu gelangen. Wittgenstein wandte sich von der Methodik des Messens ab und kam zu einer Methodik des Erfragens und Beschreibens: „Die Frage nach der Art und Möglichkeit der Verifikation eines Satzes ist nur eine besondere Form der Frage 'Wie meinst du das?'"(§ 353).

Wie aber konstituierte er in dieser zweiten Auffassung Bedeutung? Wittgenstein gab hierauf lediglich eine empirische, nicht aber eine strukturelle Antwort. Er beschrieb, wie Bedeutung zu sichern sei, machte aber über die Natur der Sprache keinerlei Angaben. Lacan (1957) versuchte diese Lücke zu füllen, indem er sich mit der Frage beschäftigte, wie Sprache angesichts der psychoanalytischen Erfahrung zu denken sei. Er ging von einer Dreiteilung der menschlichen Welt aus: Das *Reale*, das *Symbolische* und das *Imaginäre*.

Das *Reale* entspreche der Realität, die – nicht im umgangsprachlichen Sinne – immer als ausgeschlossene begriffen sei; über Realität könne man zwar sprechen, aber das Sprechen bleibe im Bereich der Sprache gefangen und könne zum Realen nicht vordringen. – Das *Symbolische* verstand Lacan als einen Effekt des Alphabets. Der Diskurs setze sich aus Einheiten zusammen, die „einer doppelten Bedeutung unterworfen sind: Sie sind zurückführbar auf letzte differentielle Elemente, und diese wiederum setzen sich zusammen nach den Gesetzen einer geschlossenen Ordnung" (S. 26). Aus diesem System von unterscheidbaren Elementen (Signifikanten) ergäben sich Konstellationen, Worte, die nachträglich Bedeutung bekommen würden. Seine Grundlegung von Sprache wirkt lapidar und auf die Buchstaben und ihre Verknüpfungsmöglichkeiten bezogen. Sie hat in dieser Einfachheit jedoch den Vorteil, keinerlei fragwürdige Voraussetzungen zu machen. – Die feste Verknüpfung von Wort und Bedeutung wurde als das *Imaginäre* bezeichnet. Das Bild, das sich das Subjekt von einer Situation mache, falle mit dem Imaginären zusammen. Für Lacan stehen sich also Imaginäres und Symbolisches, Ich und Diskurs gegenüber – eine ähnliche Konstellation wie in Freuds Traumdeutung (1900), in der dem manifesten Trauminhalt (dem imaginären Element) die freie Assoziation (das diskursive Element) zur Seite gestellt wird, um Bedeutungen zu erschließen, die aus dem Unbewußten stammen.

Anhand der Sprachtheorie Lacans wollten wir zeigen, daß sie letztlich auf einfachen Voraussetzungen beruht, nämlich auf der bedeutungsschaffenden

Wirkung der Sprache, die von einer Kombinationsvielfalt ihrer Elemente ausgeht und dann durch die Wirkung des Imaginären, d. h. erst sekundär (in einem Sekundärprozeß) zu stabilen und sozial anerkannten Bedeutungen findet. Diese festen Bedeutungen sind also das Werk eines Subjekts bzw. einer sozialen Gruppe. Sie haben konventionellen Charakter und sind durch keine äußere Realität gesichert.

Positivistische Methodik und der Ausschluß des Subjekts

Die posivistische Methodik beruht auf der Annahme einer festen Verknüpfung von sprachlichen Zeichen und Bedeutung. Diese Sprachauffassung schließt die Frage nach dem Subjekt aus.

Die positivistische Methodik setzt an Bedeutungen an, die gut zugänglich und dem konventionellen Verständnis nahe sind. Untersuchungen, die ihre Bedeutung auf statistischer Grundlage sichern, gehen von einer Norm aus und geben an, mit welcher Wahrscheinlichkeit der einzelne Fall dieser Norm entspricht oder von ihr abweicht. Diese Festlegung schließt den Zugang zum Subjekt und damit auch zu dessen psychischer Realität aus. Da dies ein zentraler Punkt bei der Wahl unserer Methodik ist, wollen wir uns mit den Argumenten von 3 Autoren – Wittgenstein, Habermas und Devereux – auseinandersetzen.

Das sprachphilosophische Argument (Wittgenstein)

Der Begriff des Subjekts ist im Tractus logico-philosophicus (1918), der sich mit den Grundlagen der messenden positivistischen Methodik beschäftigt, nicht wesentlich. Bedeutung erscheint, wie beschrieben, als garantiert durch die Beziehung der Sprache zur außersprachlichen Welt. Verwirrung und Erkenntnisnotwendigkeit entsteht allein dadurch, daß die Sprache noch nicht ausreichend durchgearbeitet, Bedeutung noch nicht ausreichend geordnet ist. Die Erkenntnis geht den Weg der Beobachtung und der logischen Prüfung anhand von Wahrscheinlichkeitsrechnungen. Ein Satz wird dann für wahrscheinlich wahr gehalten, wenn sich ihm möglichst viele Beobachtungen zuordnen lassen: „Die richtige Methode der Philosophie wäre eigentlich die: Nichts zu sagen, als was sich sagen läßt, also Sätze der Naturwissenschaft ... und dann immer, wenn ein anderer etwas Metaphysisches sagen wollte, ihm nachzuweisen, daß er gewissen Zeichen in seinen Sätzen keine Bedeutung gegeben hat" (6.53). Auf dem Weg der Wahrheitsfindung leiste das Subjekt keinen Beitrag, denn „dies ist nämlich eine Methode, das Subjekt zu isolieren, oder vielmehr zu zeigen, daß es in einem wichtigen Sinne kein Subjekt gibt" (5.631). Der berühmte letzte Satz des Tractus – „Wovon man nicht sprechen kann, darüber muß man schweigen" (7) – bezieht sich also nicht nur auf mystische Erfahrungen, sondern auf die gesamte Wirklichkeit des Subjekts, also auch auf dessen psychische Realität.

Das geistesgeschichtliche Argument (Habermas)

Wir hatten eingangs Habermas (1968) mit der Forderung zitiert, eine vollständige Erkenntnistheorie müsse sich des erkennenden Subjekts und seines Erkenntnisinteresses versichern, um nicht zu einer „vom philosophischen Gedanken verlassenen Methodologie" zu verkommen (S. 13). Habermas zeigte, daß die Einschränkung der Wissenschaftstheorie auf die Frage der Methodologie eine bestimmte historische Position ist, die hinter Kant, der das Subjekt mit seinen Fragen als Ausgangspunkt der Erkenntnis mitdachte, zurückgeht. Bei Kant sah er in der kritischen Reflexion der verschiedenen Erkenntnisvermögen ein fruchtbares Ergänzungsverhältnis zwischen methodischen Forderungen der Wissenschaft und einem allgemein vernunftkritischen Denken, das die Voraussetzungen und Grenzen eines bestimmten Erkenntnisweges aufzuzeigen in der Lage ist. Diese gegenseitige Relativierung von Methodologie und Reflexion sah er im Folgenden in zweierlei Weise gefährdet. Erkenntnistheorie gerate in Gefahr, eine der beiden Seiten zu vernachlässigen, indem sie Erkenntnis entweder „überschwenglich mit dem absoluten Wissen einer großen Philosophie oder blindlings mit dem szientistischen Selbstverständnis des faktischen Forschungsbetriebes" gleichsetze (S. 12).

Habermas kehrte aber nicht zu Kant zurück, sondern befragte die Wissenschaft nach ihrer Funktion. Wissenschaft verstand er als Tätigkeit, die für die Gesellschaft eine bestimmte Funktion ausübe, von der sie nicht zu trennen sei. Deswegen müsse wissenschaftliche Erkenntnis ihren gesellschaftlichen Beweggrund – das Interesse des Erkennenden – mitreflektieren. Das Interesse von Wissenschaft gehe von Problemen aus, die im Zusammenleben – in Arbeit und Interaktion – auftauchen würden. Die Erkenntnis bestehe darin, diese Probleme zu erfassen und zu lösen. In komplexen Gesellschaften vollziehe sich dieser Prozeß nicht mehr automatisch, denn „von einer bestimmten Entwicklungsstufe an müssen diese (Lösungen) in Form methodischer Forschung gesichert werden" (S. 242). Probleme seien aber an die geschichtliche Entwicklung von Gesellschaften gebunden, so daß sie sich nur lösen lassen, wenn die Geschichte des jeweils Gegenwärtigen erfaßt werde. Ein solches Erfassen der Geschichtlichkeit kann aber die positivistische Methodik nicht leisten. Deswegen orientierte sich Habermas am Ideal „der emanzipativen Kraft der Reflexion, die das Subjekt in dem Maße, als es sich in seiner Entstehungsgeschichte transparent wird, an sich erfährt" (S. 244).

Dieses Ideal sah Habermas in der Psychoanalyse weitgehend eingelöst: „Die Psychoanalyse ist für uns als das einzige greifbare Beispiel einer methodisch Selbstreflexion in Anspruch nehmenden Wissenschaft relevant" (S. 262). Die Psychoanalyse stelle Methoden – vornehmlich die Grundregel, die einen freien Zugang zur Sprache vermittle – zur Verfügung, die es dem Subjekt erlauben würden, sich seine Geschichte zunächst anzueignen, um dann die nicht optimal, sondern mit Hilfe neurotischer Symptome ausgelösten Probleme erneut in Angriff zu nehmen. „Mit der Entstehung der Psychoanalyse eröffnet sich die Möglichkeit eines methodologischen, von der Logik der Forschung selbst gebahnten Zugangs zu jener vom Positivismus verschütteten Dimension" (S. 262).

Wieder ist es erst eine Kritik am Positivismus, die einen Zugang zum Subjekt eröffnet. Ließ sich bei Wittgenstein der Ausschluß des Subjekts durch eine positivistische Definition des Gegenstandes zeigen, so blieb bei Habermas das Subjekt vonseiten des Forschers ausgeschlossen. Auch wenn Habermas von der Selbstreflexion des Subjekts auf seine eigene Geschichte ausging, blieb das Subjekt gleichzeitig Erkennender und Erkanntes. Zwar hatte die Selbstanalyse Freuds einen wesentlichen Anteil an der Entstehung der Psychoanalyse, aber eine solche Selbstreflexion ist nicht der Normalfall

24

psychoanalytischer Forschung. Im Gegenteil zeigt die Psychoanalyse, wie eingeschränkt Selbsterkenntnis bleiben muß, wenn nicht ein anderer hinzutritt und die Einschränkungen der Erkenntnis (psychoanalytisch: die eigenen Widerstände) aufzuheben hilft. Dieser andere hat damit einen wesentlichen Einfluß auf die Erkenntnis, weil er sie mitstrukturiert.

Positivistische Methodik als Abwehr von Angst (Devereux)

Erkenntnis vollzieht sich also in der Begegnung verschiedener Subjekte, die in ihrer wissenschaftlichen Form durch eine Methodik strukturiert wird. Eine Methode kann die Begegnung fördern oder einschränken, je nachdem wie sie der Natur ihres Subjekts angemessen ist. Eine Methodik, die einem Subjekt gerecht werden will, muß deswegen der Geschichtlichkeit, der Sprachverwiesenheit und den möglichen Abweichungen vom Konsens entsprechen. Ebensowenig darf dabei die Position des Forschers, seine Subjektivität und der spezifische Einsatz von Methoden der Erkenntnis vernachlässigt werden. Devereux (1967) betonte daher die Wichtigkeit des Forschers, weil „das entscheidende Datum jeglicher Verhaltenswissenschaft eher die Gegenübertragung denn die Übertragung ist" (S. 17). Der Forscher entscheide über die jeweils eingesetzte Methode, zu deren Wahl er zu einem nicht geringen Teil durch seine Abwehr von Angst motiviert werde („From Anxiety to Method in the Behavioral Sciences" lautete daher der Originaltitel seiner Veröffentlichung). Als Psychoanalytiker und Anthropologe ging Devereux davon aus, daß jede Begegnung mit Fremdem Angst erzeuge. Im wissenschaftlichen Prozeß werde diese Angst jedoch abgewehrt, was „Gegenübertragungswiderstände hervorbringt, die sich als Methodologie tarnen und somit weitere Verzerrungen sui generis verursachen" (S. 17). Dadurch werde eine wirkliche und vom untersuchten Subjekt ausgehende Kommunikation zwischen dem Forscher und seinem Gegenstand verhindert. Es komme zu einer Verzerrung der Beobachtungen, die die Forschungsergebnisse entwerte und austrockne; sie sei nicht leicht aufzuheben, weil die Abwehr von Angst unbewußt sei und sich damit der bewußten und methodischen Entscheidung des Forschers entziehe. Allerdings entspricht der Einsatz standardisierter, d. h. subjektferner Methoden einem breiten Konsens in den Verhaltenswissenschaften, so daß sich ein Forscher sowohl gegen innere als auch gegen äußere Widerstände durchsetzen müßte, wollte er seine Methodik entsprechend den Überlegungen von Devereux ausrichten. Eine Methodik im Sinne Devereux´ müßte die Störungen der Kommunikation mit der untersuchten Person „als die signifikantesten und charakteristischsten Daten der Verhaltenswissenschaft" behandeln (S. 18). So wie psychoanalytische Forschung sich immer schon auf Brüche im Alltagsdiskurs, auf Fehlleistungen, Träume und Symptome gestützt hat, forderte nun Devereux, Störungen in der Kommunikation zwischen Forscher und untersuchter Person zum wichtigsten Gegenstand der Auswertung zu machen, wobei das Interesse ebenso der Person des Untersuchten als auch der des Forschers zu gelten habe.

Psychoanalytische Erkenntnishaltung als Gegenentwurf zur positivistischen Methodik

Die psychoanalytische Erkenntnishaltung löst die feste Verknüpfung von Zeichen und Bedeutung auf. Sie eröffnet damit die Bedingung der Möglichkeit für die Erkenntnis des Subjekts. Daraus resultiert die Notwendigkeit, jede Standardisierung des Erkenntnisprozesses zurückzuweisen.

Die zentrale Frage der Psychoanalyse ist die nach der Bedeutung des Gesprochenen. Die Bedeutung gilt grundsätzlich als noch verborgen und zu erschließen. Freud (1900) legte dieses Verhältnis exemplarisch am Traum dar, insofern der Weg vom manifesten Inhalt zu seiner latenten Bedeutung nur über die Assoziation des Träumers gehen könne. Dabei wird der Traum nicht von seiner imaginären Seite, d. h. von der Evidenz des Traumbildes her erfaßt, sondern von seinem symbolisch-sprachlichen Gehalt her verstanden: „Der Trauminhalt ist gleichsam in einer Bilderschrift gegeben, deren Zeichen einzeln in die Sprache der Traumgedanken zu übertragen sind. Man würde offenbar in die Irre geführt, wenn man diese Zeichen nach ihrem Bildwert anstatt nach ihrer Zeichenbeziehung lesen wollte" (S. 283f).
Ein Beispiel hierfür findet sich in den „Vorlesungen zur Einführung in die Psychoanalyse": Ein Träumer träumt von einem Tisch und seine Assoziatio-

nen führen zu einem Vergleich der eigenen Familienverhältnisse mit einer Familie, die den Namen Tischler trägt (vgl. Freud 1916/17, S. 118). Obwohl die so gefundene Verknüpfung von Zeichen und Bedeutung einfach scheint, konnte sie weder mittels der konventionellen Bedeutung des Wortes Tisch (Eßplatz, Ort der Gemeinschaft) noch mittels Logik eruiert werden, allein die freie Assoziation des Träumers führte zu dieser Verknüpfung. Wenn sich der Forscher auf die Methode der freien Assoziation einläßt, kann er nicht mehr seiner Interpretationskunst folgen. Entsprechend riet Freud (1916/17) dem, der Träume deuten wolle: „1) Man kümmere sich nicht um das, was der Traum zu besagen scheint ... 2) man beschränke die Arbeit darauf, zu jedem Element die Ersatzvorstellungen zu erwecken, denke nicht über sie nach, prüfe sie nicht, ob sie etwas Passendes enthalten ... 3) man warte ab, bis sich das verborgene, gesuchte Unbewußte von selbst einstellt" (S. 112). Dieselbe Einstellung gilt auch für die psychoanalytische Behandlung; denn die Regel der „gleichschwebenden Aufmerksamkeit" (Freud 1912) verbietet ebenfalls eine aktive Einstellung des Therapeuten in dem Sinne, daß er nicht aus dem dargebotenen Material auswählen und nicht seinen Neigungen folgen solle. Mit dem Verweis auf die sich erst allmählich einstellende Verknüpfung von Zeichen und Bedeutung begründete Freud (1912) diese Regel: „Man darf nicht darauf vergessen, daß man ja zumeist Dinge zu hören bekommt, deren Bedeutung erst nachträglich erkannt wird" (S. 377).

Freuds Interesse an der Beziehung zwischen Zeichen und Bedeutung galt weniger linguistischen als vielmehr klinischen Konsequenzen; sprachphilosophische Implikationen des psychoanalytischen Standpunkts formulierte erst Lacan (1957), wobei er sich auf Saussure, den Vater der Linguistik, bezog. Für Saussure (1916) bestand das sprachliche Zeichen noch aus einer unauflöslichen Verknüpfung zwischen einem Bedeutungsträger (dem Signifikanten) und einer Bedeutung (dem Signifikat): „Diese beiden Bestandteile sind eng miteinander verbunden und entsprechen einander" (S. 78). Um die bedeutungsschaffende Dimension des Sprechens herauszustellen, formalisierte Lacan (1957) die Beziehung zwischen Zeichen und Bedeutung in der Formel: „S/s" d. h. „S", der Signifikant (das Zeichen bzw. der Zeichenkontext und nicht die Realität) erzeugt die Bedeutung „s", wobei beide durch einen Balken getrennt sind (S. 23). Dieser Balken symbolisiert die von Freud eingeführte Auflösung der vermeintlich festen Verknüpfung von Zeichen und Bedeutung. Die Bedeutung eines Zeichens, das für Lacan das manifeste sprachliche Material ist, kann erst nachträglich, von Assoziationen ausgehend, festgelegt werden. Keine standardisierte, durch feste Interpretationsschritte gekennzeichnete Methode könne vom Zeichen zur Bedeutung führen.

Diese sprachphilosophische und klinisch gut begründete Ansicht ist nach Mertens (1990) auch weiterhin die Grundlage für das Selbstverständnis der Psychoanalyse. Wird dies zugestanden, so können in der Psychoanalyse wissenschaftliche Aussagen ihren Gültigkeitsanspruch nicht durch methodische Prüfungen, die nach standardisierten Regeln vorgehen, begründen. Vielmehr müssen 2 verschiedene methodische Grundorientierungen postuliert werden, die allerdings nicht schon durch die Unterscheidung in qualitative und quantitative Forschung zu fassen sind. Denn qualitative Forschung beruht oft ebenso wie die quantitative auf einer Standardisierung von Interpretationsschritten. So werden z. B. bei der Methode der Beschreibung des zentralen Beziehungs-Konflikt-Themas (Luborsky u. Kächele 1988) Beziehungsepisoden nach bestimmten vorgebildeten Kategorien analysiert und signiert, ohne daß dabei beansprucht wird, daß den Prinzipien der Psychoanalyse gefolgt werde (Albani u. a. 1994); ähnlich wird auch der Versuch mit „sozialempirischen Markern" (Tress 1988) nicht einem klinisch-hermeneutischen Ansatz gerecht (Küchenhoff 1989).

Vorbestimmte Interpretationsschritte, welche Bedeutungen standardisiert zu erfassen suchen, können nicht zu einer auch Unbewußtes erfassenden Bedeutung führen. Die aufgezeigten psychoanalytischen Prinzipien schließen jede Standardisierung des Erkenntnisweges aus. So könnte man schlußfolgern, daß dann unterschieden werden müsse zwischen idiographischer Forschung, die sich allein auf das Individuum beschränkt, und normothetischer Forschung, die zu allgemeingültigen Aussagen kommt. Der Gültigkeitsbereich von Aussagen psychoanalytischer Forschung beschränkte sich folglich streng auf den Einzelfall. Dies widerspricht jedoch dem Selbstverständnis der Psychoanalyse, die ihre Aussagen (z. B. über „den Traum" und „die neurotische Struktur") durchaus verallgemeinert.

Persönliche Beziehungsaufnahme als Grundlage der psychoanalytischen Erkenntnis

Der Weg zur Bedeutung führt über die Beziehung zwischen dem Forscher und seinem Objekt. Psychoanalytische Erkenntnis setzt eine Situation von Schutz und Vertrauen voraus.

Das Problem der Bedeutungsgebung haben wir bisher ausschließlich semantisch auf der Ebene einer Verknüpfung von Zeichen und Bedeutung betrachtet, ohne die Beziehung zwischen dem Forscher und seinem Objekt zu beachten. Psychoanalytische Erkenntnisse werden aber immer nur innerhalb einer Übertragungsbeziehung gewonnen. Diese Beziehung ist komplex und unterscheidet sich von herkömmlichen Beziehungsformen im Alltag. Sie ist in gewisser Weise der Öffentlichkeit entzogen: „Die 'analytische Situation' verträgt keinen Dritten" (Freud 1926/27, S. 211).

Auch das psychologische Experiment ist keine Alltagssituation. Der Anspruch auf Allgemeingültigkeit der dabei gewonnenen Erkenntnisse stützt sich darauf, daß das psychologische Experiment in idealer Weise bei allen Versuchspersonen und bei allen Versuchsleitern immer zu den selben Ergebnissen führt. Daneben werden die Ergebnisse eines Experiments durch klar angegebene Interpretationsschritte gesichert. Beides kann die Psychoanalyse nicht leisten: Die Unmöglichkeit fester Interpretationsschritte hatten wir bereits dargestellt; aber auch die Beziehung zwischen dem psychoanalytischen Forscher und seinem Objekt ist nicht wiederholbar, kann also nicht standardisiert werden wie im psychologischen Experiment. Denn in einer analytischen Beziehung beeinflussen sich das Sprechen des Analysanden und das antwortende Deuten des Analytikers gegenseitig. Die semantische Ebene und die Ebene der Beziehung sind unauflöslich miteinander verbunden. Und wenn sich schon auf der semantischen Ebene eine Aussage nicht legitimieren läßt, so erst recht nicht auf der Ebene einer sich ständig ändernden Beziehung.

In „Sprachzerstörung und Rekonstruktion" versuchte Lorenzer (1970) der Psychoanalyse Richtlinien gegen den Vorwurf, sie sei eine Geheimwissenschaft, zu geben: „Die psychoanalytische Methode (ist) so durchsichtig zu formulieren, daß sie für jedermann vom Anschein einer bloßen 'Kennerschaft' befreit und als 'Wissenschaft' ... ausgewiesen wird" (S. 44). Um dahin zu gelangen, unterschied Lorenzer zunächst zwischen Symbol und Klischee. *Symbol* verstand er als Zeichen im herkömmlichen Sinne, insofern seine Bedeutung in einer normalen Kommunikation erläutert werden könne. *Klischee* dagegen sei ein Zeichen, dessen Bedeutung dem Bewußtsein entzogen, also unbewußt sei. Bei seiner Suche nach dem unbewußten Sinn des Klischees stieß Lorenzer auf das uns hier beschäftigende Problem, nämlich auf die „Unverbürgtheit der Bedeutungen" (S. 150). Das „logische", d. h. durch konventionelle Symbole vermittelte Sprachverstehen reiche nämlich nicht hin, um zuverlässig den Sinn zu entdecken, der im Klischee verborgen sei: „Zuverlässige Erkenntnis fremdpsychischer Inhalte läßt sich mit 'logischem Verstehen' nur so weit einholen, als der Bereich der Sprachgemeinschaft reicht" (S. 100). Zugang zu dieser Dimension fand er „im szenischen Verstehen", das die Konstellation erfasse, die der Analysand in der Übertragung gestalte und in die sich der Analytiker einlasse. Dann könne der Analytiker nach und nach im szenischen Verstehen den aus der bewußten Kommunikation ausgeschlossenen Sinn wahrnehmen und in einer Deutung formulieren: Aus seinem „bloßen Einbezogen-Werden" in die Übertragung werde seine „formulierte Teilnahme" an der Übertragung (S. 216). Dadurch werde es möglich, dem Zeichen eine neue, zutreffende Bedeutung zu geben und das Klischee damit in ein der normalen Kommunikation zugängliches Symbol zu verwandeln: „Sicherstes Fundament des psychoanalytischen Erkennens ist die Teilnahme an der Situation des Patienten ... Der Analytiker ... nimmt aus der Praxis selbst die zur Praxis gehörende Sprache ab und holt das aus der Kommunikation Ausgeschlossene wieder in den Zusammenhang der Sprachgemeinschaft ein" (S. 228). Indem Lorenzer auf das szenische Verstehen – die Analyse der Übertragungsbeziehung – als wesentlich für den Erkenntnisprozeß verwies, stimmte er mit dem Grundverständnis der psychoanalytischen Gemeinschaft überein. Allerdings ist zu bedenken, daß auch das szenische Verstehen in die Irre gehen kann.

Kritik der psychoanalytischen Erkenntnishaltung

Lorenzers szenisches Verstehen beschreibt die Grundlage einer psycho-analytischen Forschung am Einzelfall. Dabei werden jedoch nicht die Prinzipien und die Irrtumsmöglichkeiten der Interpretation problematisiert.

Wir haben die semantische von der Beziehungsebene unterschieden. Auf der semantischen Ebene – dem Sprechen des Subjekts – schien auszureichen, den Analysanden auf den freien Einfall zu verpflichten. Auf der Beziehungsebene glaubte Lorenzer, mittels szenischen Verstehens zur psychoanalytischen Erkenntnis vordringen zu können. Wie die auf der semantischen Ebene aufgelöste Verknüpfung von Zeichen und Bedeutung dann zu einem vollständigen Symbol und damit – wissenschaftlich gesehen – zu einer empirisch gesicherten Aussage gelangen kann, bleibt offen. In seiner Schrift „Die Wahrheit der psychoanalytischen Erkenntnis" (1976), in der sich Lorenzer mit dem Problem der psychoanalytischen Theoriebildung beschäftigte, beschrieb er als Aufgabe einer wissenschaftlichen Psychoanalyse: „über die Sprachgrenze hinweg die tragenden Praxisstrukturen zu erkennen und zu verändern. Nur weil das psychoanalytische Verfahren Analyse von Praxis ist und damit Sprachanalyse transzendiert, ... entgeht Psychoanalyse den Verführungen, sich vom falschen Selbstverständnis in der Richtung verwirren zu lassen ... dies ist die *erfahrungswissenschaftliche Grundlage der psychoanalytischen Theorie"* (S. 275).

Lorenzer beschrieb damit eine psychoanalytische Forschung am Einzelfall, wie sie derzeit praktiziert wird: In der Übertragungsanalyse glaubt der Forscher, zu einem Fundament zu gelangen, auf dem nicht nur die therapeutische Intervention gründet, sondern auch die wissenschaftliche Aussage ihren unbezweifelbaren Grund erhält. Eine therapeutische Interpretation und die aus ihr folgenden wissenschaftlichen Aussagen könnten Gültigkeit dann beanspruchen, wenn es ihnen gelänge, die Lebenspraxis des Analysanden positiv zu verändern: entweder durch Änderungen in der Therapie selbst oder in der Lebenspraxis. – Zuzustimmen ist Lorenzer, daß die Analyse der Übertragung das Fundament psychoanalytischer Wissenschaft ist. Wenn der Analytiker die Übertragung interpretiert, verknüpft er mittels Sprache be-

31

stimmte Zeichen mit bestimmten Bedeutungen. Die Übertragungsanalyse als sprachliche Angelegenheit unterliegt damit den Unsicherheiten und Vieldeutigkeiten, die jeder Interpretation innewohnen. Das Gleiche gilt für Lorenzers Aspekt der Änderung von Lebenspraxis. Zwar sollten sich wissenschaftliche Aussagen in der Psychoanalyse an den von ihnen bewirkten Änderungen messen lassen. Aber eine solche Wirkungsforschung beruht ebenfalls auf sprachlichem Vorgehen. Nach der Methode von Malan (1961) werden Veränderungen eines Patienten nach seiner Therapie auf seinen Grundkonflikt und auf seine ursprüngliche Symptomatik bezogen, um daraus Kriterien für einen eventuellen Erfolg seiner Behandlung ableiten zu können. Dabei stellte Malan fest, daß eine geänderte Lebenspraxis eine echte Veränderung oder eine Scheinlösung sein kann, was nicht ohne Interpretation zu entscheiden sei: Somit stellt sich wieder die Frage, ob einem Zeichen wirklich die Bedeutung zukommt, die man ihm zuschreiben kann. Entsprechend beschäftigte sich Kernberg (1994a) mit der Validierung psychoanalytischer Deutungen und arbeitete für den klinischen Prozeß Kriterien heraus, die nach einer zutreffenden Deutung zu fordern seien.

Die Annahme, daß sich mittels der Übertragungsanalyse Zeichen und Bedeutungen zu einer neuen Verknüpfung fügen, die nicht weiter hinterfragt werden müsse, scheint „common sense" in der Psychoanalyse zu sein. Streeck (1994) legte mehreren Psychoanalytikern das Transkript einer psychoanalytischen Behandlungsstunde vor und bat sie um ihre Beurteilung. In ihren Kommentaren zweifelten alle Analytiker die Interpretationen des behandelnden Kollegen an und gaben eigene, „stimmigere" Interpretationen. Es war deutlich, daß es sich um „normale" Divergenzen in einem „normalen" Interpretationsprozeß handelte, was aber von den Kommentatoren nicht in Rechnung gestellt wurde. In einem zweiten Durchgang wurden den Analytikern jeweils die Kommentare ihrer Kollegen zu derselben Behandlungsstunde für eine erneute Beurteilung vorgelegt. Keiner der Analytiker nutzte diese Gelegenheit, um seine eigene Position zu relativieren und den theoretischen Hintergrund seiner Interpretationen zu überprüfen oder zu erläutern. Stattdessen suchten sie „die abweichende kollegiale Interpretation als unzureichend, nicht regelhaft oder falsch zu klassifizieren, damit auch das Bild von Konsistenz der eigenen Interpretation unterstreichend und begründend" (S. 221).

Psychoanalytiker scheinen die eigenen Interpretationen nicht anzuzweifeln. Wenn sie sich auf ihre klinische Erfahrung und ihre gewachsene Interpretationskunst verlassen, neigen sie dazu, nicht mehr in einen relativierenden Diskurs einzutreten. Wir glauben, daß in einer solchen Haltung weniger eine Borniertheit als vielmehr ein ernsthaftes erkenntnistheoretisches Problem sichtbar wird. Wenn nämlich eine Deutung der Übertragungssituation kein sicheres Fundament mehr für eine Interpretation wäre, sähe sich ein Forscher mit der gleichen Unsicherheit konfrontiert, der er durch die Übertragungsanalyse hatte entkommen wollen. Deswegen müssen wir uns noch einmal den Weg psychoanalytischer Erkenntnis vergegenwärtigen: Zunächst wird mittels Grundregel und gleichschwebender Aufmerksamkeit die Verknüpfung von Zeichen und Bedeutung gelöst und damit die vom allgemeinen gesellschaftlichen Konsens zugeordnete Bedeutung negiert. Es entfaltet sich eine Übertragungsbeziehung, welche die Basis für eine neue Verknüpfung von Zeichen und Bedeutung wird. Diese Verknüpfung wird in einer Deutung mitgeteilt und dann durch die Reaktionen des Patienten bestätigt oder belastet. Die neue Bedeutung stützt sich auf die wechselseitige Verständigung von Analytiker und Analysand; dabei wird ein Bedeutungskonsens durch einen anderen ersetzt. Der Weg psychoanalytischer Erkenntnis geht vom *gesellschaftlichen* zum *dyadischen* Konsens, wobei sie keine anderen formalen Wahrheitskriterien für sich in Anspruch nehmen kann als der zuvor negierte gesellschaftliche Konsens. Der Unterschied liegt allein in einer Änderung der Situation: Aus dem durch Tradition und Alltagsgebrauch bestimmten Konsens wird ein neuer, der sich durch die Zuwendung des Analytikers zur subjektiven Welt des Analysanden ergeben hat. Darin liegt der unbezweifelbare Wissensfortschritt des neu gewonnenen Bedeutungskonsenses.

Ein Problem ergibt sich auf diesem Weg der Erkenntnis dort, wo sich der in der therapeutischen Dyade entwickelte Konsens als ein absoluter ausgibt, wenn er etwa suggeriert, er sei aus einer sprachjenseitigen Welt gewonnen und daher nicht mehr diskutierbar. So notwendig es ist, den ursprünglichen Bedeutungskonsens zu hinterfragen, so wichtig ist auch die Notwendigkeit, den neuen Bedeutungskonsens zu überprüfen, wenn Psychoanalyse nicht zu einer Geheimwissenschaft werden will.

Das Prinzip der Triangulierung

Die aufgelöste Verknüpfung zwischen Zeichen und Bedeutung wird in anderer Weise wiederhergestellt, wenn ein Verständnis der subjektiven Welt des Analysanden erreicht worden ist. Um diese Verknüpfung vom allgemeinen Sprachkonsens her überprüfen zu können, sind bestimmte methodische Strategien notwendig.

Die psychoanalytische Vorgehensweise des Erkennens beginnt damit, daß die feste Verknüpfung von Zeichen und Bedeutung gelöst und damit der allgemeine Bedeutungskonsens für das Gesprochene negiert wird. Ihr Ziel ist, unbewußte Bedeutungen mittels der Methode der freien Assoziation und der Analyse der Übertragungsbeziehungen zu erschließen und so mehr die Eigenwelt des Subjekts, d. h. seine psychische Realität erfahrbar zu machen. Freud (1916/17) riet, mit Deutungen zu einem Traum so lange zu warten, „bis sich das verborgene, gesuchte Unbewußte von selbst einstellt" (S. 112). Und Lorenzer (1970) glaubte, den neuen Bedeutungskonsens durch eine sprachjenseitige Analyse der Lebenspraxis unzweifelhaft verankern zu können. Beide Autoren schienen davon auszugehen, daß sich eine neue Verknüpfung von Zeichen und Bedeutung von selbst bilden würde; sie sei deshalb unbezweifelbar, weil sie aus einer sprachjenseitigen Welt stamme. Wenn man nur konsequent die bisherigen oder zunächst aufgefundenen Bedeutungen negiere, komme man schließlich zur wahren, nicht mehr bezweifelbaren Bedeutung.

Diese Auffassung widerspricht der Eingangsvoraussetzung: Wenn Zeichen und Bedeutung nicht natürlich, sondern immer bloß konventionell miteinander verknüpft sind, ändert sich daran auch dann nichts, wenn eine neue Bedeutungszuschreibung für die subjektive Welt erfolgt. Auch wenn sie der psychischen Realität eines Subjekts entspricht, bleibt sie letztlich – wie die erwähnte Untersuchung von Streeck (1994) zeigte – von Konventionen bestimmt. Dies ist nicht schon ein Mangel, denn jede Erkenntnis wird unter besonderen methodischen und theoretischen Voraussetzungen gewonnen. Ein Problem wird es nur, wenn die konventionelle Natur der neuen Bedeutung verkannt wird. Eine solche Verkennung ist verständlich: Der Weg, der zur neuen Bedeutung führt, ist kein standardisierbarer, kein methodisch

ausweisbarer Weg, so daß die neue Bedeutung in gewisser Weise willkür-
lich gesetzt zu sein scheint. Diesem Anschein von Willkür entzieht man sich
aber nicht durch die Behauptung, die neue Bedeutung habe sich von selbst
bzw. auf dem Hintergrund einer sprachjenseitigen, unbezweifelbaren Erfahrung in der analytischen Dyade ergeben. Allerdings reicht es auch nicht aus
zuzugestehen, daß die neue Bedeutung konventionell sei; zwar entwertet das
Moment des Konventionellen nicht eine wissenschaftliche Erkenntnis, kann
sie aber auch nicht begründen.

Wir sehen im Prinzip der Triangulierung einen Weg zur Sicherung einer
neuen Bedeutung und zur Fundierung des wissenschaftlichen Wertes psychoanalytischer Aussagen. Mit Triangulierung sind hier methodische Strategien gemeint, die jene in der analytischen Dyade gefundene neue Bedeutung
relativieren und auf den allgemeinen Sprachkonsens hin außerhalb der therapeutischen Dyade prüfen. Auch Raguse (1994) sah Denken und Erfahrung
in der Psychoanalyse an Triangulierungen gebunden. Dadurch daß zwischen
Signifikant und Signifikat ein Interpretant (z.B. ein Zeichensystem, das wieder durch andere Zeichen interpretiert werden kann) vermittle, bestehe die
Möglichkeit zur offenen Neuinterpretation von Erfahrungen. Allerdings
wies Daser (1998) darauf hin, daß auch der Erkenntnisgewinn innerhalb der
therapeutischen Dyade eine triadische Struktur habe. Wir verstehen unter
Triangulierung hier jedoch die Beteiligung mehrerer Personen am Erkenntnisprozeß, wodurch sich eine Interpretation leichter aus dem Bann der Gegenübertragung befreien läßt.

Das Prinzip der Triangulierung findet in der klinischen Arbeit und in der
psychoanalytischen Ausbildung bereits Anwendung. In der kontinuierlichen
Supervision klinischer Arbeit fungiert der Supervisor als der Dritte, der dem
Analytiker ermöglichen soll, auch innerhalb der therapeutischen Dyade einen Standpunkt gleichsam außerhalb seiner selbst einzunehmen und nicht
direkt Partei zu ergreifen. Die Lehranalyse soll den künftigen Analytiker
davor bewahren, sich den Bedeutungsangeboten des Analysanden vorschnell
anzuschließen oder Bedeutungen entsprechend der eigenen, noch nicht ausreichend verstandenen Biographie zu bilden. Auch die theoretische Ausbildung soll ihm das wissenschaftliche Werkzeug dazu geben, sich zeitweise
von seinem Erleben in der Dyade distanzieren zu können. Es wird kein Psychoanalytiker behaupten, mit wachsender Berufserfahrung erreiche er einen

Punkt, an dem seine eigene Erkenntnis nicht mehr durch triangulierende Settings erweitert und bereichert werden könnte. Auf diesen Erkenntnisgewinn durch das Hinzuziehen eines Dritten, der außerhalb der analytischen Dyade steht, verzichtet die klinische Praxis an keiner Stelle. Umso erstaunlicher ist es, daß solche Settings kaum in psychoanalytische Forschungen Einlaß gefunden haben.

Die positiven Wissenschaften gehen vom allgemeinen Sprachkonsens aus, ohne ihn zu hinterfragen; dadurch schränken sie den Kreis möglicher Fragestellungen ein, insbesondere schließen sie viele Fragen nach subjektiven Bedeutungen aus. Das Zurückweisen eines allgemeinen Bedeutungskonsenses mittels Grundregel und psychoanalytischer Interpretation erschließt subjektive Bedeutungen in einer analytischen Dyade. Die neu gefundene Bedeutung muß sich dann erneut eine Relativierung durch triangulierende Gesichtspunkte gefallen lassen, sie wird also relativiert und systematisch so hinterfragt, daß sie ihre Eigenart dem öffentlichen Sprachkonsens verständlich machen kann.

Die Triangulierung ermöglicht also, eine in einer dyadischen Situation gefundene Bedeutung zu überprüfen. Ein solcher Erkenntnisprozeß gleicht einem dialektischen Dreischritt: Die bewußte und dem allgemeinen Konsens nahe Bedeutung des Gesprochenen (These) wird in einer Dyade durch eine neue, subjektive Bedeutung (Antithese) ersetzt; diese Bedeutung wird dann in einem triangulierenden Setting auf dem Hintergrund ihrer Entstehung und ihrer theoriegeleiteten Interpretation vom allgemeinen Sprachverständnis her durchleuchtet. Erst dieser letzte Schritt kann den Geltungsanspruch psychoanalytischer Aussagen fundieren (Synthese). Dann wenn Psychoanalyse zu erläutern vermag, wie sie einzelne Aussagen gefunden und geprüft hat, kann sie sich im öffentlichen Diskurs als Wissenschaft bewähren.

Wir haben zu zeigen versucht, daß sich subjektive Bedeutungen nicht mittels standardisierbarer Methoden überprüfen lassen und daß sich die neue Verknüpfung von Zeichen und Bedeutung nicht als sprachjenseitig verankert erklären läßt. So lange eine psychoanalytische Erkenntnis an diesem Punkt stehen bleibt, ist sie unverbürgt. Die Aussagen der Psychoanalyse können sich erst dadurch legitimieren, daß sie *den neuen Bedeutungskonsens methodisch hinterfragen und kritisieren*, also allen vernünftigen Fragestellungen an den neuen Bedeutungskonsens Rechnung tragen können. Dabei geht es nicht um Erkenntnis im allgemeinen, sondern um eine umschriebene Fragestellung, die mit Hilfe einer Untersuchung beantwortet werden soll. Wichtig erscheint uns, daß bestimmte Kriterien – Verallgemeinerung (begründbare Typisierung), theoretische Implikationen und Datengrundlage der Aussagen – angegeben und berücksichtigt werden.

Es fällt auf, daß die wenigen Arbeiten, die eine psychoanalytische Forschungsmethodik weiterentwickeln (Pfeffer 1959, Schlessinger u. Robbins 1983), kaum rezipiert oder in Untersuchungen aufgegriffen wurden. Wissenschaftliche und wissenschaftstheoretische Reflexionen haben in pychoanalytischen Institutionen einen nur geringen Stellenwert (Kernberg 1994b). Gleichwohl wird der von uns geforderte dritte Schritt im psychoanalytischen Erkenntnisprozeß gegenwärtig schon berücksichtigt. Bereitet ein Autor seine Arbeit zur Publikation vor, so hat er vorher den gegenwärtigen Stand der psychoanalytischen Theorie zu einer Fragestellung rezipiert und diskutiert seine Ergebnisse mit Kollegen. Auch Freud relativierte seine meist in dyadischen Beziehungen gewonnenen Erkenntnisse mit Kollegen (beispielsweise anfangs in seiner Korrespondenz mit Fließ, später mit Jung und Ferenczi); auch in der Mittwochsgesellschaft wurden klinische und theoretische Fragen miteinander diskutiert. Dieser dritte Schritt wurde jedoch in seinem Wert für die psychoanalytische Erkenntnis wenig reflektiert und nicht konsequent in Untersuchungssettings eingebaut. Dazu scheint uns nötig, die Triangulierung nicht erst nachträglich, sondern während der gesamten Untersuchung zu berücksichtigen. Denn Kritik an Erkenntnissen gerät in wissenschaftlichen Diskussionen leicht zu einer Ablehnung, weil dabei verschiedene Erklärungssysteme miteinander konkurrieren, was einen Prozeß der Triangulierung mit probeweisem Relativieren von einzelnen Argumenten verhindert. Die Beteiligung mehrerer Personen am Erkenntnisprozeß und die Auswertung einer Vielzahl von Einzelfällen ermöglicht dagegen ein konstruktiveres Umgehen mit widerstreitenden Argumenten. Zwar kann man wiederum einwenden, daß der Analytiker im analytischen Prozeß durch sein Wissen und seine Erfahrungen in sich selbst einen triangulierenden Punkt erreiche (König 1996). Als wissenschaftliches Fundament der Psychoanalyse ist dies jedoch nicht ausreichend, wie die Einschränkungen einer Ein-Personen-Erkenntnis empirisch gezeigt haben (Streeck 1994).

Den Erkenntnisprozeß einer *Diskussionsgruppe* anzuvertrauen, hat einen weiteren Vorteil. Im Gegensatz zur Ein-Personen-Erkenntnis, die sich lediglich im Denken ereignet, wird in einer Gruppe Erkenntnis durch Miteinander-Sprechen konstituiert. Eine sprachlich konkret formulierte Aussage kann dabei durch ebenso explizit formulierte Gegenpositionen relativiert werden, was überdies aufgezeichnet und erneut auf Stimmigkeit hin untersucht werden kann. Dadurch wird der Erkenntnisprozeß selbst transparent und kritisierbar. Auch hat eine Forschungsgruppe gegenüber der klassischen Junktim-Forschung den Vorteil, daß sie sich flexibler bestimmten Fragestellungen zuwenden kann und Fragestellungen zu verfolgen vermag, die der Junktim-Forschung verschlossen sind. So kann die Junktim-Forschung selbst keine Wirkungsforschung betreiben, weil Behandler und Forscher miteinander identisch sind; dieser kann daher nicht erforschen, wie die Behandlung über ihr Ende hinaus weiterwirkt. Schließlich ist der Einzelforscher durch die Umstände seiner praktischen Arbeit mehr eingeschränkt als eine Forschungsgruppe, die leichter Zugang zu einer Vielzahl vergleichbarer Kasuistiken hat. Und erst die systematische Auswertung einer ausreichenden Zahl von Kasuistiken ermöglicht *Typisierungen*, aus denen sich zu einer bestimmten Fragestellung Aussagen ableiten lassen, die Verallgemeinerungen begründen können. Diese Erkenntnisschritte wollen wir anhand unserer Untersuchung darstellen.

Triangulierende Settings strukturieren den Erkenntnisprozeß

Das Setting einer Untersuchung hat sowohl die subjektgerichtete Interpretation der Dyade als auch die Bedeutung dieser Interpretation vom allgemeinen Sprachverständnis her systematisch zu reflektieren.

In unserer Untersuchung folgt auf den ersten, typisch psychoanalytischen Schritt in einer Dyade der zweite in einem triangulierenden Setting, wie es ähnlich aus der klinischen Arbeit (Supervision) bekannt ist. Bei jedem Schritt der Untersuchung legen wir Wert auf ein dialektisches Ergänzungsverhältnis zwischen verschiedenen Aspekten des Erkenntnisprozesses:

– Die Spannung zwischen theoriegeleiteten Hypothesen und der Fülle des empirischen Materials wird – anders als in der Einzelfallforschung, die ihre Aussagen post hoc erarbeitet – von Beginn an explizit aufgegriffen.
– Im Abschlußinterview wird der freie Bericht des Patienten durch gezieltes, hypothesengeleitetes Nachfragen des Interviewers ergänzt.
– In der Gruppendiskussion werden die unterschiedlichen Auffassungen der Gruppenmitglieder zunächst gegeneinander gesetzt, bevor sie durch die Dialektik der Diskussion in einer gemeinsamen Interpretation „aufgehoben" werden.
– Die typisierende Beschreibung ist im Verlauf unserer Untersuchung ein Kristallisationspunkt für die verschiedenen Aspekte des Erkenntnisprozesses; der Interviewtext, die bisherigen Schlußfolgerungen aus der Gesamtgruppe und die psychoanalytische Theorie sollen jeweils gleichgewichtet berücksichtigt werden.

Fragestellung und Forschungsgruppe

Ort unserer Untersuchung war die Klinik Wittgenstein, ein Krankenhaus für Psychosomatische, Psychoanalytische und Sozialpsychiatrische Medizin in Bad Berleburg. Unsere Fragestellung bezog sich auf Therapieprozesse bei unterschiedlichen Patientengruppen. Eine Gruppe von 5 Psychoanalytikern arbeitete über einen Zeitraum von 5 Jahren kontinuierlich zusammen. Neben dem ärztlichen Direktor und dem wissenschaftlichen Mitarbeiter der Klinik (die Autoren des Buches) nahm ein Abteilungsleiter und 2 therapeutische

Kolleginnen teil. Die Teilnehmer dieser Forschungsgruppe waren hinsichtlich vieler Eigenschaften – Alter, Familienstand, Temperament, berufliche Erfahrung – sehr verschieden; alle hatten schon länger in der stationären Psychotherapie gearbeitet. Neben dieser Forschungsgruppe waren weitere Kollegen der Klinik als unabhängige Interviewer bzw. als Beobachter der Forschungsgruppe an der Untersuchung beteiligt. Zu bestimmten Zeitpunkten der Untersuchung wurden auch die den jeweiligen Patienten behandelnden Therapeuten und Pflegekräfte interviewt (was wir noch erörtern werden).

Die aus 5 Personen bestehende Forschungsgruppe diskutierte zunächst Rahmen und Fragestellungen der Untersuchung. Begonnen wurde mit der Untersuchung von Patienten mit neurotischen Erkrankungen; es folgten die Untersuchungen von Patienten mit psychosomatischen Krankheiten und schließlich von Kranken mit strukturellen Störungen. So untersuchten wir 3 verschiedene Patientengruppen, die jede für sich auf den 3 vollstationären Abteilungen der Klinik unterschiedlich behandelt wurden (vgl. Kapitel 3 - 5). Für jede dieser Patientengruppe erarbeiteten wir die einschlägige Literatur. Aufgrund dessen und aufgrund unserer klinischen Erfahrungen formulierten wir Hypothesen bezüglich des Verlaufs von Therapien bei diesen Patienten. Wir formulierten unser in den Diskussionen gewonnenes Vorverständnis schriftlich, um die Ergebnisse der folgenden empirischen Untersuchung damit vergleichen zu können. Wir wählten die Patienten nach dem Zufallsprinzip aus und berücksichtigten in unseren Diskussionen außer den Abschlußinterviews keinerlei Informationen über die Patienten.

Das Abschlußinterview

Kurz vor Abschluß seiner Therapie wurde mit dem Patienten ein etwa einstündiges Interview über den Verlauf der Behandlung geführt. Zuvor war der Patient über den Zweck der Untersuchung informiert und um seine Einwilligung dazu gefragt worden. Um einen möglichst unbefangenen Bericht von ihm zu erhalten, wurde ihm ausdrücklich gesagt, daß seine Informationen nicht seinen behandelnden Therapeuten mitgeteilt würden. Das Interview wurde mit der Frage begonnen, welches die erste Erinnerung des Patienten bezogen auf seinen Klinikaufenthalt sei. Anschließend war die gesamte Dauer seiner stationären Behandlung Inhalt des Interviews, wobei dem Patienten die Möglichkeit zu einem spontanen Bericht gegeben wurde. Der Interviewer beschränkte sich darauf, den Bericht zu verstehen und fragte nur dann nach, wenn ihm etwas unklar blieb. Schon in der Auswahl der Themen zeigten sich große Unterschiede zwischen den Patientengruppen; so sprachen beispielsweise Patienten mit psychosomatischen Krankheiten oder mit ausgeprägten Beziehungsstörungen selten von sich aus die therapeutische Beziehung an, wohingegen darüber Patienten mit neurotischen oder Persönlichkeits-Störungen ausführlich berichteten. Danach fragte der Interviewer gezielt nach bisher nicht angesprochenen Bereichen, so z. B. nach Beziehungen zu Mitpatienten, Erlebnissen in Begleittherapien, Erfahrungen mit dem Pflegepersonal oder nach außerklinischen Aktivitäten. Etwa die Hälfte der Interviews wurden von einem Mitglied aus der Forschungsgruppe, die andere Hälfte von nicht über die Hypothesen der Untersuchung informierten Fachkollegen geführt. Von dem unvoreingenommenen Blick der nicht informierten Interviewer erhofften wir eine Korrektur eventuell eingeschlichener Sichtverengungen und Vorurteile bei uns; dagegen konnten wir als informierte Interviewer Hypothesen der Untersuchung in präzisen Fragen überprüfen und somit bestätigen oder belasten.

In einem derartigen Interview wird der Interviewer szenisch mit einbezogen. Er soll z. B. Zeuge für erlebte Enttäuschungen oder Vernachlässigungen sein oder wie ein lobender Lehrer den Erfolg der Therapie bescheinigen. Während sich in einem Erstgespräch die Aufmerksamkeit des Interviewers auf das Erkennen der Szene richtet, geht es hier darum, den Ablauf der Therapie möglichst differenziert zu erfassen und zu verstehen. Dabei kann sich der Interviewer, der sonst auch therapeutisch tätig ist, nicht nur mit dem Patienten identifizieren, sondern erlebt auch unterschiedliche Identifizierungen mit den Personen, über die der Patient berichtet. Läßt sich der Interviewer also auf dieses Gespräch verstehend ein, erfährt er oft wechselnde Übertragungen und Gegenübertragungen, die später auch die Arbeit der Forschungsgruppe beeinflussen. Natürlich lassen sich diese Störungen zum Gegenstand der Reflexion machen und können dann – entsprechend der Überlegungen von Devereux (1967) – zum größeren Verstehen der Beziehung zwischen Interviewer und Patient beitragen. Denn in dieser Beziehung spiegelt sich auch der Konflikt des Patienten wieder, wie er sich im Verlauf der Therapie dargestellt hat.

Die Gruppendiskussion

Das Interview wurde aufgezeichnet und transkribiert. Aufgrund des transkribierten Interviews beurteilte jedes Mitglied der Forschungsgruppe zunächst allein den die Krankheit auslösenden Konflikt des Patient und den Therapieverlauf. In der Gruppendiskussion ging es dann darum, gemeinsam möglichst weitgehend den Konflikt des Patienten zu verstehen, seine Bearbeitung in der Therapie nachzuzeichnen und den Behandlungsverlauf mit dem anderer Patienten zu vergleichen. Dabei folgten wir keinen vorgegebenen Diskussionsregeln oder bestimmten Interpretationsstrategien. Häufig kamen wir auf bestimmte Gesichtspunkte zu sprechen, so z. B. auf die szenische Entwicklung im Interview, auf Beziehungsepisoden in der Behandlung oder auf Metaphern im Interviewtext. In der Regel ergab sich aus den anfänglich 5 unterschiedlichen Beurteilungen im Verlauf der Diskussion eine gemeinsam gefundene Interpretation, die sich von den ursprünglichen Positionen deutlich hinsichtlich ihrer Tiefe und ihrer Stimmigkeit unterschied.

Als ein wichtiges Kriterium für die Stimmigkeit bzw. den Wahrheitsgehalt von Aussagen gilt in hermeneutischen Verfahren das Evidenzerleben. Wir verstehen das Evidenzerleben lediglich als Begleiterscheinung einer Konsensbildung, das nach unserer Erfahrung weitgehend unabhängig davon ist, ob der Konsens tragfähig ist. Natürlich war jedem von uns die eigene Interpretation des Interviews zu Beginn der Diskussion evident, weil jeder seinen Konsens mit dem Text gefunden hatte. Die Diskussion erschütterte allerdings rasch das Evidenzerleben der Gruppenmitglieder, so daß im Evidenzerleben nicht schon der wissenschaftliche Wert einer Aussage begründet sein kann. Nicht die Tatsache eines Bedeutungskonsenses macht eine Aussage also wissenschaftlich; ein solcher Konsens muß vielmehr unter methodisch sinnvollen Bedingungen erreicht worden sein. So gesehen ist ein Evidenzgefühl zunächst eher ein Hindernis auf dem Weg der Erkenntnis, weil es dazu verleitet, sich vorschnell mit etwas Erkanntem zufrieden zu geben.

42

Wie läßt sich der Prozeß der Konsensbildung beschreiben? Um dieser Frage nachgehen zu können, zeichneten wir unsere Diskussionen auf Band auf und ließen sie durch den ärztlicher Leiter der untersuchten Abteilung hinsichtlich ihrer Übereinstimmungen mit seinen klinischen Beobachtungen beurteilen. (Die Untersuchung über die Mechanismen der Konsensbildung in einer freien psychoanalytischen Gruppendiskussion stellen wir im Kapitel 2 ausführlich dar; hier wollen wir nur kurz auf die Ergebnisse dieser Untersuchung eingehen.)

In der Diskussion lassen sich 2 Ebenen unterscheiden. Die erste Ebene ist die einer *Arbeitsbeziehung*, die regelmäßig in 4 Schritten zu einem Konsens kommt. Zuerst werden die verschiedenen Beurteilungen eines neurotischen Konflikts ausgetauscht. Diese werden jeweils in ihren theoretischen Implikationen erläutert und am Text des Interviews belegt. Auf diese Weise vervielfältigen sich die möglichen Verstehensweisen einer Textstelle, und verschiedene Verknüpfungen zwischen Zeichen und Bedeutungen werden erprobt. – Während der kollegialen Kontroverse über die verschiedenen Verstehensweisen im zweiten Schritt kommt es noch nicht zu einer Annäherung an eine mögliche gemeinsame Interpretation, sondern regelmäßig zu einer Polarisierung zwischen 2 divergenten Thesen, die immer mehr argumentativ untermauert werden. – Zum Konsens kommt es erst im dritten Schritt dadurch, daß ein an der Kontroverse relativ unbeteiligtes Gruppenmitglied eine weitere Verstehensweise vorschlägt, der die beiden Parteien zustimmen können. Der Konsens geht also von einem Dritten aus, was die Wirksamkeit des Prinzips der Triangulierung deutlich macht. – Im vierten Schritt wird schließlich der gefundene Konsens gemeinsam überprüft anhand weiterer Textstellen und daraufhin untersucht, ob sich die zuvor formulierten Aspekte in diesem neuen Konsens unterbringen lassen. Dabei begrenzten wir die Diskussionszeit immer auf 90 Minuten, innerhalb derer es jeweils zur Konsensbildung kam.

Auf der zweiten Ebene der Gruppendiskussion, der *Übertragungsbeziehung*, bildet sich der Konflikt des Patienten in der Dynamik der Gruppensituation ab. Die einzelnen Gruppenmitglieder ergreifen in der Diskussion über den Konflikt des Patienten vorbewußt Partei für die eine oder andere Sichtweise. Auch wenn die Gruppe keinen direkten Kontakt mit dem Patienten hatte (wenn nämlich ein nicht-informierter Kollege das Interview gemacht hatte), zeigte eine tiefenpsychologische Analyse des Transkripts von der Diskussion, daß Kontroversen zwischen verschiedenen Interpretationen auffallende Parallelen zu ambivalenten Seiten des Patienten hatten (Beispiele im Kapitel 2). Die Mitglieder der Forschungsgruppe identifizieren sich also vorbewußt mit Anteilen des Patienten und tragen den Konflikt des Patienten in der Gruppendiskussion in abgeschwächter Form aus. Dies beeinträchtigt die Arbeitsbeziehung, indem sich Störungen bei der Konsensbildung ergeben, die sich auf den spezifischen Konflikt des Patienten beziehen lassen. Durch ihre Orientierung am wissenschaftlichen Ziel vermag aber die Gruppe ihre Arbeitsfähigkeit aufrechtzuerhalten, was sich darin zeigt, daß sie den in sich aufgenommenen Konflikt bearbeitet und zur Konsensbildung findet.

In einer Konsensbildung werden demnach nicht nur Zeichen und Bedeutungen neu verknüpft, sondern in ihr bildet sich auch der Konflikt des untersuchten Patienten ab, der dabei in der Gruppe so bearbeitet werden kann, daß sich neue Lösungen für ihn ergeben. Damit greifen Arbeits- und Übetragungsbeziehung in der Gruppendiskussion ineinander. Wenn die Gruppendiskussion einen Erkenntnisvorteil gegenüber der Junktim-Forschung hat, so liegt dieser nicht darin, daß sie von Übertragungsvorgängen unabhängig ist, sondern darin, daß sie diese aufgrund der triangulierenden Prozesse innerhalb der Gruppendiskussion leichter bearbeiten und nutzen kann. Unserer Erfahrung nach läßt sich dieser Prozeß nicht oder zumindest nicht leicht optimieren. Als uns deutlich geworden war, in welcher Weise wir den Konflikt des Patienten austragen und bearbeiten, versuchten wir, in der Diskussion besonders darauf zu achten und die jeweilige Gruppensituation entsprechend zu deuten in der Hoffnung, den Konflikt rascher verstehen und leichter bearbeiten zu können. In den Transkriptanalysen dieser Diskussionen ließen sich jedoch keine neuen Mechanismen der Konsensbildung beschreiben; trotz zutreffender Deutungen der Gruppensituationen erwies sich die Arbeitsbeziehung ebenso gestört wie zuvor. Der Versuch der Gruppe, ihr eigener Analytiker zu sein, brachte keinen Gewinn.

Die typisierende Beschreibung

Unsere Diskussion um den Einzelfall hatte immer 2 Gesichtspunkte: zunächst ging es um ein möglichst genaues Verstehen des individuellen Therapieprozesses und anschließend wurde überlegt, was daran für die jeweilige Patientengruppe typisch ist, so daß es verallgemeinert werden kann. Mit der *Frage nach der Verallgemeinerung* tut sich die Psychoanalyse schwer. Sie betont zuweilen, daß sie als Wissenschaft vom Subjekt nur für die je individuelle Wahrheit kompetent sei und übersieht dabei, daß Erkenntnis sich stets im dialektischen Verhältnis von Allgemeinem und Besonderem ereignet. Denn die Individualität läßt sich nur mit Hilfe allgemeiner Begriffe erfassen und wird nur vom Allgemeinen ausgehend verständlich. Jede Diagnose und jede Aussage, z. B. über Gesetzmäßigkeiten bei Symbolbildungen oder bei Träumen, sind Feststellungen, die den Anspruch auf Verallgemeinerung haben. Allerdings mangelt es dabei oft an der methodischen Vermittlung zwischen Aussagen über einen Einzelfall und Feststellungen, die verallgemeinert werden. Diese Vermittlung in nachvollziehbarer Weise darzustellen, versuchen wir mit unserer typisierenden Beschreibung.

Nach jeder Gruppendiskussion wurde ein Protokoll angefertigt, das die Mitglieder der Forschungsgruppe erhielten. Es diente dazu, das jeweilige Einzelinterview mit den bisher bearbeiteten Interviews zu vergleichen, woraus sich wiederkehrende Tendenzen und Gemeinsamkeiten ergaben. Indem diese möglichst klar beschrieben wurden, bildete sich ein typischer Therapieverlauf ab, der sich bei einer größeren Zahl von Patienten mit einer einheitlichen Rahmendiagnose feststellen ließ. Dadurch wurde der typische Verlauf in seiner inneren Gesetzmäßigkeit mehr und mehr verständlich, und es konnten Kritierien bestimmt werden, aufgrund derer er sich von anderen Verläufen bei anderen Patientengruppen unterscheiden ließ. Wir mußten nämlich bald erkennen, daß ein typischer Therapieverlauf nicht die gesamte Stichprobe, sondern nur eine bestimmte Kerngruppe zu beschreiben vermochte. Wenn nicht bestimmte Kriterien bei einer Patientengruppe (z. B. ein gewisses Strukturniveau) vorhanden sind und wenn nicht bestimmte Entwicklungen in der Behandlung (z. B. Aktivieren von Ressourcen) festzustellen sind, dann verläuft die Therapie nicht in typischer Weise und muß als abweichender Verlauf eingestuft werden.

Ziel unserer Untersuchung war also ein System von Aussagen, die zusammengefaßt ein *typisiertes Ablaufschema* ergeben, das *für eine bestimmte Kerngruppe von Patienten allgemeingültig* ist. Ebenso wichtig wie diese Typisierung war die Bestimmung der Grenzen gegenüber anderen Therapieverläufen. Der Einzelfall und die verallgemeinernde Feststellung (Begriff) können also nur durch eine auf den typischen Verlauf bezogene Erklärung mit angebbarem Gültigkeitsbereich verbunden werden. Dies ist nicht mittels statistischer Methodik möglich. Wenn wir den Behandlungsverlauf eines Patienten mit einer psychosomatischen Krankheit untersuchen, erwarten wir nicht schon, daß wir einen typischen Therapieprozeß finden, sondern wir müssen zunächst nach bestimmten Merkmalen seiner Persönlichkeitsorganisation und seiner Entwicklung in der Behandlung fragen, um dann entscheiden zu können, ob sein Behandungsverlauf typisch ist oder Abweichungen vom typischen Verlauf zeigt, die wir in ihrer Besonderheit nicht verallgemeinern können. Auch der *systematische Vergleich* mit einer anderen, bereits untersuchten Patientengruppe dient dazu, einen typischen Therapieverlauf vor Übergeneralisierung zu schützen und seine Grenzen zu bestimmen.

Nachdem wir einen typischen Therapieverlauf für Patienten mit neurotischen Störungen, die wir als erste untersuchten, gefunden hatten, untersuchten wir Patienten von unserer psychosomatischen Abteilung. Dabei mußten wir feststellen, daß der in der anderen Patientengruppe gefundene Verlaufstyp nicht auf diese Patienten anwendbar war. Da für psychosomatisch Kranke auch weniger psychoanalytische Theorieüberlegungen und ungesichertere Therapieerfahrungen vorliegen, hatten wir wesentlich mehr Mühe, typische Phasen in den Behandlungsverläufen zu finden. Deswegen diskutierten wir einzelne Therapiephasen anhand aller Patientenaussagen über eine längere Zeit. Hatten wir schließlich ein Ablaufschema formuliert, wurden die theoretischen Implikationen des Modells überlegt und mit Annahmen in der psychoanalytischen Literatur verglichen. Wenn sich eine wichtige Frage in unserem üblichen Setting nicht befriedigend beantworten ließ, änderten wir den Informationsrahmen unserer Untersuchung. Als wir z. B. bei Patienten mit Adoleszenskrisen den Verdacht hatten, daß sie nicht nur den Therapeuten, sondern auch den Interviewer als Übertragungsobjekt der Elterngeneration erleben könnten und deshalb bestimmte Bereiche verschweigen würden, machten wir in einigen Fällen Zusatzinterviews mit dem

Pflegepersonal und dem Therapeuten, die uns zeigten, daß unsere Vermutung unbegründet war.

Wir gingen also von einer bestimmten Fragestellung aus, der wir die methodischen Mittel unterordneten. Konnte diese Fragestellung so beantwortet werden, daß neue Einzelfälle der gefundenen typisierenden Beschreibung nur noch wenig neue Informationen hinzufügten, so erschien uns die Stichprobe ausreichend groß. Dies war in der Regel nach der Untersuchung von 15 Patienten der Fall. *Kriterien* unseres Forschungsprozesses *sind* also – zusammenfassend – die *theoretische Durchdringung*, die *innere Stimmigkeit* und die *Angemessenheit für die untersuchten Therapieverläufe*, nicht aber eine zuvor festgelegte standardisierte Methodik.

Das Verhältnis zu allgemeinwissenschaftlichen Kriterien

Die Kriterien der Objektivität, der Validität (Gegenstandsangemessenheit) und der Reliabilität (Zuverlässigkeit), die in der positivistischen Methodologie eine zentrale Rolle spielen, werden auch innerhalb des psychoanalytischen Erkenntnisprozesses aufgegriffen, jedoch in anderer Weise umgesetzt.

Wir waren von einer bestimmten Auffassung von Sprache ausgegangen und dahin gekommen, daß die Verknüpfung zwischen Zeichen und Bedeutung nicht in einer außersprachlichen Realität verankert werden kann. Wenn man sich dem Subjekt zuwendet und damit den allgemeinwissenschaftlichen Sprachkonsens zeitweise verläßt, resultiert daraus ein methodisches Problem. Folgt man dem psychoanalytischen Ansatz, gibt es nämlich keine standardisierbare Methode, um die zuvor aufgelöste und dann erneut geschlossene Verknüpfung zwischen Zeichen und (anderer) Bedeutung als wissenschaftlich gültig zu erweisen. Da auch diese Verknüpfung zwischen Zeichen und anderer Bedeutung eine konventionelle, d. h. zwischen Subjekten ausgehandelte Verknüpfung ist, kann die neue Bedeutung wissenschaftlich nicht als unbezweifelbar bewiesen werden. Eine unbezweifelbar wahre Bedeutung ist allerdings auch nicht das Ziel einer positivistischen

Wissenschaft. Sie gründet ihren Geltungsanspruch vielmehr auf einer standardisierten Methodik, die eine bestimmte Verknüpfung zwischen Zeichen und Bedeutung wahrscheinlich macht. Wir haben gezeigt, aus welchen Gründen wir eine solche Methodik dann für unangemessen halten, wenn es um das Subjekt geht. Deswegen haben wir unsere Vorgehensweise auch nicht mit standardisierten Erhebungen vermischt.

In unseren Überlegungen versuchen wir, die konventionelle Natur der Verknüpfung zwischen Zeichen und Bedeutung methodisch ernst zu nehmen und auf das Subjekt zu beziehen, um dann die neue Bedeutungszuschreibung vom allgemeinen Sprachkonsens her zu überprüfen. Dabei soll die Sprache des Patienten der Maßstab für eine Änderung des allgemeinen Verständnisses bleiben. Verfahrenstechnisch bedeutet dies, daß der Text des Interviews mit dem Patienten während der gesamten Untersuchung zum „Urmeter" jeder Interpretation wird. Zwar verträgt die psychoanalytische Erkenntnis zunächst, nämlich während der Hinwendung zur subjektiven Welt, keinen Dritten. Dieser Dritte – das allgemeine Sprachverständnis – muß jedoch wieder eingeführt werden, wenn psychoanalytische Aussagen wissenschaftliche Geltung beanspruchen wollen. Die Kritik, die Psychoanalyse sei subjektivistisch, ist dann berechtigt, wenn sie den Rückweg aus der therapeutischen Dyade nicht entschieden antritt; so bleibt in der Junktim-Forschung die Interpretation unhinterfragt in der Verantwortung des gleichzeitig therapierenden Autors und ermöglicht keine Verallgemeinerung.

Unser Setting sucht die Konsensbildungen bezüglich eines Einzelfalls systematisch zu triangulieren, d. h. eine Interpretation innerhalb der Gruppendiskussion so lange mit anderen möglichen Interpretationen zu konfrontieren, bis die dialektische Bewegung widerstreitender Auffassungen ausgetragen und in einem Konsens vermittelt ist, der von allen geteilt wird. Auch wenn wir eine Anzahl von Einzelfällen systematisch miteinander vergleichen, wird eine Art von dyadischem Bedeutungskonsens (die Forschungsgruppe und der erste Einzelfall) durch neue Gesichtspunkte relativiert und ergänzt. Unser Setting teilt also mit der klassischen psychoanalytischen Forschung alle Schlußfolgerungen und lehnt damit jede Standardisierung der Interpretationsschritte ab. Wir suchen jedoch den dialektischen

Weg der Erkenntnis in der Vermittlung von subjektiver und allgemeiner Bedeutung konsequent aufrechtzuerhalten.

Auch die psychoanalytische Forschung muß sich allgemeinwissenschaftlichen Kriterien wie Objektivität, Zuverlässigkeit (Reliabilität) und Gegenstandsangemessenheit (Validität) stellen. Sie erfüllt diese Kriterien aber innerhalb ihres eigenen Entwurfs. Zur *Objektivität* der Aussagen, die mit Hilfe einer Forschungsgruppe gewonnen werden, trägt hauptsächlich die Beteiligung mehrerer Personen am Erkenntnisprozeß bei. Dies erlaubt, Einseitigkeiten individueller Interpretationen festzustellen und so Verstrickungen in die unbewußte Szene mit dem Patienten zu bearbeiten. Eine möglichst objektive Erkenntnis dürfte dann gewährleistet sein, wenn sich die Wege der Konsensbildung in der Forschungsgruppe als flexibel erweisen. Würde der Konsens immer von derselben Person angestoßen, wären Zweifel an der Objektivität der Erkenntnis angebracht. (Auf die Kriterien, die das Arbeiten einer Forschungsgruppe hindern und fördern können, gehen wir im Kapitel 2 ein.)

Eine *Reliabilität* (Zuverlässigkeit) der Aussagen wird dadurch erreicht, daß die Arbeit so lange fortgesetzt wird, bis sich aus weiteren Einzelverläufen keine wesentlich neuen Aspekte zur Beantwortung der betreffenden Fragestellung ergeben. Die allgemeinen Aussagen werden als zuverlässig angesehen, wenn sie mit weiteren individuellen Verläufen übereinstimmen. Die Frage nach der Zuverlässigkeit von Aussagen stellt sich in der Forschungsgruppe also dann, wenn die gefundene Aussage noch nicht genügend sicher erscheint, so daß entweder weitere Interviews notwendig werden oder mehr Zeit für die Diskussion theoretischer Annahmen erforderlich ist, um zu einem befriedigenden Konsens zu kommen.

Die Frage der *Validität* (Gegenstandsangemessenheit) suchten wir durch eine externe Überprüfung der Aussagen der Forschungsgruppe zu lösen. Allerdings konnte ein Fachkollege, der die Patienten aus seiner klinischen Arbeit als Abteilungsleiter kannte, nur die Validität unserer Aussagen im Hinblick auf den Einzelfall belegen. Das Hauptproblem für die Validität von Aussagen ist jedoch deren Verallgemeinerbarkeit. Bei den positiven Wissenschaften ergibt sich dieses Problem zumindest im Bereich psychologischer Forschung mit der Frage, ob die Aussagen auf die Welt des Subjekts überhaupt zu übertragen sind. Bei der Psychoanalyse, deren Kompetenz für das Erfassen der psychischen Realität kaum bestritten wird, ist umgekehrt zu fragen, ob ihre Aussagen über das Besondere des einzelnen Subjekts so weit abstrahiert werden können, daß sie dem Gegenstand der Frage, der ja immer ein allgemeiner ist, angemessen sind. (So lassen sich beispielsweise die Gesetze der Traumbildung nicht aus einem einzigen Traum eruieren). Die psychoanalytische Methodik ist in diesem Sinne nur dann wissenschaftlich valide, wenn sie ausweisen kann, welchen Gültigkeitsbereich ihre Aussagen beanspruchen und wie sie diesen Anspruch belegt.

Kapitel 2

Die Gruppendiskussion als Methode der psychoanalytischen Forschung – eine Untersuchung zur Dynamik von Konsensbildungen

Einleitung

Sprache ist sowohl Grundlage der Kommunikation im Alltag als auch der wissenschaftlichen Verständigung. Die Wahl einer wissenschaftlichen Methode hängt mit davon ab, wie Sprache definiert wird. Für die Psychoanalyse gilt, daß die Verknüpfung zwischen Zeichen und Bedeutung nicht ein für allemal festgelegt ist. Erst in ihrer Kommunikation miteinander kommen die Beteiligten überein, welche Bedeutung mit welchem Zeichen zu verknüpfen ist. Eine der Leistungen Freuds bestand darin zu zeigen, daß in Symptomen, Träumen oder Fehlleistungen unbewußt Verknüpfungen gebildet werden, deren Bedeutungen erst in einer Psychoanalyse mittels freier Assoziation, gleichschwebender Aufmerksamkeit und Deutung erschlossen werden können.

Eine weitere Methode, unbewußte Verknüpfungen zwischen Zeichen und Bedeutung zu erkennen, ist die psychoanalytische Gruppendiskussion. Wegner und Henseler (1991) konnten zeigen, daß die Validität einer Gruppeneinschätzung auch statistisch nachzuweisen ist. In ihrer Untersuchung stellten sie einer Forschungsgruppe die Aufgabe, aus einer kleinen szenischen Information – nämlich der Begrüßungsszene in einem Erstinterview – den Konflikt des Patienten zu erfassen. Der von der Gruppe erarbeitete Konflikt korrelierte überzufällig mit dem, was aufgrund von umfangreichem diagnostischen Material erhoben worden war. Leider beschäftigten sich die Autoren nicht mit der Frage, wie es möglich wurde, daß in einer Gruppendiskussion aus so geringem Ausgangsmaterial ein ähnliches Ergebnis erzielt

51

werden konnte wie sonst erst durch eine umfangreiche Diagnostik. Wir wollen in diesem Kapitel dieser Frage nachgehen und den Prozeß innerhalb einer Gruppendiskussion analysieren.

Bezugssysteme in der Diskussion

Die feste Beziehung von Zeichen und Bedeutung wird in einer Diskussion zunächst aufgelöst. Zur Neuverknüpfung zwischen Zeichen und Bedeutung kommt es dadurch, daß zentrale Metaphern, Beziehungsepisoden und szenische Gestaltungen zwischen Interviewer und Patient reflektiert werden.

Durch Teilnahme mehrerer Personen am Interpretationsprozeß wird eine „Diversifikation von Hypothesen" möglich (Fischer 1989, S. 149). In unserer Forschungsgruppe machten wir die Erfahrung, daß besonders Unterschiede in Alter, Temperament, Geschlecht und Lebenssituation anregend waren. Ebenso bereichernd, wenn auch nicht immer leicht zu integrieren, waren verschiedene theoretische Ansätze der Mitglieder. Entsprechend wur-

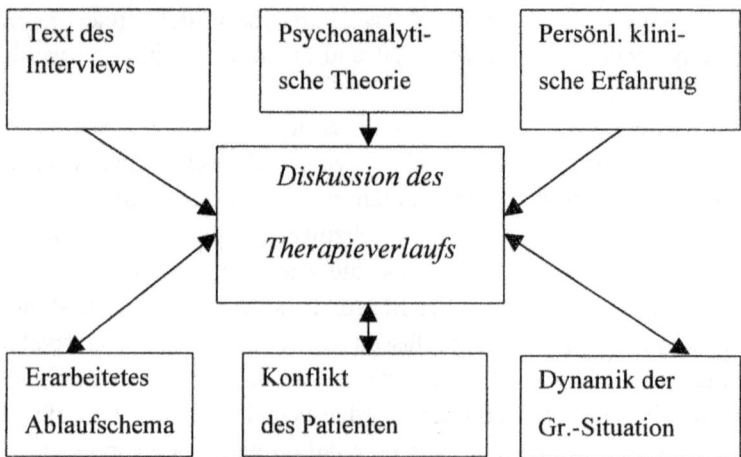

Abb. 2.1: Verschiedene Bezugssysteme einer Gruppendiskussion

de der Text des Interviews unterschiedlich interpretiert, d. h. Zeichen erhielten verschiedene Bedeutungen, die sich in der freien Diskussion in ihrer Unterschiedlichkeit entfalteten.

Daneben werden in einer psychoanalytischen Gruppendiskussion verschiedene Bezugssysteme wirksam, die in Abbildung 2.1 dargestellt sind. Die Gruppendiskussion geht zunächst vom *Interviewtext* aus, der während der gesamten Diskussion quasi die „letzte Instanz" bleibt, an der jede Interpretation zu überprüfen ist. Die Bedeutung dieses Textes wird in unterschiedlicher Weise erschlossen; beispielsweise kann eine bestimmte theoretische Position zur Interpretation herangezogen werden oder eine Textstelle wird anhand des bereits erarbeiteten Ablaufschemas interpretiert.

In der Gruppendiskussion kann jeder auf eines der Bezugssysteme zurückgreifen, womit sich dann die anderen Gruppenmitglieder auseinandersetzen müssen, z. B. indem sie die Bedeutung einer Textstelle vor dem Hintergrund dieses Gesichtspunkts prüfen. Der spontane Wechsel der Gruppendiskussion zwischen verschiedenen Bedeutungsdimensionen und Abstraktionsgraden ermöglicht vom Besonderen des einzelnen Falles zu verallgemeinerbaren Aussagen zu kommen. Ähnlich meinte Stuhr (1995), daß Forschungsgruppen durch „Verdichtung von Einzelphänomenen zu einem Typus" gelangen können (S. 200). Diese Arbeit an zusammenfassenden Formulierungen unterscheidet eine psychoanalytische Forschungsgruppe von anderen psychoanalytischen Gruppendiskussionen. Die Forschungsgruppe überläßt sich zwar auch zunächst den Einfällen ihrer Mitglieder, deren Ziel dann aber ist, zu einem gemeinsamen Verstehen zu kommen, das formuliert und für die weitere Arbeit genutzt werden soll. Die schriftlichen Protokolle und eine zu erarbeitende allgemeine Aussage (z. B. als Schema des Therapieprozesses) grenzt sie auch von Formen der Supervision oder der kasuistischen Diskussion ab.

Ebenso wichtig wie das Auflösen der festen Beziehung zwischen Zeichen und Bedeutung ist das Überprüfen der Validität nach der Neuverknüpfung. Worauf kann sich dabei die Gruppendiskussion stützen? In allen Fällen muß ein erreichter Konsens (wir gehen in den nächsten Abschnitten darauf ein, wie er erreicht wird) gemeinsam von der Gruppe am Interviewtext überprüft werden. Um eine neue Bedeutungsgebung untersuchen zu können, sind vor allem drei Elemente des Interviewtextes hilfreich:

1. die Szene, die sich zwischen Interviewer und Patient konstelliert hat:
   Die Art, wie der Patient die Beziehung zum Interviewer gestaltet, enthält szenische Informationen (Argelander 1979), die Aufschluß über seine Konfliktdynamik geben können (Wegner u. Henseler 1991);
2. die vom Patienten geschilderten Beziehungsepisoden während seiner Behandlung:
   Aus Beziehungsepisoden des Patienten lassen sich Aspekte seines Grundkonflikts und eventuell neue Bewältigungsformen dafür erkennen, worauf sich die ZBKT-Methode stützt (Luborsky u. Kächele 1988);
3. die Metaphern, die der Patient für seinen Therapieprozeß findet:
   Metaphern lassen sich als Verdichtungen von Phantasien des Patienten verstehen (Buchholz 1996). Als ein sprachliches Element zeigen Metaphern nach unserem Verständnis ebenfalls eine Neuverknüpfung von Zeichen und Bedeutung an. So konnten wir feststellen, daß Patienten oft spontan – in Träumen oder überraschenden Bildern – eine Metapher für den Veränderungsprozeß der Therapie bilden.

Die Dynamik des Diskussionsverlaufes

Der Prozeß der Auflösung und Neuverknüpfung von Zeichen und Bedeutung entfaltet sich innerhalb einer Gruppendiskussion in vier Schritten.

Um den Entwicklungsprozeß hin zu einer gemeinsamen stimmigen Interpretation während eines Diskussionsverlaufs genauer untersuchen zu können, transkribierten wir einige Gruppendiskussionen und analysierten sie. Es lassen sich zwei Ebenen beschreiben: von der *Arbeitsbeziehung* unterscheiden wir eine *Übertragungsbeziehung*, die den Konflikt des Patienten aufnimmt.

Auf der Ebene der Arbeitsbeziehung, die hier zunächst beschrieben wird, fanden wir wiederkehrende Etappen, in denen ein Thema aufkommt, sich entfaltet und schließlich abgeschlossen wird. Dieser Diskussionsprozeß läßt regelmäßig vier Schritte erkennen:

1. Exposition der Standpunkte

Auf einem mittleren Abstraktionsniveau werden anfangs Vorschläge zur Interpretation des Interviewtextes gemacht und diese Vorschläge gesammelt, ohne daß sie schon begründet werden. Je nach Gruppenspannung werden verschiedene Interpretationsvorschläge mehr oder minder ausführlich nebeneinander gestellt und am Interviewtext zu belegen versucht.

2. Kontroverse:

Danach beginnt eine Polarisierung, bei der sich meist zwei divergente Standpunkte herausbilden, die von einem Wortführer und einem Kontrahenten formuliert und präzisiert werden, wobei andere Gruppenmitglieder sich entweder einem dieser Standpunkte annähern oder zunächst keine Stellung beziehen. Weil diese Standpunkte gegeneinander in eine Begründungsnot geraten, werden neue Argumente, die zu der jeweiligen Position geführt haben, vorgebracht. Auch werden die von der Gegenseite vorgebrachten Argumente aufgegriffen, um sie zu widerlegen oder im eigenen Sinne umzudeuten. In dem Bemühen, die eigene Position zu stärken und zu beweisen, werden die Bezugssysteme der Diskussion auf das möglicherweise beste Argument hin durchforscht. Dabei nimmt die Komplexität der Argumente zu, die mehr und mehr in Form eines Syllogismus formuliert werden, um mittels logischer Klarheit die Gegenseite zu überzeugen, wozu auch verschiedene Bezugssysteme zueinander in ein Verhältnis gesetzt werden. Dieser Prozeß endet regelmäßig in einer „Pattsituation", in der sich die Argumente zu wiederholen beginnen, ohne ausreichend überzeugen zu können. Argumentativ hochgerüstet und emotional zugespitzt stehen sich die divergenten Interpretationsvorschläge gegenüber.

In dieser Situation sehen wir uns mit dem Problem der Affirmation einer Interpretation als der wahrscheinlichsten konfrontiert. Von größter Bedeutung für den Erkenntnisprozeß ist deswegen die Frage: an welcher Stelle und mit welchen Mitteln kommt eine psychoanalytische Gruppendiskussion zu einem Konsens, in dem eine bestimmte Aussage von der Gruppe übernommen oder verworfen wird? Die bisher erreichte logisch-argumentative Durchdringung des Materials reicht jedenfalls nicht aus, um zu einer Konsensbildung zu gelangen.

3. Konsensbildung

Eine Klärung wird erst möglich durch einen Ebenenwechsel, wobei ein *drittes* Element eingeführt wird, das bisher noch nicht aufgegriffen worden war. In der Regel ist damit ein Appell an die Gruppenmitglieder verbunden, nicht den Streit, sondern die inhaltliche Diskussion in den Vordergrund zu stellen. Vorbereitet wird dieser Ebenenwechsel häufig dadurch, daß sich ein an der bisherigen Diskussion relativ unbeteiligtes Gruppenmitglied zurückzieht und noch einmal den Text des Interviews studiert, um dann in der Pattsituation mit einer Passage aufzuwarten, von der aus eine Lösung der Kontroverse möglich erscheint.

In dieser Situation, in der alternative Interpretationen ausgearbeitet vorliegen, wird der Text des Interviews oft klarer lesbar als bei der ersten Lektüre, so daß eine Entscheidung zwischen den Alternativen oder eine Synthese aus beiden konsensfähig wird. Entscheidend ist also ein Wechsel der Abstraktionsebene: wurde zuvor auf einem mittleren Abstraktionsniveau gestritten, so werden die divergenten Interpretationsvorschläge nun in gemeinsamer Lektüre mit dem Text konfrontiert. Zu der Kunstfertigkeit, die eine Diskussionsgruppe nach längerer Zusammenarbeit ausbildet, gehört dieses Aufspüren von Textstellen, die eine Entscheidung und damit einen Konsens ermöglichen.

Ein anderer Mechanismus, um zu einer Konsensbildung zu kommen, besteht darin, daß ein Mitglied die Dynamik der Gruppensituation reflektiert und in einen Bezug zum Konflikt des Patienten setzt. Eine solche Selbstreflexion der psychoanalytischen Arbeitsgruppe werden wir später noch anhand von Beispielen genauer diskutieren; hier ist zunächst festzuhalten, daß sich eine gemeinsame Sichtweise oft dann eröffnet, wenn ein Gruppenmitglied eine Formulierung vorschlägt, welche die Spannung in der momentanen Arbeitsbeziehung in zutreffender Weise ausdrückt. Wenn es sicher auch noch andere Wege zur Konsensbildung geben wird, so scheinen uns diese beiden sehr häufig und dadurch gekennzeichnet zu sein, daß dabei ein neues Bezugssystem in die Betrachtung miteinbezogen wird.

In einer unserer Diskussionen ging es um die Frage, ob eine Patientin depressiv oder hysterisch strukturiert sei. Vier der fünf Diskussionsteilnehmer hatten aus der depressiven Beziehungsgestaltung der Patientin auf einen oralen Konflikt geschlossen; aber die

Diskussion kam nicht weiter, bis das Argument auftauchte, die Therapie habe – im Vergleich zu ähnlichen Behandlungsverläufen – zu schnell gewirkt, als daß man von einer depressiven Struktur ausgehen könne. Die depressive Beziehungsgestaltung wurde nun als Regression im Dienste der Abwehr eines ödipalen Konfliktes, der sich dann abzeichnete, verständlich. So ermöglichte der Rekurs auf eine persönliche klinische Erfahrung, die allen evident erschien, eine Konsensbildung.

4. Überprüfen des Konsenses:
Wenn ein Konsens erzielt ist, muß die gefundene Interpretation mit den bisherigen Argumenten verglichen und am Text des Interviews detailliert überprüft werden. Zu einem neuen Thema kann häufig erst dann gewechselt werden, wenn ein Gruppenmitglied eine einleuchtende Verbindung zu einem bisher kaum diskutierten Bezugssystem hergestellt hat (beispielsweise die erarbeitete Interpretation mit einem Aspekt der psychoanalytischen Theorie zusammengebracht hat).

Der beschriebene Diskussionsverlauf gleicht einem dialektischen Prozeß. Dialektik besteht darin, daß eine dominante Sichtweise mit Gesichtspunkten konfrontiert wird, die sie bisher nicht berücksichtigt hat und die ihr entgegenstehen. In einer solchen Konfrontation wird die bisherige Position umso mehr ausgehöhlt, je mehr sich die Gegenposition zu behaupten versucht. Daraus kann sich eine Synthese entwickeln, in der die kontroversen Positionen „aufgehoben" werden.

Mit dem Prinzip der *Triangulierung*, das S. Freud anhand des Ödipuskomplexes entwickelte, verfügt die Psychoanalyse über einen der Dialektik analogen Begriff, insofern mit dem Bezug auf einen Dritten ein Ausweg aus der Konfrontation in der Dyade beschrieben wird (vgl. Fischer 1986, 1989). Löst man den Begriff der Triangulierung von seiner Herkunft aus der ödipalen Phase und bezieht ihn auf Entwicklungen überhaupt – auch auf die Entwicklung einer Erkenntnis in einer Gruppendiskussion –, so läßt sich das Auftreten gegensätzlicher Positionen und das Finden einer Synthese vergleichen mit einer psychoanalytisch verstandenen Triangulierung.

Der Prozeß der Neuverknüpfung zwischen Zeichen und Bedeutung ist also spannungsvoll und wird nur über Meinungsverschiedenheiten und Einigungsprozesse erreicht. In einer Forschungsgruppe laufen solche Prozesse nicht lautlos (wie beim Nachdenken eines Einzelnen) ab, sondern lassen sich beobachten, aufzeichnen und analysieren. Dadurch kann deutlich werden, daß Interpretationen nicht aus einer sprachjenseitigen klinischen Realität stammen, sondern mühsam miteinander errungen werden.

Patientenkonflikte in der Gruppendiskussion

Die Dynamik einer Gruppendiskussion bildet den Konflikt des Patienten ab, was sich anhand der Unterscheidung zwischen der semantischen und der Beziehungsebene zeigen läßt.

Aus Balintgruppen und Supervisionen stationärer Teambehandlungen ist bekannt, daß sich Konflikte von Patienten in der Dynamik der Behandlergruppe abbilden können. Wir fragten, wie Patientenkonflikte sich in einer Forschungsgruppe auswirken und den Erkenntnisprozeß beeinflussen. Zunächst fiel uns auf, daß sich in den Transkripten von Gruppendiskussionen viele Aussagen der Gruppenmitglieder doppelt lesen lassen. Zum einen enthalten sie argumentativ-sachliche Inhalte, zum anderen drücken sie aber auch ein individuelles Erleben der Gruppensituation aus, wobei sich eine vorbewußte Identifizierung entweder mit dem Patienten oder seinen Konfliktpartnern feststellen läßt, was das folgende Beispiel zeigt.

Ein weibliches Gruppenmitglied klagte, daß sie sich außerstande fühle, die betreffende Patientin zu verstehen, weil sie deren Anamnese nicht kenne. Ein männliches Gruppenmitglied wies sie darauf hin, daß diese Einschränkung der zur Verfügung stehenden Informationen in einer gemeinsamen Anfangsbesprechung zur Untersuchungsmethode festgelegt worden sei. Diese Konstellation glich der Situation, in der sich die Patientin befand, nachdem sie von ihrem Partner verlassen worden war und seitdem von ihm ebenso vehement wie erfolglos eine bessere Versorgung einklagte. Charakteristisch in der Reaktion des männlichen Gruppenmitglieds war auch, daß er die Frage nicht inhaltlich aufgriff, sondern sie fast barsch zurückwies. Deutlich wird dabei auch, daß die Identifizierung eines Gruppenmitglieds mit dem neurotischen Anspruch der Patientin die Arbeitsbeziehung der Gruppe störte, weil sie den methodischen Rahmen der Untersuchung, der bereits während vieler Diskussionen gut funktioniert hatte, infragestellte. Dieses Gegeneinander von massivem Anspruch und aggressiver Zurückweisung bestimmte auch die weitere Diskussion, die ein anderes Gruppenmitglied als „gnadenlos" empfand. Ein Therapieerfolg wurde bezweifelt, weil in der Behandlung nur agiert, nicht aber psychotherapeutisch gearbeitet worden sei, was sich auch darin gezeigt habe, daß eine positive Wende während der Therapie durch den Vater der Patientin ausgelöst worden sei. In ihrem „verbohrten" Streit mit ihrem Partner um das Sorgerecht der gemeinsamen Kinder hatte die Patientin nämlich während ihres Wochenendurlaubs ihren Vater besucht, der ihr riet, erstmal abzuwarten und nichts weiter zu unternehmen. Indem sich die Patientin diesen Rat zu eigen gemacht hatte, konnte sie konstruktiver mit ihrem früheren Partner umgehen. Auch in der Therapie war sie ruhiger geworden und hatte in Konflikten mit Mitpatienten konstruktiver reagiert. Zwei Mitglieder der Gruppe (L. und K.) interpretierten dies jedoch als Regression, weil die Patientin statt zum Partner wieder zum Vater zurückgegangen sei, bei dem sie mehr Verständnis für ihre Ansprüche gefunden habe.

L - Ich finde, daß dieser Ablauf weder in das eine noch in das andere Schema paßt: also weder ist es eine neurotische Krise mit Verstärkung von Abwehrmechanismen, noch ist es eine Krise, die therapeutisch genutzt wird, sondern die Patientin findet einfach eine Lösung innerhalb ihres neurotischen Systems, indem sie in die Familie zurückgeht: Sie tauscht den Mann gegen den Vater.

K - Ja, das ist doch eigentlich genau das, was wir auf der rechten Seite unseres Schemas beschrieben haben.

S - Also, ich finde das nicht. Sie findet doch eine Lösung, die sie hinter her immer wieder beschreibt, nämlich nicht gleich etwas zu machen, sondern abzuwarten und in Ruhe zu gucken, was denn möglich ist.

R - Genau, und auch nicht gleichzeitig zu vermeiden.

S - Ja.

R - Die Lösung geschieht allerdings mit dem Vater. Der Vater ist in diesem Fall der Therapeut.

L - Das ist die positive Version.

T - Und die negative?

L - Die negative ist, daß sie das macht, was sie immer schon gemacht hat: sich am Vater orientieren.

R - Nein, das hat sie ja noch nie so gemacht.

K - Doch -- das wird sicher vorher der Ehemann gewesen sein, nehme ich mal an -- und

der ist weggefallen und jetzt muß der Vater wieder her -- und sei es in Therapeuten-
form.

T - Man kann es auch so sehen, daß sie vorher sich an Regeln orientiert hat, die sie im
Kopf hatte, und da hat sie die Menschen, die um sie rum sind, außen vor gelassen. Und
in diesem Fall bezieht sie die mit ein. Das ist doch ein Fortschritt.

Nach einer weiteren Exposition der Standpunkte kam es zu einer Kontroverse über die angemessene Interpretation, beide Seiten verteidigten ihren
Standpunkt und suchten möglichst klare Argumente zu formulieren. So ging
die Diskussion ohne inhaltliche Annäherung noch ca. neun Minuten weiter,
bis alle Beteiligten zwar ihre Trümpfe ausgespielt, die Gegenseite aber nicht
überzeugt hatten; schließlich kam es zu einem Ebenenwechsel:

L - Ja, ich meine der Streitpunkt läuft darauf hinaus, ob etwas Positives von den infantilen
Objekten kommen darf, also vom Vater --- oder widerspricht das unserer therapeuti-
schen Norm?
S - Oder der Norm der Youngster. Die wollen immer alles in einem therapeutischen Ziel
festlegen.
L - Wen meinen Sie denn mit Youngster?
S - Ja, Sie beide, die da sitzen und überall bohren. Wieso ist das ein infantiles Objekt: der
Vater -- der muß doch nicht dadurch, daß er Vater ist, gleich ein infantiles Objekt sein.

Es kam nun zu einer Konsensbildung, indem die beiden „Youngster" begann-
nen, sich von ihrer Position zu trennen:

L - Ja, ich meine, wenn es rein neurotisch gewesen wäre, hätte sie ja sagen können: Ihr
könnt mich alle mal am Arsch lecken, ich hab meine Familie und muß hier keine Therapie machen – so hat sie aber nicht reagiert.
R - Sie hätte ja sagen können: Jetzt werde ich mich weiter vom Vater behandeln lassen; der
hat mir ja so einen guten Tip gegeben, der weiß auch weiter. – Und das tut sie ja nicht.
K - Ja, weil sie doch hierbleiben wollte.
R - Ja, aber warum wollte sie hierbleiben?
K - Weil sie eigentlich das Eigene in sich entwickeln möchte. --- Ich hab das auch durchaus
als eine progressive Entwicklung gesehen.

Der Hinweis auf die „Norm der Youngster" bezog sich auf die augenblickliche Dynamik in der Gruppendiskussion und brachte keinen inhaltlich neuen
Gesichtspunkt, sondern erlaubte eine Trennung von einer unangemessenen
Position aufgrund einer Parallelisierung der Gruppensituation mit dem Konflikt der Patientin.

Auf der Ebene der Arbeitsbeziehung ist die Passage ein Beispiel für eine Konsensbildung durch das Bearbeiten der Gruppendynamik. Gleichzeitig läßt sich hier verfolgen, wie sehr das Abbilden des Konflikts mit der Konsensbildung verwoben ist, wobei die entscheidende Wendung in der Gruppendiskussion Parallelen zur progressiven Wende während der Behandlung zeigt. Es handelt sich also um eine Übertragung des Konfliktgeschehens in die Gruppe. Die beiden emotional argumentierenden jüngeren Kollegen sind teilidentifiziert mit der Patientin, die ihre Situation als ausweglos erlebt und bis zu dem Gespräch mit ihrem Vater zu keiner konstruktiven Auseinandersetzung mit ihrem Partner gefunden hatte. Wie die Patientin durch ihren Vater, so werden die jüngeren Kollegen durch eine freundlich-ironische Bemerkung mit bewußt väterlichem Tonfall dazu gebracht, sich emotional zu distanzieren und mit einer anderen Sichtweise zu beschäftigen. Die Reinszenierung des Konflikts ist bis in Einzelheiten der Ausdrucksweise zu beobachten: z. B. hatte die Patientin sich als „verbohrt" beschrieben, und in der Diskussion sagte S. spontan zu L. und K.: „Sie beide, die da sitzen und überall bohren". Dies wurde dann nicht eigens reflektiert, sondern blieb vorbewußt. Wichtig ist jedoch, daß sich Identifizierungen einzelner Gruppenmitglieder (oder evtl. der Gesamtgruppe) mit dem Patienten oder seinem Konfliktpartner nicht fixieren. In der beschriebenen Diskussion wurden Positionen öfters gewechselt: beispielsweise hatten die beiden jüngeren Gruppenmitglieder vorher die Diskussion als „gnadenlos" erlebt bzw. ein weitergehendes Verständnis durch Kenntnis der Anamnese gefordert. Einen Wechsel der Identifizierung in der Gruppe sehen wir als ein Indiz für ihr gutes Funktionieren, weil dann der Konflikt des Patienten nur passager aufgenommen wird, sich aber nicht neurotisch in der Gruppe fixiert.

So kommt es in einer Diskussion psychoanalytisch geschulter Mitglieder einer Forschungsgruppe neben einer Arbeitsbeziehung (hier mit dem primären Ziel, den Therapieverlauf zu verstehen) zu wechselnden Identifizierungen mit verschiedenen Seiten des Konflikts eines Patienten. Damit werden neurotische Prozesse in das Gruppengeschehen eingeführt. Deshalb sind viele Aussagen der Gruppenmitglieder auch als Versuch zu werten, neurotische Störungen in der Kommunikation auszuräumen und das Gleichgewicht in der Gruppe zu regulieren. Auch die Konsensbildungen in der Gruppe werden vom Patientenkonflikt mitgestaltet, wie das beschriebene Beispiel zeigt; denn ein Konsens wurde erst gefunden, als sich der therapeutische Lösungsversuch des neurotischen Konflikts in der Diskussion wiederholte. Wir werten dies als eine Bestätigung für die Beobachtung unseres „Supervisors" *, daß die Gruppendiskussion häufig den Verlauf der Therapie abbilde.

Was geschieht bei der Konsensbildung? Berücksichtigt man den Zusammenhang zwischen Gruppendiskussion und Therapieentwicklung, so lassen sich drei Ebenen unterscheiden. Zunächst gibt es den *Therapieverlauf*, in dem der Patient in Zusammenarbeit mit dem Therapeuten versucht, seinen neurotischen Konflikt zu verstehen und dafür neue Lösungsmöglichkeiten zu finden. Auf der wissenschaftlichen Ebene der Gruppendiskussion versuchen ihre Mitglieder, diese Therapieentwicklung nachzuvollziehen und zu verstehen *(Arbeitsbeziehung)*. Die vorbewußten Identifizierungen der Gruppenmitglieder, mit denen der Konflikt des Patienten aufgenommen wird *(Übertragungsbeziehung)*, bilden quasi das Bindeglied zwischen diesen beiden Ebenen. Gelingt zwischen diesen drei Ebenen ein fruchtbarer Austausch, dann kann es zur Konsensbildung kommen.

In unserem Beispiel kam die Gruppe auf der wissenschaftlichen Ebene erst zu einem Konsens, als sie den Konflikt verstand, den sie vorbewußt aufgenommen hatte. Bis in die sprachlichen Einzelheiten hinein läßt sich ein Zusammenhang zwischen den Formulierungen der Patientin und den Diskussionsbeiträgen erkennen, wobei sich auch ein Austausch von Zeichen zwischen der Sprachebene der Patientin und der wissenschaftlichen Sprachebene ereignete. Psychoanalytische Forschung vollzieht sich also auch in der Gruppendiskussion nicht in einem beziehungsleeren Raum. Läßt sich die Gruppe auf den Patienten ein, erlebt sie in abgeschwächter Form seinen Konflikt, den sie verstehend bewältigen muß, bevor sie wieder zu ihrer vollen Arbeitsfähigkeit und damit zu stimmigen theoretischen Formulierungen kommen kann.

Übertragungen und Gegenübertragungen bestimmen auch die semantisch-interpretatorische Ebene einer Forschungsgruppe. Dieses Geschehen läßt sich nicht vermeiden und sollte unseres Erachtens auch nicht durch

---

* Unsere Diskussionen über die Therapieverläufe von Patienten mit neurotischen Störungen ließen wir durch den Leiter der psychoanalytischen Abteilung beurteilen (vgl. Kap. 1).

Standardisierungen des Vorgehens behindert werden. Vielmehr ermöglicht die Gruppendiskussion, daß sich dieser Prozeß von vorbewußtem Erfassen, bewußtem Gewahrwerden und wissenschaftlichem Symbolisieren des Konflikts ausreichend frei entfalten kann. Funktioniert in dieser Weise die Gruppe als Resonanzraum für den Konflikt des Patienten, dann kann der neurotische Konflikt in verschiedene Kontexte transportiert werden, die eine solche Gruppe bietet. Die unterschiedlichen Persönlichkeiten der Gruppenmitglieder und ihre verschiedenen theoretischen Ansätze, die gemeinsame Arbeitskultur und die Fragestellung der Untersuchung erlauben eine Übertragung oder Umschrift des Patientenkonflikts auf eine theoretische Ebene, die auch eine spätere Verallgemeinerung in einer wissenschaftlichen Aussage ermöglichen kann.

Die Konsensbildungen einer Forschungsgruppe werden nachhaltig gestört, wenn die Therapie zu keiner konstruktiven Bearbeitung des Patientenkonflikts geführt hat.

Wenn eine angemessene Einschätzung einer Therapie so eng mit der Abbildung ihrer Konfliktlösung in der Gruppendiskussion verwoben ist, wie wirkt sich dann der Mißerfolg einer Therapie auf die Arbeitsfähigkeit der Gruppe aus? Ergab sich keine Lösungsmöglichkeit für den Konflikt während der Therapie, kann sie sich auch nicht im Gruppengeschehen reinszenieren. Wir untersuchten die Diskussion über eine mißlungene Therapie (vgl. Kap. 3) und stellten fest, daß die Arbeitsbeziehung während der Gruppendiskussion ständig erheblich behindert war. So begann die Diskussion mit einer allgemeinen Ratlosigkeit. Als jemand überlegte, ob er den Patienten aus einer diagnostischen Situation kenne, bot der Interviewer an, dies später in der Patientenakte nachzuschauen, um der Orientierungslosigkeit Herr zu werden. Dabei gab es aus dem Interview viele Informationen über den Patienten, die es dennoch schwer machten, seinen Konflikt ausreichend zu fassen, was ein weibliches Mitglied zu der Bemerkung veranlaßte: „ ... ein wirklich perfektes Interview. Es ist einfach alles perfekt. Man kann nicht finden, was der Patient eigentlich hat."

Aus dem Interview ergab sich, daß der Patient kurz nach seiner Aufnahme in die Klinik einen „Schulterschluß" zu 2 männlichen Patienten gesucht hatte, die etwa gleichzeitig mit ihm auf die Station gekommen waren; diesem Trio standen dann die schon länger anwesenden Frauen gegenüber. Diese titulierten den Patienten als „Platzhirsch" und griffen ihn in der Gruppentherapie scharf an. Ähnlich wurde der männliche Interviewer dann in der Forschungsgruppe von einem weiblichen Mitglied wegen seines „perfekten" Interviews angegriffen. Der Patient suchte in der Folgezeit mehrmals sein Verhalten gegenüber einzelnen Frauen zu klären, fühlte sich aber sofort mißverstanden. Daraufhin machte er sexuelle Angebote zunächst Patientinnen in der Klinik, dann einer Frau außerhalb der Klinik und erlebte immer wieder Zurückweisungen und Enttäuschungen. Mit dem Pflegedienst und dem männlichen Abteilungsleiter geriet er in Rangeleien um die Hausordnung. In seinen therapeutischen Beziehungen erlebte er unglücklicherweise einen Therapeutenwechsel und dann den Wechsel vom Einzel- zum Gruppensetting – jeweils mit dem Gefühl, nicht bei anderen ankommen zu können. In der Gruppentherapie wurde dem Patienten zudem vorgeworfen, daß er nichts von sich erzählen würde, wobei er selbst meinte: „Ich hatte für mich das Gefühl, ich hab' also meine Story schon zum 243. Mal erzählt und kann sie mittlerweile schon selbst nicht mehr hören." (Der Interviewer erlebte Ähnliches von seiten der anderen Gruppenmitglieder angesichts seines „perfekten", aber unzugänglichen Interviews.)
In der Gruppendiskussion bezogen sich die Männer mittels Reibereien um inhaltliche Interviewdetails aufeinander, während sich die Frauen ausgeschlossen fühlten. Dadurch wich zwar die anfängliche Ratlosigkeit, aber alle Beiträge scheiterten letztlich an oft kleinlichen Oppositionen. Auch gab es Versuche zu Konsensbildungen, so beispielsweise als ein zuvor relativ unbeteiligtes Mitglied meinte, daß der Patient „nicht weiß, wie er Beziehungen aufnehmen kann", dann Orientierungslosigkeit fühle und „sich auch schnell manipuliert oder geängstigt" erlebe – eine Interpretation, die verschiedene Beiträge anderer Gruppenmitglieder aufnahm und vorbewußt auch auf die Gruppensituation zielte. Zwar stimmten dieser Interpretation auch andere zu, aber das Umgehen der Gruppenmitglieder veränderte sich nicht, und es kam nicht – wie sonst bei Konsensbildungen – zur gemeinsamen Arbeit an noch abweichenden Details. Statt dessen wurde das, worin Übereinstimmung

schon gefunden worden war, erneut angezweifelt, und die Diskussion verstrickte sich in einem Streit um theoretische Begriffe. Auch der Bezug zum Text war auffallend gestört: Sobald jemand auf den Text verwies, beanspruchte ein anderer mit einer neuen Sichtweise die Aufmerksamkeit. So gelang es der Gruppe nicht, die verschiedenen Bezugssysteme der Diskussion in einen fruchtbaren Austausch zu bringen.

Gegen Ende der Sitzung fand die Gruppe zu einem eigenartigen Kompromiß. Wenn auch das Fragmentarische und das Aneinander-Vorbeireden erhalten blieben, so begann jedes Mitglied quasi auf eigene Faust, bestimmte Aspekte zu verfolgen und konstruktiv mit dem vorliegenden Schema eines idealtypischen Therapieverlaufes zu vergleichen, ohne sich weiter auf Rangeleien einzulassen. So kam es auch in dieser Sitzung zu neuen Überlegungen, die wir im nachhinein und nach Vergleich mit weiteren ähnlichen Kasuistiken als zutreffend erachteten. Die Gruppe hatte also trotz der bis zum Ende gestörten Form des Austausches miteinander nicht ihre Arbeitsfähigkeit ganz eingebüßt, sondern zu einem Kompromiß gefunden, wobei sich die Aussagen ihrer Mitglieder auf das vorliegende Verlaufsschema zentrierten, das also zum Verbindenden in der Vereinzelung wurde. Trotzdem war die gemeinsame Arbeitsbeziehung erheblich gestört, so daß die vier Schritte der dialektischen Entwicklung und Absicherung eines gemeinsamen Standpunktes in ihrer Abfolge behindert waren. Die Gruppe agierte die Orientierungs- und Beziehungslosigkeit, Fragmentierungen und Rangeleien des Patienten bis zum Ende aus, was zwischenzeitlich immer wieder zu einer destruktiven Dynamik führte. In der Reinszenierung der Störungen des Patienten blieb jedoch die Fähigkeit der Gruppenmitglieder erhalten, die Situation des Patienten reflektierend zu verstehen und dessen Schwierigkeiten inhaltlich bewußt und gruppendynamisch vorbewußt sprachlich zu repräsentieren.

Selbstdeutung der eigenen Gruppendynamik

Versuche von Gruppenmitgliedern, mittels Deutungen des Gruppenprozesses die Konsensbildung zu fördern, führen nicht zum erhofften Erfolg.

Beobachtungen unseres „Supervisors" und eigene Reflexionen über unsere Gruppendiskussionen zeigten, wie eng der wissenschaftliche Erkenntnisprozeß mit dem Konfliktgeschehen beim Patienten verwoben ist. Um diesen Prozeß zu optimieren, begannen wir, während unserer Gruppendiskussionen selbst darauf zu achten. Wir hofften, die spontane und zuweilen gestörte Selbstregulation unserer Gruppe zu verbessern, wenn wir die beschriebenen Störungen der Arbeitsbeziehung bewußter wahrnehmen und in einen Zusammenhang mit Konfliktanteilen des Patienten bringen könnten. Deswegen untersuchten wir eine andere (zeitlich spätere) Gruppendiskussion einer ebenfalls wenig erfolgreich verlaufenen Therapie.

Der Patient litt unter einer Asthmaerkrankung, die immer wieder zu bedrohlichen Erstickungsanfällen führte und allen medizinischen Behandlungsversuchen widerstanden hatte, worauf der Patient mit einer depressiven Dekompensation reagierte (vgl. Kap. 4, Kasuistik II). Er befürchtete, seinen Alltag nicht mehr schaffen zu können und als psychisch Kranker abgestempelt zu werden. Seine inneren Konflikte verstanden wir als Widerspruch zwischen einem Wunsch nach harmonischen, verständnisvollen Beziehungen und einem perfektionistischen Leistungsanspruch, der ihn immer wieder zur Konkurrenz mit anderen zwang. Er war dekompensiert, als er sich von Ärzten fallengelassen erlebte und gleichzeitig seinem Leistungsideal nicht mehr gerecht werden konnte. Im Abschlußinterview schilderte er, daß sein Therapeut in den Einzelgesprächen mit ihm hauptsächlich seine Leistungsproblematik besprochen hätte. Die Beschreibung seiner Beziehungen zu Mitpatienten ließ symbiotisch gestaltete Bindungen erkennen. So habe er sich durch die Zuwendung anderer Patienten zwar erholt, aber sonst sei alles bei ihm unverändert geblieben, insbesondere seine Erstickungsanfälle träten wie zuvor auf.

In der Gruppendiskussion kam es nach einer anfänglichen Witzelei zu einer raschen Einigung über die Formulierung des Konfliktes des Patienten. Danach versank die Gruppe in Schweigen:

(Lange Pause)

R - So schnell waren wir ja noch nie mit dem Konflikt übereinstimmend.

L - Wir hoffen, daß Sie noch was ganz anderes haben ...

(Allgemeines Gelächter)

R - Ich habe auch das Gleiche.

(Lange Pause)

Der Versuch, einen Streitpunkt zu finden, an dem sich eine Diskussion entzünden könnte, führte zwar zu einem formalen Schlagabtausch, brachte inhaltlich jedoch nicht weiter.

L - Also ich habe mich schon gefragt, was so untypisch an dem Patienten war, denn es war ja eigentlich untypisch vom Verlauf her und ich denke: das ist so mehr das Depressive. Das war ja auch der erste Patient, den wir jetzt in dieser Stichprobe untersuchen, bei dem psychische Symptome eigentlich zur Einweisung geführt haben und der auch ...

R - Nein

K - Asthma

R - Ja -- er wußte nicht mehr weiter.

L - Ja, aber gekommen ist er wegen der Depression.

R - Nein.

S - Doch.

Mit recht großem theoretischen Aufwand (Vergleich des Patienten mit der Gesamtstichprobe, diagnostische Überlegungen) versuchte L. dann zwar einen Anlauf zu machen, um ein kontroverses Gespräch in Gang zu bringen, aber andere wehrten das lapidar ab. Während bei dem vorhin beschriebenen Patienten bereits die Exposition der Standpunkte behindert war, erwies sich bei der Besprechung dieses Patienten der Übergang zu einer Kontroverse gestört. In Identifizierung mit den Harmoniewünschen des Patienten war es der Gruppe zunächst nicht möglich, sich argumentativ gegeneinander zu stellen trotz des Versuches von L., der sich mit dem Leistungsideal des Patienten identifizierte. Natürlich hielt sich diese einsilbige Ablehnung innerhalb der Arbeitsgruppe nicht lang. Wenn auch schleppend kam zwar eine differenziertere Kontroverse mit Versuchen einer Konsensbildung in Gang, aber die anfängliche Konstellation wiederholte sich immer wieder, wobei insbesondere die Fähigkeit zum Abstrahieren in der Gruppendiskussion behindert schien.

Der Konflikt des Patienten begann sich schließlich in vorbewußter Weise abzubilden:

T - Also ich meine: schon das Gefühl, daß man austherapiert ist, weckt ja Todesangst; da muß man gar keinen Schleim spüren, wenn da keiner mehr etwas machen kann, ist --- bewirkt ja schon eine große Angst.

R - Ja, das wär mehr eine Zukunftsangst aufgrund der Hoffnungslosigkeit und weil ihm ja tatsächlich sogar, weil der Schleim -- die Erstickungsanfälle kommen mit Todesangst. (Lange Pause)

S - Wobei, wenn ich mich recht erinnere, er ja eher Wert darauf gelegt hat, daß es eine atypische asthmatische Erkrankung ist mit diesem Schleim, also ich kenn mich da nicht so aus, aber ...

R - Ja, daß bei Asthma sonst nicht so viel Schleim produziert wird, nicht?

S - Und nicht so zäh.

Indem länger über den Schleim gesprochen wurde, an dem der Patient zu ersticken drohte, kam das Zähe und Unfruchtbare der Diskussion zunächst metaphorisch zur Sprache.

R - Er legt Wert darauf, etwas Besonderes zu sein, aber vielleicht kann er sich auch auf diese Art und Weise erklären, daß ihm nicht geholfen werden kann. Ich denke, das könnte mehr in diese Richtung gehen, daß er versucht, damit die anderen auch etwas in Schutz zu nehmen: er hat es ja auch schwierig, weil er so etwas Seltenes oder Besonderes hat.

L - Das ist der Aspekt der Verantwortung, also daß er schon dafür verantwortlich ist, den anderen dazu zu bringen, daß Harmonie entsteht. Und diese Möglichkeit ist ihm an dieser Stelle genommen. Der andere sagt: „So, jetzt bin ich am Ende mit meinem Latein, jetzt können Sie gehen." Dann fühlt er sich -- am Ende der Harmonie.

Als ein Mitglied auf die symptomauslösende Situation hinwies, in der die Ärzte „am Ende mit ihrem Latein" waren, verstanden die anderen dies offenbar vorbewußt als Hinweis auf die eigene Schwierigkeit, in ein konstruktives Gespräch miteinander zu kommen und somit quasi am Ende mit dem gemeinsamen Latein zu sein. Denn damit kam es zu einem Ebenenwechsel: Ein anderes Mitglied verglich explizit die Schweigepausen im Interview mit denen in der Diskussion. Jetzt konnte auch gesprochen werden über die bisherige Schwierigkeit, Einfälle zum Patienten zu produzieren, und über die Unlust, sich dem vorliegenden Material überhaupt zuzuwenden:

T - Und was ich interessant finde, ist, daß in dem Interview ja immer „lange Pause" steht, immer wieder, das ist mir aufgefallen. Und wir schweigen ja auch ständig. Also ich denke, daß ich dauernd ins Schweigen versinke, zwischendurch --- Ich denke da viel.

R - Mir geht es so, daß ich so wenig Einfälle dabei hab. Die Phantasie streikt bei mir bei diesem Patienten, was ich aber von der Gegenübertragung bei psychosomatischen Patienten her als typisch kenne.

S - Es besteht auch kein Bedürfnis, das irgendwie anzureichern. Das war sonst oft so, daß man -- wir unsere Witze gemacht haben oder Phantasien dabei waren, aber das ist jetzt auch irgendwie ...

Danach gelang es zwar, die Diskussion des Konflikts abzuschließen, aber unmittelbar darauf trat die beschriebene Störung der Gruppendiskussion erneut auf – ausgehend von einer scheinbaren Fehlleistung im Text des Interviews:

K - Mir ist auch gerade noch eine Fehlleistung aufgefallen auf Seite 9, da steht: „wenn ich mich öffentlich *provozieren* muß."

L - Das ist ein Tippfehler.

R - Also ich denke, das ist ein Fehler von der Sekretärin.

L - Ja gut, aber warum macht die das? Also was kann denn da für eine Situation dahinterstecken?

R - Na: „produzieren".

L - Ja sicher, aber warum schreibt die das?

R - Das ist doch lautmalerisch ähnlich.

L - Also zurück zu den Phasen des Behandlungsverlaufes.

Die Suche nach der Bedeutung einer Fehlleistung wird wieder ähnlich rigide abgebrochen wie zuvor Bemühungen, in einen kontroversen Austausch zu kommen. Die vorherige bewußte Wahrnehmung des Konflikts mit seiner gestaltenden Macht auf die Strukturen der Diskussion schützte nicht vor dieser Wiederholung. Der psychoanalytische Erkenntnisprozeß erwies sich erneut als abhängig von Übertragungskonstellationen innerhalb der Gruppe. Einer solchen Konstellation ist offensichtlich nicht durch eine Selbstdeutung beizukommen. Den Versuch, die eigenen Gruppenanalytiker zu sein, gaben wir deswegen auf; stattdessen vertrauten wir auf die spontanen Möglichkeiten der Gruppe, letztlich immer wieder zu einer Arbeitsfähigkeit zurückfinden zu können.

Zur Theorie der psychoanalytischen Gruppendiskussion

Gruppensituation und fehlende Standardisierungen des Vorgehens bewirken Regressionen, die den Teilnehmern einen emotionalen Bezug zum Konflikt des Patienten ermöglichen. Diese Regressionen werden begrenzt durch die Identifizierung mit dem wissenschaftlichen Ziel der Gruppe, was schließlich zu einer theoretisch stimmigen (wissenschaftlichen) Symbolisierung des Konflikts führen kann.

Kommen wir zurück auf unsere zentrale Frage nach der Konsensbildung in der psychoanalytischen Gruppendiskussion. Diese Frage ist von großer Bedeutung, weil wissenschaftliche Erkenntnis transparent und methodisch begründet sein soll. Freud (1912) betonte die Wichtigkeit der gleichschwebenden Aufmerksamkeit für den psychoanalytischen Erkenntnisprozeß, gab aber nicht an, an welchem Punkt eine Interpretation – zumindest vorläufig – für sicher gehalten werden kann. Argelander (1979) arbeitete in seinem Buch „Die kognitive Organisation psychischen Geschehens" (die wohl gründlichste Untersuchung des psychoanalytischen Erkenntnisprozesses) zwar die Voraussetzungen für psychoanalytische Erkenntnis heraus, beschäftigte sich aber kaum mit ihrem Abschluß, von dem er lediglich forderte, daß er „integriert" sein solle (S. 16), was darauf schließen läßt, daß eine Interpretation verschiedene Dimensionen bzw. Bezugssysteme berücksichtigen muß. Nach Kernberg (1994a) lassen sich aus dem Verlauf eines therapeutischen Prozesses nach einer Deutung genaue Kriterien für deren Validierung ableiten. In bezug auf den Abschluß einer Interpretation innerhalb psychoanalytischer Gruppendiskussionen, in der eine solche Überprüfungsmöglichkeit ja fehlt, wird nur auf das vage Kriterium der Evidenz verwiesen, was uns unzureichend erscheint (Beland 1994). Selbst Schlessinger und Robbins (1983) meinten in ihrer methodisch differenzierten Studie zu diesem Thema nur: Die Gruppe soll „die Tendenz, Fragen durch Autorität oder parlamentarische Regeln zu beantworten", wahrnehmen und unterbinden (S. 26). Eine detaillierte Beschreibung der Dynamik tatsächlicher Konsensbildungen konnten wir in der Literatur bisher nicht finden.

Wir möchten nun eine These zur Diskussion stellen, die wir aus Verläufen ableiten, die zu einer Konsensbildung führten. Wir sahen, daß sich eine

Interpretation in einem dialektischen Prozeß entwickelt: es werden verschiedene Meinungen gegeneinander gestellt, die sich auf zwei Auffassungen hin polarisieren und einen Streit bewirken, in dem die logischen Möglichkeiten von Begründungen ausgelotet werden. Schließlich wird – nachdem eine dritte neue Auffassung im Sinne einer Triangulierung eingeführt worden ist – ein Konsens gebildet, der dann auf seine Evidenz im Hinblick auf das vorliegende Material geprüft wird. Bis zu diesem Punkt stimmen wir mit den genannten Autoren überein, die die „Integriertheit" bzw. die „Evidenz" einer These für die Bedingung ihres Abschlusses ansehen.

Diese Bedingung ist zwar notwendig, jedoch keinesfalls hinreichend für den Abschluß einer Interpretation, wenn man bedenkt, daß das Gruppengeschehen – und mit ihm auch jede einzelne logische Operation des dialektischen Erkenntnisprozesses – dadurch beeinflußt wird, daß die Gruppe das Konfliktgeschehen des Patienten aufnimmt. Wir haben anhand von Kasuistiken beschrieben, wie der Konflikt des Patienten sich unterschiedlich in der Arbeitsbeziehung abbildet und diese insbesondere dann wirkungslos zu machen droht, wenn der Patient in der Therapie nicht zu einer konstruktiven Lösungsmöglichkeit für seinen Konflikt gekommen ist, sich also sein Konflikt in seiner neurotischen Potenz weiter auswirkt. Damit verschiebt sich der Akzent der Betrachtung von der logischen Ebene hin zur Ebene des Konfliktgeschehens und seiner Bearbeitung.

Die Gruppe nimmt den Konflikt des Patienten auf und bearbeitet ihn entsprechend ihrer Möglichkeiten, die durch das Zusammenwirken von Regression und Arbeitsbeziehung gegeben sind. Auf dieses „Wechselspiel zwischen identifikatorischem Miterleben und rationaler Distanzierung" in Gruppendiskussionen machte auch Stuhr (1995, S. 189) aufmerksam. Die Arbeitsbeziehung wirkt einer Regression entgegen, sie wird aber ihrerseits von der Regression in Mitleidenschaft gezogen. Der Begriff „Mitleidenschaft" kann durchaus in einem Doppelsinn verstanden werden, nämlich daß die Regression den Mitgliedern der Arbeitsgruppe auch erlaubt, den Konflikt des Patienten mitzuleiden, ihn also in abgeschwächter Form selbst zu erleben. Dies wirft die Frage nach dem Zustandekommen und dem Stellenwert einer Regression in der psychoanalytischen Gruppendiskussion auf. Es entsprach keineswegs unserer bewußten Absicht, in einen regressiven Prozeß einzutreten, vielmehr wurden uns Ausmaß und Funktion der Regression erst deutlich, nachdem uns der supervidierende Psychoanalytiker darauf aufmerksam gemacht hatte und als wir dann bei der Analyse einiger Transkripte von Gruppendiskussionen selbst eine externe Position einnahmen. Wir waren überrascht, bis zu welchem Punkt unsere eigenen, scheinbar fachlichen Beiträge durch unsere (vorbewußte) Reaktion auf den Konflikt des Patienten bestimmt waren. – Daraus schließen wir, daß sich regressive Prozesse in der Gegenübertragung nicht allein im direkten Kontakt mit dem Patienten ereignen*. Vielmehr löst auch der Umgang mit dem Transkript eines Interviews, das von einem nicht der Gruppe zugehörigen Interviewer mit dem Patienten geführt wurde, regressive Prozesse aus. Wie kommt diese Regression zustande und was bedeutet sie für den Erkenntnisprozeß in der Gruppendiskussion?

Aus der Theorie psychoanalytischer Gruppendynamik ist bekannt, daß eine unstrukturierte Gruppensituation immer regressionsauslösend ist und die Konflikte ihrer Mitglieder freilegt. Auch unsere psychoanalytische Forschungsgruppe ist damit insofern vergleichbar, als wir ohne standardisiertes Vorgehen arbeiten, so daß die daraus resultierende Unsicherheit regressionsfördernd sein mag. Ein Unterschied zu psychoanalytischen Selbsterfahrungsgruppen liegt allerdings darin, daß eine Forschungsgruppe durch ihre gestellte Aufgabe (die Erforschung des Therapieverlaufs) und durch ein von außen vorgegebenes Material (das Transkript des Interviews) strukturiert wird, was die Regression begrenzt. Auch der definierte Rahmen der Forschungsgruppe verhindert weitgehend Prozesse einer Selbsterfahrung. Schließlich wird die unbewußte Dynamik in der Forschungsgruppe auch durch das Konfliktgeschehen des Patienten (aus dem im Interview erhobenen Material) geordnet und kann so in den Dienst der wissenschaftlichen Ziele gestellt werden. In der Regression als einem unwillkürlichen Zurückgehen auf Erlebnisweisen des Patienten liegt damit auch hier – wie in der psychoanalytischen Behandlung – die Chance für einen Erkenntnisprozeß.

Allerdings wirkt sich die Regression auch störend auf den Erkenntnisprozeß aus, weil sich Übertragungs- und Arbeitsbeziehung miteinander vermischen, so daß sich hinter fachlich gemeinten Aussagen oft übertragungsgeleitete Bedeutungen verbergen. Diese zunächst unbewußt bleibenden Be-

---

* Der Einfluß regressiver Prozesse auf psychoanalytische Erkenntnis im *direkten* Kontakt mit dem Patienten wurde zusammenfassend von König (1996) beschrieben.

deutungen verschärfen oft den Streit zwischen verschiedenen, scheinbar fachlichen Aussagen. Erst wenn eine neue Aussage gefunden wird, die sowohl dem Konfliktgeschehen des Patienten als auch dessen Abbildung in der Gruppendiskussion kompromißhaft gerecht wird, löst sich mit der Konsensbildung die Regression auf. – Die Regression ist also ein Garant für die Validität der Aussagen der Forschungsgruppe. Sie ermöglicht in ihrer Dialektik auch die Arbeitsfähigkeit einer Forschungsgruppe. Denn einerseits stört sie den Verstehens- und Erkenntnisprozeß, aber andererseits drängt sie ihre Mitglieder auch dazu, durch das Suchen nach einer zutreffenden Aussage über diesen Prozeß ihre Arbeitsfähigkeit wiederherzustellen. Auf diesem Mechanismus der Selbstregulation beruht die Aussagekraft der Ergebnisse einer psychoanalytischen Forschungsgruppe.

Validitätskriterien

Kriterien für die Validität der Aussagen einer Gruppendiskussion ergeben sich aus der Arbeitsbeziehung selbst und daraus, wie sich der neurotische Konflikt des Patienten in der Arbeitsbeziehung abbildet.

Ausgangspunkt unserer Überlegungen war das Verhältnis zwischen Zeichen und Bedeutung, die nach dessen Auflösung und nach einer Neuverknüpfung erst durch einen Interpretationsprozeß erschlossen werden kann. In der Forschungsgruppe führt das Auflösen des Verhältnisses zwischen Zeichen und Bedeutung auf der intellektuell-fachlichen Ebene zu einer Vervielfältigung von Hypothesen und auf der Beziehungsebene zu einer Regression. Die Gruppe nimmt quasi die Konfliktspannung auf, die in den Aussagen des Interviews mitenthalten ist. Die Neuverknüpfung zwischen Zeichen und Bedeutung – die Konsensbildung also – kommt nur zustande, wenn der Konflikt zutreffend erfaßt wird, indem er einerseits der Übertragungsebene gerecht wird und andererseits wissenschaftlich zutreffend symbolisiert wird.

Für einen funktionierenden Erkenntnisprozeß scheinen uns folgende Fragen als Kriterien wesentlich zu sein:

– Finden sich alle 4 Schritte der Arbeitsbeziehung (Exposition der Standpunkte, Kontroverse, Konsensbildung, Überprüfung) oder Störungen (z. B. werden bereits „erledigte" Themen wiederaufgenommen)?

- Sind die Wege der Konsensbildung flexibel oder festgefahren? Kommt der für den Konsens entscheidende Beitrag immer von derselben oder von verschiedenen Personen?
- Lassen sich bei der Konsensbildung konfliktbezogene Strukturen erkennen oder bilden sich äußere Strukturen ab (z. B. hierarchische Beziehungen oder Koalitionen außerhalb der Gruppe)?
- Neigt die Gruppe dazu, bei bestimmten Themen rasch zu einem Konsens zu kommen, der – aufgrund der unterbliebenen dialektischen Auseinandersetzung – auf eine gemeinsame Abwehr schließen läßt?
- Greift die Gruppe in ihrer Diskussion alle Bezugssysteme auf oder ist ein bestimmter Bezug (z. B. zum Text) durchgängig gestört?

Die folgenden Validitätskriterien sind konfliktbezogen, sie gehen davon aus, daß der externe Beobachter seine Aufmerksamkeit darauf richtet, wie die Gruppenmitglieder den neurotischen Konflikt des Patienten aufgreifen und bearbeiten:

- In welcher Weise wird die Arbeitsbeziehung durch das Konfliktpotential beeinflußt (z. B. bleibt dessen Einfluß unverändert bestehen und auf welche Weise ist die Konsensbildung betroffen)?
- Wie greifen die Gruppenmitglieder in ihren vorbewußten Identifizierungen den Konflikt des Patienten auf? Wechseln Identifizierungen in der Gruppendiskussion oder neigen sie dazu, sich zu verfestigen?
- Ist es im Verlauf der Diskussion zunehmend möglich, die Konfliktspannung in angemessenen Formulierungen aufzuheben?
- Lassen sich in den überprüften Konsensbildungen noch einseitige Bewertungen finden, die nur einer Seite des Konflikts des Patienten entsprechen?

Diese Kriterien fassen unser Bild der Dynamik von Konsensbildungen in psychoanalytischen Gruppendiskussionen zusammen, wobei wir davon ausgehen, daß die Qualität einer Arbeitsbeziehung von der Bearbeitung der jeweiligen Regression durch die Gruppenmitglieder abhängt. Sind diese Kriterien erfüllt, so kann die psychoanalytische Gruppendiskussion ein valides Instrument der qualitativen Psychotherapieforschung sein.

Kapitel 3

Therapieverläufe bei neurotischen Störungen

Einleitung und Hypothesen

Als erste Gruppe untersuchten wir Patienten mit neurotischen Störungen, die in der psychoanalytischen Abteilung der Klinik Wittgenstein behandelt wurden.wir standen am Anfang unserer Zusammenarbeit in der Forschungsgruppe und mußten – auch was das methodische Vorgehen anging – Entscheidungen treffen, deren Tragfähigkeit wir noch nicht überblicken konnten. Deswegen suchten wir nach einer Möglichkeit der Supervision für unsere Diskussionen, die wir auf Tonband aufnahmen. Wir baten also den Leiter der psychoanalytischen Abteilung, der jene untersuchten Patienten aus der klinischen Arbeit (Visiten, Zweitsichten, Fallkonferenzen) kannte, sich die Tonbänder anzuhören und uns Rückmeldung über den Verlauf unserer Diskussionen und über seine Einschätzung unserer Ergebnisse zu geben.

Wir waren anfangs auch unsicher und skeptisch, weil sich unsere Vorstellungen über den Therapieprozeß, die wir aufgrund unserer klinischen Erfahrung schon vor der ersten Falldiskussion zusammengetragen hatten, schnell bestätigten. Zwar fanden wir einige neue Aspekte und differenzierten mehr und mehr unsere Anfangshypothesen, aber was die Patienten in ihren Abschlußinterviews über ihre Therapie berichteten, fügte sich gut in unsere Ausgangsvorstellungen ein. Wir baten dann externe Kollegen, die unsere Hypothesen nicht kannten, Abschlußinterviews zu machen und versuchten aufgrund der Beurteilungen des Gruppenbeobachters unsere bisherigen Hypothesen zu hinterfragen und neue zu formulieren.

Diese Versuche brachten jedoch eher Bestätigung als Belastung für unsere ursprünglichen Annahmen. So sind wir schließlich zu dem Ergebnis gekommen, daß unser psychoanalytisches Wissen uns offenbar ermöglicht hat,

75

zutreffende Grundannahmen hinsichtlich eines typischen Behandlungsverlaufes bei neurotischen Störungen zu machen. Auch scheinen wir uns leichter in Patienten mit dieser Art von Störungen einfühlen zu können als in psychosomatisch oder strukturell gestörte Patienten. Als wir nämlich später Patienten aus der psychosomatischen und aus der sozialpsychiatrischen Abteilung untersuchten, stießen wir auf jene Schwierigkeiten, mit denen wir schon bei neurotisch gestörten Patienten gerechnet hatten; die spezifischen Störungen jener anderen Patientengruppen bildeten sich dann in der Arbeitsweise der Forschungsgruppe in entsprechender Weise ab (vgl. Kapitel 4 und 5).

Welches waren unsere Anfangshypothesen? Aufgrund unserer Literaturkenntnisse und unserer klinischen Erfahrungen gingen wir davon aus, daß stationäre Psychotherapie für einen Patienten recht belastend beginnt und daß sich ein Arbeitsbündnis im psychoanalytischen Verständnis erst über mehrere Etappen herstellen kann, wenn die Vorstellungen des Patienten bzgl. des Therapieprozesses und seiner Zielsetzung aufgegriffen und umgeformt werden. Wir vermuteten, daß die thematische Fokussierung und die zeitliche Limitierung der Behandlung auf den Verlauf einwirken. Für einen Veränderungsprozeß erwarteten wir die Bearbeitung eines aktuell wirksamen Konfliktes, der dem Patienten deutlich und verständlich werden müßte, wenn darauf fokussiert würde.

Eine Quelle für unsere Hypothesenbildung waren auch eigene Untersuchungen zur Langzeitentwicklung nach stationärer Psychotherapie. Wir hatten festgestellt, daß sich die Wirkung einer konfliktzentrierten Behandlung oft erst Jahre nach dem Klinikaufenthalt entfaltet. In einer „therapeutischen Krise" setzt der Patient dann jene neue Form der Konfliktverarbeitung um, die in der stationären Psychotherapie bereits vorbereitet wurde (Ruff u. Leikert 1995, Leikert u. Ruff 1997). Daraus ergab sich die Frage, ob nicht schon während der Therapie ein krisenhaftes Geschehen notwendig ist, welches wirksame Veränderungen vorbereitet oder in Gang setzt.

Beschreibung der Stichprobe

Ziel unserer Untersuchungen waren theoretisch und empirisch begründbare Aussagen zum Verlauf von stationären psychoanalytischen Behandlungen neurotischer Störungen. Wir untersuchten folgende Fragestellungen:

– Lassen sich verschiedene Phasen im Verlauf einer stationären Behandlung voneinander abgrenzen?
– Gibt es Verläufe von stationärer Psychotherapie, die in mehreren Etappen zu einer neuen Lösungsmöglichkeit für einen aktualisierten Grundkonflikt gelangen?
– Lassen sich davon Verläufe von stationärer Psychotherapie unterscheiden, die eine andere Entwicklung nahmen?

Wir untersuchten 15 Therapieverläufe von Patienten, die auf der psychoanalytischen Abteilung der Klinik Wittgenstein wegen neurotischer Störungen behandelt wurden. Ihre Behandlungsdauer betrug durchschnittlich 14,6 Wochen (zwischen 6 und 25 Wochen). Es waren 13 Frauen und 2 Männer mit einem Durchschnittsalter von 36 Jahren. 3 von ihnen arbeiteten als Hausfrau und Mutter, 8 waren im mittleren Angestelltenverhältnis, 3 gehörten akademischen Berufen an, 1 arbeitete ohne Ausbildung als Aushilfe.

Diagnostisch überwogen depressive Störungen (ICD-10: F 33), die meist mit unterschiedlichen anderen psychischen Störungen kombiniert waren (Abb. 3.1). Zusätzlich fanden sich bei 3 Patienten somatische Erkrankungen: Fibromyalgie (ICD-10: M 79.0), Migräne (ICD-10: G 43.9) und Psoriasis vulgaris (ICD-10: L 40.9).

In Abgrenzung zu Patienten unserer psychosomatischen oder sozialpsychiatrischen Abteilung waren es Patienten, bei denen in der 4-tägigen stationären Voruntersuchung (Ruff 1983) ein umgrenzter und fokussierbarer neurotischer Konflikt bei einer ansonsten weitgehend stabilen Persönlichkeitsorganisation diagnostiziert worden war; bei einer Patientin wurde erst im Laufe der Behandlung eine andauernde Persönlichkeitsstörung nach Extrembelastung erkannt (ICD-10: F 62.0). Darüber hinaus hatten diese Patienten eine ausreichende Introspektionsfähigkeit und ein entwickelbares Psychogeneseverständnis. Eine stationäre Psychotherapie wurde bei ihnen notwendig, weil entweder ihr häusliches Milieu auf ihre Erkrankung verstärkend wirkte, sie unter einer schweren ausgeprägten Symptomatik litten oder sie eine in ambulanter Psychotherapie nicht zu behandelnde Abwehrhaltung zeigten (vgl. Ruff u. Leikert 1995).

Nennungen	Diagnosen nach ICD-10 (bei n = 15 oft Multimorbidität)	
4	F 32.2	schwere depressive Episode
1	F 33.1	mittelgradige rezidivierende depressive Störung
5	F 33.2	schwere rezidivierende depressive Störung
1	F 40.0	Agoraphobie
1	F 40.1	soziale Phobien
2	F 43.2	Anpassungsstörungen
1	F 44.4	dissoziative Bewegungsstörungen
1	F 44.5	dissoziative Krampfanfälle
1	F 45.0	Somatisierungsstörung
2	F 45.2	hypochondrische Störung
1	F 45.3	somatoforme autonome Funktionsstörung (Herzneurose)
2	F 50.4	Eßattacken bei psychischen Störungen
2	F 51.0	Insomnie (schwergradig)
3	F 51.5	Alpträume
2	F 62.0	andauernde Persönlichkeitsänderung nach Extrembelastung

Abb. 3.1: Diagnose-Nennungen nach ICD-10 (ohne somatische Diagnosen)

Die Patienten kamen nach Erheben einer tiefenpsychologischen Anamnese mit Zweitsicht (beim Abteilungsleiter) in analytisch orientierte Einzelpsychotherapie* bei Ärzten oder Psychologen, die in psychoanalytischer Weiterbildung waren und jeder 7 – 9 Patienten behandelten. Daneben wurden die Patienten in tiefenpsychologischen Visiten, interaktioneller Stationsgruppentherapie (vgl. Heigl-Evers u. Heigl 1979), Gestaltungs- und Bewegungstherapien sowie gegebenenfalls mit Rollenspiel, Angstexpositionstraining oder Arbeitstherapie behandelt. Die Notwendigkeit, Patienten zu untersuchen, die kein Mitglied der Forschungsgruppe aus Vertretungssituationen, Erstgesprächen oder Vorbehandlungen kannte, schränkte die Auswahl so ein, daß sie als zufällig bezeichnet werden kann.

---

* Die analytisch orientierte Einzelpsychotherapie fokussiert auf den aktuellen Konflikt des Patienten, der in Krankheitssymptomen oder Charakterzügen zum Ausdruck kommt. Sie berücksichtigt unbewußte psychodynamische Prozesse, nutzt die in den Beziehungen des Patienten (auch zum Therapeuten) wirksam werdenden Übertragungs- und Widerstandsanteile und erklärt diese auf dem Hintergrund frühkindlicher Erfahrungen. Gegenüber der psychoanalytischen Standardbehandlung ist sie modifiziert im Setting (3 – 5 mal wöchentliche Sitzungen von etwa 30 Minuten Dauer über einen auf höchstens 6 Monate begrenzten Zeitraum), in der größeren Anzahl therapeutischer Interventionen, in der Konfliktzentrierung und in einer stärkeren Steuerung von Übertragungsprozessen.

I. Beziehungslosigkeit und überhöhte Erwartungen
- passive Heilserwartungen an machtvolle Andere
- Beleben archaischer Ängste
- Akzentuieren des Hauptabwehrmechanismus
Regressive Lösungsstrategien ermöglichen Beziehungsaufnahme ⟶

II. Übertragen bisheriger Lösungen auf das stationäre Setting
- Anknüpfen an frühere haltgebende Objektbeziehungen
- Ressourcen aktivieren u. neue Möglichkeiten der Entlastung übernehmen
- Sich auf sich selbst besinnen, Selbstbewußtsein durch Abgrenzung
- Sich im anderen spiegeln (Symptome, Werte, Normen)
- Testen der therapeutischen Beziehung
Erleben des Konflikt- und Wiederholungscharakters der Beziehungsgestaltung ⟶

III. Verdeutlichen und Verunsichern neurotischer Strategien
- Äußerer Konflikt wird als innerer erkannt (Selbstbezug in der Inszenierung)
- Brüchig-Werden bisheriger Erklärungsmuster, Lockern des Abwehrgefüges
- Wiedererkennen des Konflikts auf verschiedenen Ebenen
- Scherenentwicklung zwischen Festhalten und Hinterfragen der Strategien
- Tendentiell zeitloses Erleben und zunehmender Leidensdruck

Konfrontation mit äußeren Begrenzungen ⟶

IV. Therapeutische Krise und neue Perspektive
- Konfrontation mit zeitlich begrenzter, konfliktanaloger Konstellation
- Zugespitzte Wiederholung und Scheitern der neurotischen Strategie
- Identifizieren mit therapeutischer Perspektive und neue Konfliktlösung
Bildung des Kerns einer neuen Konfliktlösung ⟶

V. Probehandeln mit der neuen Konfliktlösung
- Schwanken zwischen alten und neuen Lösungsstrategien
- Auftauchen neuer, bedeutsamer Träume bzw. neuer Metaphern
- Neues Verstehen auslösender Situationen bietet Schutz vor Dekompensation
- Wachsendes Selbstbewußtsein aufgrund gelingender Veränderung
- Mehr konfliktbezogene und lösungsorientierte Initiativen in Beziehungen

Konsolidieren der neuen Konfliktlösung im stationären Umfeld ⟶

VI. Ablösen und Neuorientieren
- Erproben der neuen Lösungsstrategie bei Heimaturlaub
- Hoffnung auf Umsetzen auch nach Entlassung
- Ablösen von Beziehungen in der Klinik durch einen Trauerprozeß
- Resumé der Veränderung in Form einer Verdichtung
- Neuorganisieren des Alltags, Wissen um noch Ungeklärtes

Abb. 3.2: Idealtypischer Therapieverlauf bei neurotischen Störungen

Die Ergebnisse unserer Untersuchung

Im Sinn der Methode der idealtypischen Beschreibung suchten wir den Verlauf erfolgreicher Behandlungen zusammenfassend darzustellen. Als erfolgreich bezeichneten wir dann einen Therapieverlauf, wenn sich während der stationären Psychotherapie die gewohnte (neurotische) Konfliktverarbeitung des Patienten veränderte, was sich bei 7 der untersuchten 15 Patienten nachweisen ließ. Von den übrigen Patienten zeigten 5 eine Entwicklung, die sie in ihrer Persönlichkeitsorganisation ohne wesentliche Veränderungen stabilisierte. Bei 3 Patienten konnten wir keinen Therapieerfolg feststellen. Auf diese beiden Patientengruppen kommen wir später zurück.

Unserem vergleichenden Ansatz entsprechend stellen wir die einzelnen Phasen der Behandlung anhand mehrerer Einzelverläufe dar. Die Schilderung des Erlebens der Patienten und die theoretischen Überlegungen zum inneren Aufbau der einzelnen Phasen führten uns zu übergreifenden Beschreibungskritierien für den Verlauf einer idealtypischen stationären Psychotherapie (Abb. 3.2).

Phase I: Beziehungslosikeit und überhöhte Erwartungen

Der Beginn einer stationären Psychotherapie wird von Patienten oft als eine Trennung von ihrem bisherigen Leben, das so nicht weiter gehen konnte, erlebt. Nachdem „die Tür sich da unten für mich geschlossen hat"*, wird dem Patienten klar, daß es nicht mehr wie bisher möglich ist, „die Flucht zu ergreifen. Auf einmal mußte ich mich mit mir beschäftigen". Diese Konfrontation mit der Klinik ist für ankommende Patienten eine sie verunsichernde Situation. In den „leeren, langen Fluren" fühlen sie sich allein; die ihnen Begegnenden sind fremd, so daß häufig beklagt wird, daß sie nicht sofort vom Stationssprecher „auf dem Gelände herumgeführt" worden seien.

---

*Die in Anführungszeichen gesetzten Passagen sind jeweils wörtliche Zitate aus den Abschlußinterviews.

Denn die Umgangsregeln in der Klinik sind ihnen noch unvertraut und entsprechen oft nicht denen des Alltags.

In dieser Situation erlebter Beziehungslosigkeit kommt es zu zeitweisen archaischen Ängsten. Die Klinik wird als „geschlossene Anstalt" erlebt, die die Patienten „immer unter Kontrolle" haben möchte. Eine Patientin, die unter einem impulsiven Vater gelitten hatte, erlebte die Anamnesenerhebung als „Angriff". Auch die Mitpatienten werden anfangs wie ein homogener Block oder wie eine verschworene Gemeinschaft, von der man ausgeschlossen sei, gesehen. Die Art der Angst scheint von dem jeweils zugrundeliegenden Konflikt bestimmt zu werden.

Sowohl die als Verlust erlebte Trennung von bisherigen Beziehungspersonen als auch die mit ängstigenden Klischeevorstellungen verbundene Ungewißheit, wieweit gewohnte Umgangsregeln in der Klinik noch gelten, führen zu einer Regression des Neuankömmlings. In dem regressionsfördernden Setting einer Klinik entwickelt er illusionäre Erwartungen, die ein Gegengewicht zu seinen Ängsten werden und ihm den Kontakt insbesondere zum therapeutischen Personal erleichtern. So äußerte eine Patientin, sie habe jahrelang über ihre Probleme geschwiegen, wolle sie jetzt „ganz schnell erzählen", um dann befreit davon wieder „gehen zu können". Eine solche Hoffnung, sich durch Erzählen rasch der eigenen Probleme zu entledigen, könnte als Wunsch nach passiver Entleerung verstanden werden. Andere Patienten erwarten, durch eine ideale Versorgung in der Klinik oder durch einfühlsames Verstehen von Seiten ihres Therapeuten geheilt zu werden. Es fällt auf, daß Psychotherapie zunächst als Heilung durch einen machtvollen Anderen, dem man sich nur bereitwillig überlassen muß, phantasiert wird. Für die Psychotherapie ist diese Phase eine besondere Chance, weil die im Alltag eingeschliffenen Umgangs- und Abwehrformen verunsichert worden sind und sich die Abwehr des Konflikts auf einer regressiveren Ebene neu formiert; auch werden die Hauptabwehrmechanismen der Patienten deutlicher. Die Patienten sind in dieser Situation bereit, eine hochbesetzte Übertragungsbeziehung einzugehen. Damit sind die Voraussetzungen für eine Reinszenierung neurotischer Beziehungsmuster gegeben.

I. Beziehungslosigkeit und überhöhte Erwartungen
- passive Heilserwartungen an machtvolle Andere
- Beleben archaischer Ängste
- Akzentuieren des Hauptabwehrmechanismus

Regressive Lösungsstrategien ermöglichen Beziehungsaufnahme ───▶

II. Übertragen bisheriger Lösungen auf das stationäre Setting
- Anknüpfen an frühere haltgebende Objektbeziehungen
- Ressourcen aktivieren u. neue Möglichkeiten der Entlastung übernehmen
- Sich auf sich selbst besinnen, Selbstbewußtsein durch Abgrenzung
- Sich im anderen spiegeln (Symptome, Werte, Normen)
- Testen der therapeutischen Beziehung

Abb. 3.3: Phase I und II

Phase II: Übertragen bisheriger Lösungen auf das stationäre Setting

Als hilfreich für den Übergang in die nächste Phase (Abb. 3.3) erweist sich die Anamneseerhebung, weil sich der Therapeut dem Patienten interessiert zuwendet und die Beziehung durch sein Fragen strukturiert. Das frustriert die meist noch passiven Beziehungswünsche des Patienten nicht zu sehr und festigt zunächst die Beziehung zum Therapeuten. Daneben suchen Patienten auch andere haltgebende Beziehungen. Eine Patientin, die fürchtete, in „so einen Gefühlswirrwar" zu geraten, hoffte sich dadurch „hundertprozentig abzusichern", daß sie eine Mitpatientin fragte: „Wenn's mir mies geht, nimmst du mich in den Arm?" Notwendig dafür scheint zu sein, daß ein Patient in solchen Beziehungen an frühere positive Objektbeziehungen anknüpfen kann. Entsprechend konnte jene Patientin, die aufgrund ihrer belasteten Vaterbeziehung die Anamneseerhebung als „Angriff" erlebt hatte, erst dann Vertrauen zu ihrem Therapeuten entwickeln, als sie die bei ihrem Vater bewunderte Intelligenz und Fähigkeit, auch in verworrenen Situationen den Überblick zu behalten, bei ihrem Therapeuten entdeckte. Indem sie sich dadurch auf die ihr von früher vertraute Position einer noch nicht verantwortlichen und auf die Macht des Vaters angewiesenen Tochter zu begeben vermochte, ließ sie Regression zu und reinszenierte damit ihren neurotischen Konflikt. Parallel dazu beginnt der Patient, die in der stationären Psychotherapie üblichen Formen des Umgehens mit Symptomen und Konflikten zu übernehmen, was insbesondere durch Mitpatienten und Pflegepersonal vermittelt wird. So berichtete eine Patientin, sie habe „zu Anfang viel geweint", was ihr zunächst peinlich gewesen sei, bis sie gemerkt habe, daß dies in der Klinik „ganz normal war und allen so ging". Es werden zunächst allerdings nur solche Formen des Umgangs übernommen, die Entlastung versprechen; eine Auseinandersetzung mit dem eigenen Konflikt ist noch nicht zu beobachten.

Trotz ihrer Regression, die durch den strukturierenden Rahmen der Klinik begrenzt wird, beginnen die Patienten in dieser Phase, – vermutlich angeregt durch Beispiele von Seiten ihrer Mitpatienten – eigene Ressourcen zu aktivieren. So werden Möglichkeiten zur Bewältigung ihres Konflikts, die ihnen früher verfügbar, in der Dekompensation vor der stationären Behandlung aber verloren gegangen waren, wieder aufgegriffen. Auch Möglichkeiten der Alltags- und Freizeitgestaltung werden reaktiviert: man geht z. B. wieder tanzen, was „früher Spaß gemacht hat, aber ewig nicht mehr gemacht" wurde. Solche wiedergewonnen Fähigkeiten, die der Patient auch darin erlebt, daß er sich in der Klinik hat arrangieren können, stärken sein Selbstvertrauen. Wenn er sich beispielsweise in einem Zimmerkonflikt konstruktiv für die eigenen Interessen einsetzen konnte, erlebt er wieder ein Gefühl von eigener Handlungsmacht und Selbstbestimmung.

Beziehungen zu Mitpatienten sind in dieser Phase durch die Suche nach Ähnlichem gekennzeichnet. Sich im anderen spiegeln, bezieht sich nicht nur auf Charaktereigenschaften des anderen; auch ähnliche Symptomatik oder ähnliche Wertsetzungen können verbindend wirken (Ruff u. Leikert 1994c). Eine Patientin suchte eine intensive Beziehung zu einer Berufskollegin und verbrachte mit ihr fast all ihre Zeit. Neben der Wertschätzung, die sie in dieser Beziehung erfuhr, war für sie wichtig, daß ihre Bekannte „immer greifbar" war und daß sie in den Gesprächen mit ihr „ohne diesen therapeutischen Hintergrund" nicht so schnell durchschaut werden konnte. In der therapeutischen Beziehung dagegen blieb sie auf der Hut, spürte eine „wahnsinnige Hemmschwelle" und „testete", ob sie ihrer Therapeutin vertrauen könne.

84

Das Testen der Beziehung zum Therapeuten scheint weitgehend vorbewußt abzulaufen, jedoch wird es von vielen Patienten im Abschlußinterview nachträglich erwähnt. Getestet wird in dieser Phase die therapeutische Kompetenz, nämlich ob sich der Therapeut – wie andere Personen im Alltag – verwickeln und in die Enge treiben läßt oder ob er die Übersicht behalten und einen „roten Faden" aufzeigen kann. Außerdem will sich der Patient vom Therapeuten in seinem Leiden angenommen fühlen. Dieser Respekt vor dem Leid- und Konflikthaften des Patienten schließt auch ein, daß der Therapeut sich nicht von den magischen Erwartungen des Patienten verführen läßt, die Symptomatik „wegtherapieren" zu wollen, statt sie erst genau zu klären und Bezüge herzustellen. Besteht der Therapeut diese Tests, so mindert sich die Angst des Patienten und bisher abgewehrte Inhalte können verstärkt auftauchen. Dabei verharrt der Patient zunächst in einer passiven Haltung; das Konflikhafte bleibt noch in der verursachenden Vergangenheit gebunden und damit in sicherer Entfernung zur gegenwärtigen Situation.

In dieser Phase überträgt der Patient die bisherigen Lösungsmuster für seinen Konflikt auf die aktuelle Situation, ohne diese Übertragung jedoch als solche zu erkennen. Dies ist als Durchgang zum Bearbeiten der Übertragung nicht zu umgehen; die Übertragung muß sich aktualisieren, um bearbeitet werden zu können. Wenn sich ein Patient in dieser Phase dauerhaft einzurichten sucht, entwickelt sich ein Übertragungswiderstand. Ein solcher Widerstand inszeniert sich in der stationären Psychotherapie vor allem in Beziehungen zu Mitpatienten. Jene Patientin, die eine Beziehung zu einer Berufskollegin eingegangen war, spürte zwar, daß sie in die Psychotherapie „nicht so richtig einsteigen" konnte, war aber nicht bereit, ihre Beziehung zur Mitpatientin zu begrenzen. Denn ihr impliziter Auftrag an ihre Psychotherapeutin lautete: „Wasch mir den Pelz, aber mach mich nicht naß".

Auch das Verhältnis zur Zeit ist in dieser Phase noch nicht auf die psychische Realität bezogen. So wollte ein Patient „nach acht Wochen fertig" sein. Die Dauer der Psychotherapie wird geplant wie die eines Urlaubs, aber nicht bezogen auf ein Ziel, das nur in Etappen oder teilweise erreichbar ist. Solange die in der stationären Psychotherapie gefundenen Beziehungen eine ausreichende Befriedigung von Beziehungswünschen bringen (was oft gleichzeitig mit einer Besserung der Symptomatik verbunden ist), wird ein

Patient in dieser Phase verharren. Erst wenn sich sein Leidensdruck wieder verstärkt, ist dem Patienten der Übergang in die nächste Phase möglich. Notwendig dazu ist, daß seine gegenwärtigen Beziehungen ähnlich konflikthaft werden wie seine bisherigen Beziehungen außerhalb der Klinik und daß er zu erkennen vermag, wie er in dem dann aktualisierten Konflikt seine früheren Konflikte wiederholt.

II. Übertragen bisheriger Lösungen auf das stationäre Setting
- Anknüpfen an frühere haltgebende Objektbeziehungen
- Ressourcen aktivieren u. neue Möglichkeiten der Entlastung übernehmen
- Sich auf sich selbst besinnen, Selbstbewußtsein durch Abgrenzung
- Sich im anderen spiegeln (Symptome, Werte, Normen)
- Testen der therapeutischen Beziehung

Erleben des Konflikt- und Wiederholungscharakters der Beziehungsgestaltung ——▶

III. Verdeutlichen und Verunsichern neurotischer Strategien
- Äußerer Konflikt wird als innerer erkannt (Selbstbezug in der Inszenierung)
- Brüchig-Werden bisheriger Erklärungsmuster, Lockern des Abwehrgefüges
- Wiedererkennen des Konflikts auf verschiedenen Ebenen
- Scherenentwicklung zwischen Festhalten und Hinterfragen der Strategien
- Tendentiell zeitloses Erleben und zunehmender Leidensdruck

Abb. 3.4: Phase II und III

Phase III: Verdeutlichen und Verunsichern neurotischer Strategien

Hatte sich der Patient bis jetzt meist über die Unzulänglichkeit der anderen und die daraus resultierenden Konflikte beklagt, beginnt er jetzt, den Wiederholungscharakter seiner Konfliktsituation zu erkennen und zu verstehen (Abb.3.4). Dadurch erfährt er sich nicht länger als ein nur Reagierender, sondern er erlebt, daß er seine Beziehungen mit ihren Konflikten zumindest mitinszeniert. So kann für ihn der äußere Konflikt zu einem inneren werden. Damit eröffnet sich für den Patienten die Möglichkeit, selbst etwas zu verändern. Seine durch den Konflikt entstandene Unlust kann ihn jetzt dazu motivieren, Verantwortung zu übernehmen, indem er seine konflikthaften

86

Beziehungen ändert. Hinweise darauf, daß Patienten zu einer aktiveren Haltung finden, deuten sich oft in kleinen sprachlichen Details an. So bewertete eine Patientin ihre anfängliche Erwartung, sich mit ihrer Aufnahme in die Klinik „fallenzulassen", in dieser Phase der Therapie abschätzig als ein „Sichhängenlassen". Oft entwickeln Patienten in dieser Phase einen Kompromiß zwischen einer aktiven und einer passiven Haltung.

Eine Patientin, die den Unfalltod ihres Mannes schuldhaft verarbeitet hatte, weil er ihre in der unglücklichen Ehe abgewehrten Wünsche nach Trennung durch seinen Tod „erfüllt" hatte, erlebte zunächst jede eigene Aktivität als Schuld. Dadurch, daß sie ihre Verantwortung auf den Therapeuten verschob, konnte sie aktiv werden: Weil der Therapeut ihre Ängste und Gefühle hören wollte, konnte sie beginnen darüber zu sprechen; oder weil der Therapeut ihr das Fingermalen verordnete, konnte sie etwas gestalten und sich darin ausdrücken. Eine andere Patientin verlor sich anfangs in Selbst- und Fremdanklagen, wobei ihr die Gespräche mit dem Therapeuten nicht ausreichten. Die Empfehlung ihres Therapeuten, ihre Gedanken aufzuschreiben, empfand sie zunächst als Zumutung. Erst als sich ihre Mitpatienten von ihr und ihren Klagen distanzierten, zwang sie sich zum Niederschreiben, wodurch sie nicht nur aktiver zu werden, sondern sich selbst auch zu begrenzen begann.

Indem der äußere Konflikt als ein innerer erkannt wird, werden auch bisherige Erklärungsmuster brüchig; die eigene Lebensgeschichte beginnt sich dem Patienten neu zu erschließen. Aus verschiedenen Perspektiven betrachtet gewinnen frühere Erlebnisse andere Bedeutungen. Dadurch daß sich das bisherige Abwehrgefüge lockert, zeichnet sich auch der Grundkonflikt immer klarer ab, ohne daß sich der Patient schon von seinen bisherigen neurotischen Lösungsmustern trennen kann. So kommt es zunächst zu einer Scherenentwicklung: einerseits nimmt der Patient seine Konflikte klarer wahr, andererseits kann er sich noch nicht von seinen neurotischen Strategien lösen – dadurch wächst sein Leidensdruck. Zunehmend geraten die Patienten in offenere Auseinandersetzungen, bei denen sie – besonders untereinander – kein Blatt mehr vor den Mund nehmen. In den spontanen Berichten über ihre Therapie bekommen diese Auseinandersetzungen einen großen Raum, wobei der Einzelpsychotherapeut oft wie ein Hilfs-Ich geschildert

wird, das dem Patienten ermöglicht, die Verwicklungen in der Patientengruppe aus einer Distanz und in genetischen Bezügen zu verstehen. Das Gefühl, mit den Mitpatienten „in einem Boot" zu sitzen, verhindert meistens,
daß die Auseinandersetzungen und wechselseitigen Rückmeldungen zu heftig und verletzend werden, zumal durch die in Phase II stattgefundenen
Spiegelprozesse eine gewisse Vertrautheit miteinander entstanden war.

So beginnt der Patient zu realisieren, daß er ein bestimmtes Verhaltens-
muster in Konfliktsituationen, die sich gleichen, anwendet: Seine neuroti-
sche Konfliktlösung wird ich-dyston. Aber er erlebt auch die Macht des
Wiederholungszwanges, insofern es ihm nicht gelingt, sich trotz bewußter
Distanzierung und genetischer Einsicht ohne weiteres von seinen bisherigen
Mustern zu lösen. Hat sich der Patient jedoch einmal von seinen bisherigen
Erklärungen seiner Erkrankung distanziert und sich auf neue Interpretati-
onsmöglichkeiten für sein Konfliktgeschehen eingelassen, so findet diese
Bewegung des Neuinterpretierens nicht aus sich selbst eine Grenze – alles
scheint in Bewegung zu geraten. Dadurch daß sich der Patient derart in seine
psychische Realität vertieft, gerät er leicht in einen Zustand der Zeitlosigkeit, zumal er sich in seinem leidvollen Erleben geschützt und versorgt erlebt.

Der Patient hat sich jetzt zwar auf die psychotherapeutische Arbeit im
eigentlichen Sinne eingelasssen, aber die Behandlung droht in dieser sich
ausbreitenden „Zauberbergatmosphäre" zu stagnieren. Eine neue und dramatische Wendung geschieht erst dann, wenn der Patient durch ein von anderen bewirktes Ereignis konfrontiert wird mit seiner Begrenzung in der
Zeit und mit der Notwendigkeit, sich zu entscheiden.

III. Verdeutlichen und Verunsichern neurotischer Strategien
- Äußerer Konflikt wird als innerer erkannt (Selbstbezug in der Inszenierung)
- Brüchig-Werden bisheriger Erklärungsmuster, Lockern des Abwehrgefüges
- Wiedererkennen des Konflikts auf verschiedenen Ebenen
- Scherenentwicklung zwischen Festhalten und Hinterfragen der Strategien
- Tendentiell zeitloses Erleben und zunehmender Leidensdruck

Konfrontation mit äußeren Begrenzungen ——▶

IV. Therapeutische Krise und neue Perspektive
- Konfrontation mit zeitlich begrenzter, konfliktanaloger Konstellation
- Zugespitzte Wiederholung und Scheitern der neurotischen Strategie
- Identifizieren mit therapeutischer Perspektive und neue Konfliktlösung

Abb. 3.5: Phase III und IV

Phase IV: Therapeutische Krise und neue Perspektive

Seit der symptomauslösenden Situation erlebt der Patient immer wieder Krisen. Davon grenzen wir die *therapeutische Krise* ab als einen in der Psychotherapie klar bestimmbaren Schritt, der den Übergang von der bisherigen neurotischen zu einer neuen angemessenen Lösung des Konfliktes vollzieht (Abb. 3.5). Dieser Schritt ist zeitlich begrenzt und im Erleben des Patienten deutlich von den anderen Behandlungsphasen abgehoben. Der Patient spürt, daß hier etwas für ihn Entscheidendes geschieht. In der Psychotherapie wird jetzt das Bearbeiten des aktualisierten Grundkonflikts des Patienten möglich. In den folgenden Phasen muß dieser Schritt abgesichert und die neue Konfliklösung in die psychische Struktur (das Selbst des Patienten) integriert werden, um dauerhaft sein zu können. Katamnestische Studien weisen darauf hin, daß der Integrationsprozeß dieser Therapieerfahrung keineswegs mit dem Ende der Psychotherapie abgeschlossen ist (Pfeffer 1961, Leikert u. Ruff 1997).

Die therapeutische Krise beginnt mit einer bestimmten Art von Konfrontation. Anläßlich ihres bevorstehenden Geburtstages erlebte sich eine Patientin dadurch unter Druck gesetzt, daß sowohl ihr Ehemann, als auch ihr Freund sie an diesem Tag besuchen wollten; da beide sich nicht begegnen

89

sollten, mußte sie sich nun für einen von beiden entscheiden. An diesem Beispiel wird die Wende von der dritten zur vierten Phase deutlich. Jene Patientin hatte in Phase III alle Vor- und Nachteile der einen und der anderen Beziehung lange abgewogen und in ihren genetischen Bezügen hin und her gewendet. Erst die äußere Realität ihres Geburtstages und die damit verbundenen, sich gegenseitig ausschließenden Besuchswünsche ihrer Partner stellte sie vor die Notwendigkeit, die zeitliche Begrenzung ihrer Überlegungen zu akzeptieren und eine Entscheidung zu treffen. Das war besonders problematisch für diese Patientin, weil sie noch unter ihren Schuldgefühlen wegen des Unfalltodes ihres ersten Mannes litt. Jetzt stand sie erneut vor der Frage, ihren (zweiten) Mann zu verlassen zugunsten ihres Freundes, der ihr überdies mit Suizid drohte, falls sie sich nicht für ihn entscheiden sollte. Der zuvor in der Psychotherapie thematisierte Zusammenhang von Verselbständigung und Schuld spitzte sich für sie in dieser unumgänglichen Entscheidungssituation zu und verlangte nach einer Lösung.

Eine derartige Konfrontation mit einer zeitlich begrenzten Beziehungskonstellation, in der der eigene Grundkonflikt aktualisiert wird, ist in jeder therapeutischen Krise als deren Auslöser zu finden. Dabei können die auslösenden Anlässe als solche banal sein, bekommen aber aufgrund des neurotischen Konfliktpotentials des Patienten ihre dramatische Zuspitzung. Gefühle von Wut, Ohnmacht, Angst und Hilflosigkeit sind häufig Reaktionen auf die auslösende Situation für eine therapeutische Krise. Andere Patienten berichteten, daß ihre Symptomatik, die sich während der stationären Psychotherapie gebessert hatte, nun wieder verstärkt aufgetreten sei. Die Stärke der neurotischen Reaktion in der krisenhaften Konfrontation wird bestimmt vom Grad der Fixierung an das bisherige neurotische Lösungsmuster und vom Ausmaß, in dem sich die psychische Struktur gelockert hat. Von den sieben Patienten, auf die wir uns hier beziehen, geriet nur eine Patientin in eine maligne Regression: sie reagierte mit Selbstbeschädigungsimpulsen auf niedrigem Abwehrniveau und mußte in ein Akutbettzimmer verlegt werden, nachdem der Abteilungsleiter bei seiner Visite die Notwendigkeit, die stationäre Therapie auch einmal zu beenden, thematisiert hatte. Zwar hatte das auch schon ihre Therapeutin vorher anzusprechen versucht, jedoch hatte die Patientin darauf kaum reagiert. Die Visite des Abteilungsleiters wurde deswegen zur Konfrontation, weil sich die Patientin in dieser Situation wie in ihrer Kindheit als Opfer mißbraucht erlebte und jetzt nicht mehr als Wiedergutmachung die bisher erwartete, zeitlich unbegrenzte Zuwendung ihrer Therapeuten erhalten sollte. Bei den anderen sechs Patienten bildete sich eine vergleichbare Reaktion häufig auf einer metaphorischen Ebene ab. So berichtete eine Patientin, sie habe sich in dieser Krisensituation „wie mumifiziert" gefühlt und wenig später geträumt, sie sei bei einem Motorradunfall verbrannt. Sie interpretierte ihren Traum selbst als einen Neuanfang; dazu habe sie „mit dem alten Leben Schluß machen" müssen und „alles verbrannt". In der ausweglos erscheinenden Situation – zwischen dem scheinbar bewährten Gewohnten und einem ungewissen, gefährlich erlebten Neuen wählen und sich entscheiden zu müssen – träumte die Patientin eine radikale Lösung. Vielleicht ahnte sie, daß diese Entscheidung tatsächlich einen festen Willen braucht, und hoffte, die notwendige Zeit bis zu einer entschlossenen Abkehr von dem Gewohnten radikal verkürzen zu können.

Charakteristisch für die therapeutische Krise ist, daß der Patient dabei das Scheitern seines neurotischen Lösungsversuchs erlebt. Ihm wird bewußt, daß er seinen in der therapeutischen Krise erlebten Konflikt mit Hilfe bisheriger neurotischer Strategien nicht ohne Schaden bewältigen kann. Versucht er nämlich, die durch den Konflikt verursachte Unlust wie bisher zu überwinden, dann handelt er sich langdauernde Unlust (in Form seiner Symptomatik) ein. In Therapieverläufen, die durch starke Regression und heftige Abwehr gekennzeichnet sind, scheint der Patient eine Lösung jenseits der bisherigen neurotischen Bewältigung nicht zu erkennen; statt dessen erlebt er als Alternative, entweder mit der gewohnten neurotischen Lösung unterzugehen oder auf sie verzichten zu müssen und nichts mehr zu besitzen. Denn das Gewohnte ist zugleich das sichernd Vertraute, das oft mit einem idealisierten Selbstbild eng verbunden ist. Sich davon zu lösen, wird zunächst als Forderung von außen erlebt. Deswegen gelingt in der therapeutischen Krise eine Ablösung von vertrauten neurotischen Strategien nur, wenn diese zuvor ich-dyston geworden sind. Voraussetzung dafür ist das Erleben einer durch die vorangegangenen Behandlungsphasen gefestigte und erprobte Beziehung zum Therapeuten. Auch Mitpatienten können Halt bieten und einen Ausblick vermitteln, wenn sie in ihrem Therapieprozeß schon weiter fortgeschritten sind.

Da in Phase III die früheren Erklärungs- und Abwehrmuster für den eigenen Grundkonflikt brüchig geworden sind, wächst nun die Bereitschaft, mit dem Therapeuten nach neuen Lösungsmöglichkeiten für die aktuelle Krisensituation zu suchen. Aufgrund dieser jetzt möglichen Identifizierung mit der therapeutischen Sichtweise entwickeln sich neue Formen der Objektbeziehungen. Da illusionäre Erwartungen und Ansprüche teilweise aufgegeben werden, kann die therapeutische Beziehung realitätsbezogener werden und ist mehr durch ein therapeutisches Arbeitsbündnis gekennzeichnet. Auffallend ist auch, daß Patienten in ihren Abschlußinterviews nachträglich ihr eigenes Handeln in der therapeutischen Krise als peinlich erleben.

Die therapeutische Krise selbst dauert in der Regel nicht lange und wurde von uns jeweils nur als einmaliges Ereignis in einem Therapieverlauf gefunden. Die Patientin, die sich an ihrem Geburtstag in ihrem Konflikt zwischen Freund und Ehemann für diesen entschied und das ihrem Freund mitteilte, blieb wegen dessen Drohung eines Suizids allerdings mehrere Tage im Spannungszustand von Ungewißheit, bis der Freund ihr mitteilte, daß er ihre Trennung von ihm akzeptiere. Erst danach konnte die Patientin weitere Eigeninitiativen entwickeln, ohne übersteigerte Schuldgefühle zu empfinden.

Bei allen untersuchten Patienten, die in eine therapeutische Krise geraten waren, konnten wir während der therapeutischen Krise eine Abfolge von 3 Schritten erkennen:

1. Eine Konfrontation mit einem zeitlich umgrenzten, von anderen Personen bewirkten Ereignis, in dessen Konstellation sich wesentliche Elemente des Grundkonfliktes des Patienten nachweisen lassen.
2. Eine intensive Besetzung des neurotischen Erlebens, verbunden mit Gefühlen von Angst, Hilflosigkeit und Wut sowie mit dem Wissen, daß die bisherigen neurotischen Strategien diese Krisensituation nicht bewältigen können.
3. Eine Identifizierung mit der therapeutischen Sichtweise und ein Versuch, dadurch eine neue Lösung zum Bewältigen dieser Krise und damit ansatzweise auch für den Grundkonflikt zu finden.

IV. Therapeutische Krise und neue Perspektive
  - Konfrontation mit zeitlich begrenzter, konfliktanaloger Konstellation
  - Zugespitzte Wiederholung und Scheitern der neurotischen Strategie
  - Identifizieren mit therapeutischer Perspektive und neue Konfliktlösung

Bildung des Kerns einer neuen Konfliktlösung ———▶

V. Probehandeln mit der neuen Konfliktlösung
  - Schwanken zwischen alten und neuen Lösungsstrategien
  - Auftauchen neuer, bedeutsamer Träume bzw. neuer Metaphern
  - Neues Verstehen auslösender Situationen bietet Schutz vor Dekompensation
  - Wachsendes Selbstbewußtsein aufgrund gelingender Veränderung
  - Mehr konfliktbezogene und lösungsorientierte Initiativen in Beziehungen

Abb.3.6: Phase IV und V

Phase V: Probehandeln mit der neuen Konfliktlösung

Die neue Möglichkeit zur Konfliktlösung, die der Patient in der therapeutischen Krise für diese Situation erlebt hat, steht weiterhin in Konkurrenz zu
seinen bisherigen neurotischen Konfliktlösungen. In jeder folgenden Situation, die seinen neurotischen Konflikt aktualisiert, schwankt der Patient zwischen alten und neuen Lösungsstrategien, wobei zunächst Kompromisse
ausprobiert werden (Abb. 3.6). Beispielsweise nutzte jene Patientin, die zu
Beginn der Therapie so gejammert hatte und der empfohlen worden war,
ihre Gedanken aufzuschreiben, den Rat dazu, an ihre Mutter „einen fetzigen
Brief aus der Kindheit" zu schreiben. Weil sie dann diese direkte Auseinandersetzung noch zu sehr ängstigte, zögerte sie mehrere Tage, den Brief ihrer
Mutter zu schicken. Schließlich entschied sie sich für diese ihr noch unver-
traute Möglichkeit, weil „sonst die ganze Therapie umsonst" gewesen wäre.
Manche Patienten beschreiben eine solche Entscheidung zu einem derart
neuen Handlungsschritt als „Mutprobe", in der sie einerseits Angst vor den
Reaktionen ihrer gewohnten Umgebung, andererseits auch eine Verpflichtung der bisherigen Therapie gegenüber empfinden. Waren sie dieses Wag-
nis eingegangen und hatten sie dabei einen größeren Handlungsraum als
bisher erlebt, dann wuchs ihr Selbstbewußtsein und ihre Selbstachtung.

Zur Erprobung einer neuen Konfliktlösung dient in der Regel das soziale Feld der Klinik, weil dieses schon als schützend erlebt wurde und weil hier ein größeres Verständnis für fehlschlagende Versuche erwartet wird. Auch werden Mitpatienten mit ihrem positiven Feedback als unterstützend beschrieben – wie von jener Patientin, die sich erstmals offen gegen eine Mitpatientin, die auf Station einschüchternd und mächtig erlebt wurde, zu stellen versucht hatte (vgl. Kasuistik). Dabei scheint die Einsicht in interaktionelle Strategien den Patienten wichtiger zu sein als die Verknüpfung mit ihren genetischen Aspekten.

Die Beziehungen zu den Mitpatienten haben sich in dieser Phase verändert. Waren sie zuvor durch Suche nach Ähnlichkeiten bestimmt (Phase II) oder durch Auseinandersetzungen geprägt (Phase III), so wird jetzt der andere als eigenständige Person interessant, wie dies eine Patientin beschrieb: „Das ist eins der wichtigsten Dinge gewesen: mich rauszulehnen und einfach zu beobachten, zu gucken, wie sind die anderen Menschen überhaupt". Damit wird es auch möglich, sich in einer Auseinandersetzung probeweise mit der Gegenseite zu identifizieren. So nutzte eine Patientin mit einer Mißbrauchsanamnese in dieser Phase die Gruppentherapie dazu, um auch „die Seite der Männer" kennenzulernen und sich dabei zu beobachten, wie sie deren Kontaktangebote zurückwies und so Männer „im Regen stehenließ".

Bewährt sich – auch durch immer neues Durchsprechen ähnlicher Situationen in der Psychotherapie – die gefundene Form der Konfliktlösung, verblaßt der (unbewußte) Nutzen des primären und sekundären Krankheitsgewinns. Eine Patientin mit Persönlichkeitsänderung nach Extrembelastung, die in bestimmten Situationen von Hilflosigkeit früher mit beängstigenden Bildern überflutet wurde, beobachtete, wie sich „die Macht der Bilder" änderte: „Je mehr mir das Miteinander mit den Menschen klar wurde, beziehungsweise ich zu mir gestanden habe, und das angebracht habe, was mir gefiel oder auch nicht, desto weniger kamen mir diese Vergangenheitsbilder". Indem Patienten bisherige Situationen, die Symptome auslösten, in ihrer Psychodynamik verstehen und anders einschätzen können, gelangen sie häufig in der Identifizierung mit einer neuen Konfliktlösung zu einer eigenständigen produktiven Leistung. Einige Patienten finden auch treffende Metaphern für ihren Konflikt, bei anderen tauchen neue und wichtige Träume auf.

V. Probehandeln mit der neuen Konfliktlösung
- Schwanken zwischen alten und neuen Lösungsstrategien
- Auftauchen neuer, bedeutsamer Träume bzw. neuer Metaphern
- Neues Verstehen auslösender Situationen bietet Schutz vor Dekompensation
- Wachsendes Selbstbewußtsein aufgrund gelingender Veränderung
- Mehr konfliktbezogene und lösungsorientierte Initiativen in Beziehungen

Konsilidieren der neuen Konfliktlösung   ───▶

VI. Ablösen und Neuorientieren
- Erproben der neuen Lösungsstrategie bei Heimaturlaub
- Hoffnung auf Umsetzen auch nach Entlassung
- Ablösen von Beziehungen in der Klinik durch einen Trauerprozeß
- Resumé der Veränderung in Form einer Verdichtung
- Neuorganisieren des Alltags, Wissen um noch Ungeklärtes

Abb. 3.7: Phase V und VI

Phase VI: Ablösen und Neuorientieren

Mit dem Festschreiben des Entlassungstermines erlebt der Patient schließlich seine Zeit in der Klinik auf ein Ende hin begrenzt (Abb. 3.7). Häufig
blickt er nun zurück. Am Anfang der stationären Behandlung schien seine
Zeit unendlich und ängstigend, so daß er sie ohne wirklichen Bezug zur psychischen Realität zu begrenzen und zu minimieren suchte (z. B. „vier Wochen höchstens"). Je mehr seine Übertragungsbeziehung und seine psychische Realität in den Vordergrund traten, desto stärker erlebte sich der Patient
tendentiell zeitlos. Als er dann (in der therapeutischen Krise) mit seiner
zeitlichen Begrenzung konfrontiert wurde, mußte er sich der Endlichkeit
seines stationären Aufenthaltes und seiner eigenen Lebensmöglichkeiten
stellen. Jetzt in der Phase des Therapieabschlusses verdichtet sich das
Zeiterleben, so daß Patienten während ihrer Abschlußinterviews häufig versuchten, ein Resümé ihres Veränderungsprozesses in Form einer bildhaft
metaphorischen Verdichtung zu finden. Beispielsweise beschrieb eine sonst
sich nüchtern ausdrückende Patientin die Phase ihres Abschieds mit überraschenden Metaphern: sie sei „unruhig wie ein Tiger" auf ihrem Balkon

95

„rumgerannt" und habe „mit einer gewissen Wehmut" ihren Gedanken an die Mitpatienten nachgehangen (und nicht mehr wie früher gepeinigt von Schuldgefühlen, wenn sie andere verließ). Meist heben Patienten in ihrer Rückschau auf ihre letzten Tage in der Klinik einzelne Beziehungen (auch die zum Therapeuten) hervor. Fast alle Patienten kommen auf die Gesamtatmosphäre der Klinik zu sprechen und betonen vor allem die Offenheit der Mitpatienten für Gespräche, in denen sich die Banalitäten des Alltags in der Klinik vermischt hätten mit dem Wissen um das persönliche Schicksal der Einzelnen.

Wir verstehen diese Vergegenwärtigung des Vergangenen als Ausdruck eines Trauerprozesses, verbunden mit einer zunehmenden Symbolisierung des konflikthaften Geschehens. Erinnerungen werden psychisch überbesetzt, um eine Ablösung zu ermöglichen und um gleichzeitig die teils neuen Beziehungserfahrungen in der Therapie zu sichern. Ebenso wichtig ist bei einem gelungenen Ablösungsprozeß die Orientierung auf den bevorstehenden Alltag außerhalb der Klinik. Angestoßen wird diese Blickrichtung häufig durch Wochenendurlaube nach Hause, in denen die neue Konfliktlösung im Alltagsrahmen ausprobiert wird. Die eben erwähnte Patientin konnte bei einem solchen Wochenendurlaub erleben, daß sie jetzt auch bei den Freunden ihres Mannes anders als früher ankam; stolz erzählte sie, wie sie mit ihrer neuen Art „drei Herren an der Bar im Tennisclub" so beeindruckt hätte, daß diese ihrem Mann mitteilten, er habe nun „eine ganz andere Frau" zu erwarten. Andere Patienten berichteten, daß sie auch an ihrem Partner positive Veränderungen hätten feststellen können, was zu einer hoffnungsvollen Perspektive für die Zeit des Zusammenlebens nach dem Klinikaufenthalt geführt habe.

Eine solche Hoffnung auf eine geänderte Situation entwickelte sich bei einigen Patienten, als sie Veränderungen in Alltagsbereichen zu initiieren begannen. Die Patientin, die sich in ihrer Therapie an frühere Mißbrauchserlebnisse wiederzuerinnern begann, wollte nicht mehr zu ihrer Arbeitsstelle zurück, in der sie mißbrauchte Kinder betreut hatte, so daß sie sich schon während ihres Klinikaufenthaltes eine neue Stelle suchte. Da sie ihre Mißbrauchserlebnisse noch nicht ausreichend hatte bearbeiten können, schützte sie sich durch diese berufliche Neuorientierung vor einer zu starken

Labilisierung. In dieser Phase schätzen sich Patienten in bezug auf noch ungeklärte Themen und die Grenzen ihrer Belastbarkeit oft realistisch ein, so daß sie auch von sich aus – falls nötig – eine weitere ambulante Psychotherapie einplanen

Kasuistik

Die folgende Kasuistik veranschaulicht die beschriebenen Behandlungsphasen zunächst recht klar, zeigt allerdings gegen Ende einen etwas überstürzten Therapieverlauf. Welche Wirkfaktoren dazu geführt haben und ob sich die Entwicklung der Patientin hätte besser fördern lassen, werden wir nicht sicher beantworten können. Denn diese Fragen betreffen behandlungstechnische Einzelheiten der therapeutischen Beziehung, die sich nicht allein aus dem Abschlußinterview mit der Patientin erschließen lassen.

Die 36-jährige Frau B. wurde wegen einer rezidivierenden depressiven Störung mit Konversionssymptomen, Eßattacken und Alpträumen in die Klinik überwiesen; schon in ihrer Jugend hatte sie einen Suizidversuch unternommen (ICD-10 F 33.1, F 44.4, F 50.4, F 51.5). Frau B. war verheiratet und hatte 2 Kinder. Die auslösende Situation für ihre Symptomatik war ein Hausbau der Familie in der unmittelbaren Nähe der Schwiegereltern, wobei Frau B. ihren Ehemann als gefügig gegenüber seiner Mutter erlebt hatte. Sie berichtete, daß sie zwar gegen den Hausbau protestiert hätte, sich aber nicht hätte durchsetzen können. Daraufhin sei sie zunehmend depressiv geworden, habe Lähmungen in den Beinen, Kopfschmerzen, Seh- und Sprachstörungen bekommen, so daß zunächst von den Ärzten eine Multiple Sklerose vermutet worden sei. Auch habe sie Freßanfälle entwickelt und versucht, durch Trinken von Wein ihre Depressionen zu verscheuchen.

Aus ihrer Genese ist erwähnenswert, daß Frau B. ihre Mutter als selbstbezogen und kontaktarm erlebt hatte. Ihren Vater habe sie wegen seiner Intelligenz bewundert, sei sich aber seiner Wertschätzung nicht sicher gewesen. Entsprechend habe sie eifersüchtig auf die Geburt ihrer Schwester reagiert, als sie 5 Jahre alt war. Ihre Schwester habe dann prompt in der Konkurrenz mit ihr um die Gunst des Vaters mit „weiblich raffinierten Tricks" den Vater immer für sich zu gewinnen gewußt; dagegen habe sie sich selbst mit ihrer geradlinigen und ehrlich-offenen Art unterlegen gefühlt. Mit 16 Jahren setzte sie durch, daß sie nicht mit ihren Eltern und ihrer Schwester in eine andere Stadt ziehen mußte, sondern allein am bisherigen Wohnort bleiben durfte; allerdings sei sie sich dann so verlassen vorgekommen, daß sie sich das Leben zu nehmen versucht hätte. Auch andere Provokationen, wie z. B. Drogenmißbrauch, hätten zu ihren erfolglosen Versuchen gehört, die Sorge ihres Vaters auf sich zu ziehen.

Den Konflikt von Frau B. formulierten wir in einer „inneren Formel" (Dührssen 1972): „Ich möchte eine ungestörte Beziehung zum Vater, um an seinem Wissen teilzuhaben und von ihm geschätzt zu werden, aber ich bin in einer Konkurrenz mit einer anderen Frau nicht fähig, ihn für mich zu interessieren, weil er – statt meine wahren inneren Werte zu sehen – auf die Umgarnung tückischer Frauen reinfällt." Die Beziehung zum Vater wird also nicht nur in typisch ödipaler Weise gesucht, sondern der Vater ist auch Adressat für Wünsche nach narzißtischer Gratifikation und vermißter mütterlicher Zuwendung.

Phase I: Beziehungslosigkeit und überhöhte Erwartungen

Ihren ersten Eindruck von der Klinik beschrieb Frau B. so: „Zuerst hab ich gedacht, hier ist Urlaub, also alle waren gut drauf, und es war überall gute Stimmung und alles ist am Lachen...Aber dann hab ich erzählen müssen, warum ich überhaupt hierhin wollte, und dann hab ich erst mal geheult richtig. Und dann ist mir auch klar geworden, daß dieser Gegenpol einfach sein muß: diese Freizeitbeschäftigung, dieses Lachen – sonst würde man verrückt hier. Also wenn man nur immer mit Leuten zu tun hätte, die immer nur niedergeschlagen sind und immer nur am Heulen oder immer nur ernst, dann könnte man das hier nicht aushalten."* – Frau B. begann zunächst in

---

* Zitate aus dem Abschlußinterview

98

der Ichform, als sie von ihren Beobachtungen erzählte, die ihr vermutlich ermöglichten, ihre anfänglichen Ängste zu überspielen. Sie verfiel in die distanzierende Erzählform des „man", als ihr ihre Befürchtungen vor einer Dekompensierung deutlich wurden. Ihre Ängste vor Objektverlust konkretisierten sich in ihrem Bericht darüber, wie sie sich von der fröhlichen Gruppe ausgeschlossen gefühlt hätte. Damit wird die – für diese Phase typische – anfängliche Beziehungslosigkeit, welche basale Ängste noch verstärkt, deutlich.

Allerdings war Frau B. in dieser Situation weiterhin bereit, Kontakte zu suchen und sich jemandem anzuvertrauen. So fand sie bereits während unserer 4-tägigen Voruntersuchung in ihrer Zimmerkollegin eine Gesprächspartnerin: „Was mich dadran so fasziniert hat an der Frau, das war immer dieses Zusammenreden – dieses Lernen, wieder über Sachen zu sprechen einfach so, was ich zu Hause überhaupt nicht mehr konnte ... Und wir haben dann bis nachts um 12 nur einfach geredet und gelacht, ja Spaß gehabt." Hier wird sowohl eine Übertragungsbereitschaft als auch eine unrealistische Erwartung deutlich, denn im gemeinsamen Reden und Lachen scheinen die eigenen Schwierigkeiten nicht mehr bedeutsam und quasi schon überwunden.

Phase II: Übertragung bisheriger Lösungen auf das stationäre Setting

Im Stationsalltag bekam Frau B. rasch Kontakt zu anderen Patienten. Die Mitpatientin, die ihr die Station zeigte, imponierte ihr durch ihre burschikose Art: „Die war immer direkt geradeaus, also da hatte ich eigentlich direkt so'nen Kontakt – weil sie halt sehr offen ist, das mag ich halt sehr gerne." In ihr fand Frau B. gleichsam ein Spiegelbild mit all den Eigenschaften, die auch sie hatte, aber ihrem Vater nicht imponierten. So „war ich ruck-zuck dann in der Gruppe drin...Ich hab mich einfach immer dazugesetzt, auch wenn ich mich unwohl gefühlt hab ... Wir haben dann auch viel gelacht zusammen." Das Lachen verbindet, aber es schützt auch. So berichtete Frau B. von einer Mitpatientin: „die erzählte so über alles Mögliche, ganz schreckliche Dinge in ihrem Leben und wie sie das so erzählt, kann man sich eigentlich nur noch totlachen darüber, echt. Ist einfach so mit Humor eben. Jedenfalls nach außen hin; daß das nicht so ist, weiß ich mittlerweile auch." Für Frau B. war es zunächst wichtig, sich überhaupt wieder akzeptiert zu fühlen und Gemeinsamkeiten mit anderen zu finden. Konflikthaftes wird in dieser Phase zwar angesprochen, in seiner Bedeutung jedoch durch Gelächter bagatellisiert. Daneben erleichterte es Frau B., daß sie von ihren Alltagsverpflichtungen befreit war und über ihre Tageseinteilung selbst wieder mehr verfügen konnte.

Aber sie sah sich in der Gruppe der Mitpatienten auch mit einer Situation konfrontiert, die der zu Hause glich. Es gab hier eine Frau, die immer alles wußte, alles konnte und überall hereinredete – wie ihre Schwiegermutter zu Hause oder ihre Schwester in der Kindheit. Frau B. sah zwar die Parallele – „die hat mich total an zu Hause erinnert" – , gab aber die Auseinandersetzung mit ihrer Konkurrentin noch rasch auf: „Und dann hab ich irgendwann auch ein Wort gesagt, und – ach – dann war mir das eigentlich wieder zu blöde."

So begann sich ihre Situation auf Station zunehmend unangenehmer zu entwickeln. Mitpatienten setzten ihr mit Kommentaren zu ihrem Verhalten zu, und sie erlebte vermehrt „Spannungen auf Station", die sie teilweise noch zu verharmlosen suchte: „das war ziemlich nervig eine Zeit. Mh – ja, ich mein` mich hat das alles nicht so schrecklich gestört, weil – ich zieh mich dann einfach raus. Und dann wurde mir gesagt: das ist nicht der richtige Weg, man muß sich damit auseinandersetzen."

Die Beziehung zu ihrem Therapeuten schien zunächst von einer positiven Vaterübertragung bestimmt zu sein: „erstmal hat er mich ernst genommen...Die Art, wie er gefragt hat oder wie er die Sache aufgezogen hatte ..., war total richtig." Ihren „Test" bestand er, als es ihm gelang, den Faden durch die verschiedenen, von ihr berichteten Episoden nicht zu verlieren. Auch verglich sie ihn mit der Therapeutin auf Station, die sie – ähnlich wie ihre Mutter – als passiv und desinteressiert phantasierte. Bei ihm dagegen bewunderte sie, „daß er es immer so auf den Punkt gebracht hat. Also daß er mich immer genau durchschaut hat: das fand ich absolut faszinierend. Also, wenn ich so versucht hab, um irgendwas herumzureden, und er hat gemerkt,

daß mir das Thema unangenehm war, dann hat er dann nochmal mindestens ein paar Mal nachgefragt. Und irgendwann hab ich mich dann ergeben."
Zum einen war es sein therapeutischer Scharfblick, der sie an das Wissen ihres Vaters erinnerte. Zum anderen erlebte sie sein Insistieren im Nachfragen und wie er sie durchschaute als lustvolle Bemächtigung durch ihn, so daß sie sich schließlich „ergeben" konnte. Die passive Erwartung aus Phase I setzte sich teilweise fort, insofern die Patientin sich in dem von ihr mitgestalteten Konflikt noch nicht aktiv für dessen Lösung engagierte.

Phase III: Verdeutlichen und Verunsichern neurotischer Strategien

Durch Kritik ihrer Mitpatienten an ihrem Verhalten war Frau B. unter Druck gekommen. Die anfängliche Freude und Lust an der Gemeinschaft hatte sich getrübt, was Bedingung und Motiv dafür werden kann, etwas zu verändern. In der therapeutischen Beziehung erkannte Frau B. mehr, welche Strategien sie zur Konfliktbewältigung bisher gewählt hatte. Eigene Anteile auch an ihren Konflikten mit ihrem verständnislosen Mann und ihrer dominierenden Schwiegermutter begannen ihr deutlicher zu werden, nachdem ein Kontaktverzicht zum Ehemann während der ersten Therapiewochen thematisiert worden war. Der Patientin fiel auf, wie sie dann über „Schleichwege" versuchte, doch Kontaktmöglichkeiten zu bekommen. Hatte sie ihr Weinen anfangs nur als Überwältigt-Werden durch die Macht ihrer Probleme verstanden, so begann sie es jetzt als einen ihrer „Schleichwege" zu erkennen: „Ich hab zwar furchtbar geheult und alles ... Aber als Resultat ist im Endeffekt rausgekommen, daß ich es erklären mußte ... Ich muß wirklich klipp und klar sagen, was ich will. Und dann werde ich auch ernst genommen ... Heulen, Schreien, hysterische Anfälle – was man alles so hat als Frau an Möglichkeiten" funktionierten für sie nicht mehr. Diese „fiesen Sachen, wo kein Mann oder wo keine Argumente mehr zählen", begann Frau B. anders zu bewerten.
In ihren Beziehungen zum Ehemann, zur Gruppe der Mitpatienten und zum Therapeuten werden in dieser Phase die gleichen Strategien der neurotischen Konfliktbewältigung bzw. -vermeidung deutlich. Damit begann die

Patientin auch Ärger und Scham zu erleben, zumal sie andere Lösungsmöglichkeiten noch nicht sehen konnte. „Wenn ich meinen Mann zu Hause anbrülle: du ekelhaftes Schwein, du bringst mich um – wenn er [der Therapeut] da gesessen hätte, hätte der gesagt: ‚Kommt ihnen das bekannt vor?'... Das ist eine typische Therapeutenfrage ... dafür hätte ich ihn schon mal fast umgebracht". Früher hatte Frau B. Spannungen in Konflikten nur als Folge der Aggressivität des anderen gesehen („du bringst mich um"), jetzt erlebt sie auch ihre eigene Aggressivität („dafür hätte ich ihn fast umgebracht"), was ihren Leidensdruck erhöhte. So werden bisherige Erklärungsmuster brüchig.

Phase IV: Die therapeutische Krise und neue Perspektiven

Die therapeutische Krise bei Frau B. konstellierte sich, als ihr bisheriger Therapeut in Urlaub ging und durch die Therapeutin auf Station vertreten wurde. Mit ihm hatte sie zuvor vage die Möglichkeit eines Wochenendurlaubs besprochen. Die erste Stunde mit der Therapeutin begann sie mit der siegessicheren Feststellung, am Wochenende fahre sie nach Hause. Die Therapeutin fragte nach und wollte mit Frau B. überlegen, was sie täte, wenn sie keinen Urlaub bekäme. Darauf Frau B: „Dann hab ich natürlich geheult. Wußte überhaupt nicht, was ich sagen sollte, weil ich wieder total überfahren worden bin in dem Moment. Dann habe ich nur gedacht: so'ne Schweinerei, das kann ja nicht sein ... Und dann hab ich ernsthaft überlegt abzureisen ... Ich war total am Ende ... Also ich wär am liebsten vom Balkon runtergesprungen – fertig ... Dann wußte ich wieder, warum es mir schlecht ging ... daß ich wieder gemeint hab, ich muß mit Gewalt eine Entscheidung herbeiführen ... Wenn mir einer so einen vor den Bug knallt, dann muß ich einfach wirklich die berühmte Nacht darüber schlafen und muß mir überlegen, was ich eigentlich will ... In der nächsten Stunde hab ich ihr dann erklärt, warum ich nach Hause fahren will und hatt' meinen Urlaubsschein in der Hand."

Hier in der therapeutischen Krise hatte sich der typische Konflikt der Patientin wieder konstelliert: in der Urlaubsvertretung ihres Therapeuten wur-

102

de ihr Ehemann wieder zum ersehnten und begehrten Vater, zu dem die Therapeutin – wie früher die Schwester – den Zugang ungerechtfertigt verwehrte. Die Stärke ihrer Wut und Verzweiflung entsprach nicht der gegenwärtigen Situation; sie resultierte aus den in Phase III aktualisierten Konfliktspannungen. Wir finden bei Frau B. die für eine therapeutische Krise typische Zweizeitigkeit. Zunächst reagierte sie heftig mit dem Impuls, die Behandlung abzubrechen oder gar vom Balkon zu springen. Dann tauchten in der Therapie gewonnene Einsichten auf: sie verknüpfte ihre Gefühlsreaktion („schlecht ging") mit ihrer bisherigen (neurotischen) Strategie, „mit Gewalt" eine Entscheidung erzwingen zu wollen. Damit anerkannte sie ihre eigene Aggressivität und begann, die Verantwortung für die Gestaltung der Situation zu übernehmen. Mit der folgenden Nacht schaffte sie sich zeitlichen Abstand und die Möglichkeit, eine konstruktive Form für ihre Aggression zu überlegen. Mit dem Urlaubsschein in der Hand machte sie weiter ihre Forderung geltend, erklärte aber dann auch ihre Gründe dafür und respektierte so ihre Therapeutin als eine andere Person. Die therapeutische Krise führt also zur Übernahme von Verantwortung für das eigene Wollen und Handeln und zu einer konstruktiven Verarbeitung des Konflikts in einer aktuellen Situation.

Phasen V und VI: Probehandeln mit der neuen Konfliktlösung – Ablösen und Neuorientieren

Bei mehreren Patienten beobachteten wir, daß sie nach der therapeutischen Krise zunächst längere Zeit zwischen alten und neuen Konfliktlösungen wechselten. Die neu gewonnenen Strategien werden in verschiedenen Situationen in der Klinik ausprobiert, allerdings auch bisherige neurotische Verhaltensmuster weiter angewandt, wenn in entsprechenden Situationen noch zu viel Angst auftaucht. Erst wenn eine gewisse Konsolidierung erreicht schien, wandten sich diese Patienten in ihren Überlegungen wieder ihrem Alltag zu. Bei Frau B. überlagerten sich beide Prozesse, so daß die beiden letzten Phasen nicht getrennt darzustellen sind.

Frau B. drängte nämlich rasch nach Hause, um mit ihren neuen Erfahrungen und Einsichten ihre Schwierigkeiten zu Hause anzugehen und zu lösen. Ihre Wochenendurlaube hatte sie bisher eher „wie Urlaub" erlebt. Zwar hatten sich die Kinder „gezankt wie immer", aber ihr Mann „hatte tierisch viel Zeit für mich ... Ich hab mich sogar ansatzweise mit meinem Mann gezankt, aber leider nur ansatzweise, ich wollte nur mal gucken, ob wir wieder so schön zanken können wie früher. Weil – wir konnten immer schön zanken – 7 Jahre lang." Dann war da noch ihr Konflikt mit ihrer Schwiegermutter, die direkt nebenan wohnte: „Die Frau hat mich 9 Jahre lang fertig gemacht – immer nur. Und sie hatte das immer so gemacht, daß er [der Mann der Patientin] es nie gemerkt hat. Ich hab mich dann bei ihm über sie beschwert. Und wo ich dann jetzt auf einmal nicht da war, da hatte er mehr Kontakt mit ihr ... und da hat er gemerkt, wie nervig ... sie ist." Nachdem er sich bei Nachbarn über seine Mutter erkundigt hatte und diese ihm bestätigt hatten, wie schlimm seine Mutter sei, hatte „er gesagt: die ist ja einfach nur furchtbar, die Frau ..., wie sie ist – wie herrschsüchtig ... Und damit war das Problem für mich ja auch nicht mehr da." Ihre Konflikte zu Hause schienen sich also für Frau B. alle wie von alleine aufgelöst zu haben. Allerdings schrieb sie ihrer Schwiegermutter noch einen Brief, in der sie – „nett verpackt" – den Wunsch äußerte, sie möge sich nicht mehr in ihre Familienangelegenheiten einmischen. Im Rollenspiel hatte sie die Konfrontation mit ihrer Schwiegermutter durchgespielt: „Wenn ich so dastehe und sage: laß mich in Ruhe, dann wollte ich einfach auch wissen, ob meine Gestik und Mimik das eigentlich auch so rüberbringt, und warum meine Schwiegermutter mir ständig über meine Grenzen latscht ... Ich hatte mir eigentlich schon eine Lösung überlegt, wie ich mit ihr umgehen will ... und hab dann von den anderen auch Gott-sei-Dank die Bestätigung gekriegt, daß das im Moment der einzige Weg ist, also ihr einfach entgegenzutreten, einfach ihr deutlich zu zeigen ...: bis hier und nicht weiter."

Zur Phase V gehört auch das Entidealisieren des Selbstbildes. Die neurotischen Strategien stützen sich auf ein idealisiertes Bild von sich selbst, das ebenfalls brüchig wird, wenn die neurotischen Strategien obsolet werden. Frau B. hatte ihre Schwester und später andere Konkurrentinnen stets für „unfair" gehalten, weil diese ihre Ziele „mit weiblichen Mitteln" zu erreichen wußten; dagegen sah sie sich als aufrichtig, geradlinig und offen. Während ihrer Therapie wurde ihr zunehmend bewußt, wie sie selbst in Auseinandersetzungen „Schleichwege" benutzte, wodurch sowohl ihr Bild von sich als auch von anderen Frauen teilweise realistischer wurde.

Die Psychodynamik dieser Psychotherapie läßt sich an einem Traum von Frau B. erläutern. Die Patientin träumte über etwa 5 Jahre immer wieder, daß ihre Kinder – in Abwesenheit ihres Mannes – im Haus verbrannten: „Ich krieg das zwar mit, aber ich kann einfach nix tun – es passiert einfach." In der letzten Zeit vor ihrer stationären Behandlung hatte sie nachts im Wohnzimmer wach gesessen aus Angst, es könnte etwas passieren, was sie nicht merken könne. Beim ersten Wochenendurlaub nach der therapeutischen Krise „fing die Sache wieder an. Und dann habe ich irgendwie so im Halbschlaf noch gedacht: Scheiße, das überlebst du nicht, also jetzt ist alles vorbei ... Es hat wieder gebrannt und ich bin hinten herausgerannt. Und dann standen mein Mann und die Kinder vor'm Haus und haben sich gefreut und haben sich halb·totgelacht über mich. Ja, und dann bin ich wach geworden irgendwie, war total fertig, und hab gedacht, na ja klar, also irgendwas muß sich ja schon geändert haben ... Und da hab ich eigentlich schon beschlossen, ja, daß sich was geändert hat, daß ich also nicht solange mehr brauche für die Therapie."

Zunächst verstehen wir den Traum als Anzeichen dafür, daß die therapeutische Krise tatsächlich etwas bewegt hat. Interpretiert man den Traum im Sinne Melanie Kleins, so schien die neugewonnene Konfliktfähigkeit die depressiven Ängste der Patientin vor Objektverlust gemindert zu haben; ihre Angst, die inneren Objektbilder könnten den zerstörerischen Angriff nicht überleben, schien also gemildert und ihre Zuversicht, ihre Beziehungsobjekte unversehrt wiederzufinden, schien gewachsen. Allerdings sind auch ihre konfliktverleugnenden Tendenzen nicht zu übersehen. Sie fand ihre Familie so unversehrt wieder, als habe es nie eine Bedrohung gegeben – mögliche Konflikte gingen im „Totlachen" unter. Entsprechend wollte sich Frau B. im Gefolge ihres Traumes nicht mehr die Zeit geben, konflikthafte Bereiche in Ruhe durchzuarbeiten. Auffallenderweise berichtete sie auch nicht davon, daß sie ihren Traum mit ihrem Therapeuten besprochen hätte. Und ihre Schlußfolgerung, jetzt könne sie ans Ende der Behandlung denken, schien sie allein für sich gezogen zu haben. Möglicherweise verbarg sich hinter diesem Vorgehen von Frau B. die Angst vor dem Verlust des Therapeuten am Ende ihrer Therapie, die sie nach dem Motto ‚bevor mein Therapeut mir sagt, ich müsse gehen, gehe ich lieber selbst' zu bannen suchte. Denn sie litt noch erheblich unter ihren Beschwerden, die sie in die Klinik geführt hatten: „Die körperlichen Symptome sind nicht viel besser geworden ... Ich habe immer noch mit meinen Beinen Schwierigkeiten ... und jetzt wieder verstärkt seit Tagen Sehstörungen ... und tierische Ohrenschmerzen." Zwar konnte sie Bezüge herstellen zwischen Situationen und ihren Beschwerden, aber „ich hatte mir eigentlich da erhofft, daß ich nach Hause gehe und halt diese körperlichen Beschwerden nicht mehr habe." Nur die Kopfschmerzen habe sie nicht mehr und niedergeschlagen sei sie „kurz nur noch und es ist nicht mehr so tief."

Charakteristisch für den Therapieprozeß von Patienten mit neurotischen Störungen ist, daß sie bei einer erfolgreichen Psychotherapie selbst den Ablösungsprozeß moderieren. Wenn nämlich neue Konfliktstrategien gefunden wurden und sich in Interaktionen bewährt haben, dann erlebt der Patient die Klinik nicht mehr als Schutz, sondern als Einschränkung und sucht die Behandlung selbständig zu beenden. So meinte Frau B.: „Also alles, was ich hier praktisch jetzt gelernt habe oder rausgefunden habe, kann ich nur zu Hause austesten, ob es funktioniert oder ..." und sie sprach ihre Angst an, „daß das wieder untergeht zu Hause ein bißchen ..., daß ich irgendwann wieder sage: ach, macht was ihr wollt, laßt mich damit in Ruhe, ich will nicht mehr."

Der Abschied von der Klinik schien bei Frau B. mit Gefühlen von Enttäuschung (über ihre teilweise noch vorhandene Symptomatik) und Angst (vor einem Rückfall in alte Verhaltensweisen) verbunden zu sein. Hinweise auf Dankbarkeit oder auf Gefühle des Trauerns fanden sich nicht. Allerdings fragte der Interviewer auch nicht danach. Daß weder Patientin noch Interviewer darauf zu sprechen kamen, läßt vermuten, daß Trauergefühle auch in der Therapie abgewehrt wurden.

Andere Therapieverläufe

Während wir bei der Untersuchung der Therapieverläufe für 7 von 15 Patienten einen einheitlichen Typus fanden, zeigte die Entwicklung der anderen 8 Patienten während ihres stationären Aufenthaltes mehrere Abweichungen, die sich in drei Verlaufsformen darstellen lassen. Die Anzahl der Patienten reicht allerdings nicht für eine differenzierte Typisierung aus.

1. Wiedergewinnen früherer Bewältigungsstrategien

Eine von mehreren Kriterien für eine Indikation zur stationären Behandlung ist die krisenhafte Dekompensierung während einer ambulanten Psychotherapie (Heigl 1972). Damit stehen solchen Patienten zuvor vorhandene Bewältigungsformen für ihren Konflikt nicht mehr zur Verfügung bzw. sie reichen nicht mehr in der krisenhaft erlebten Situation. Durch ihre Trennung von ihrem pathogenen Umfeld erhalten diese Patienten im stationären Setting die Möglichkeit, sich auf sich selbst zu besinnen. Die vielfältigen Anregungen durch die stationäre Psychotherapie, insbesondere auch durch die Mitpatienten, ermöglichen ihnen, ihre neurotischen Beziehungsmuster wieder zu inszenieren. Überdies reaktivieren diese Patienten ihre durch die psychische Dekompensierung nicht mehr verfügbaren Bewältigungsformen – vor allem jene, die zur Regulierung ihres Selbstwertgefühles dienten (z. B. Hobbys, Sport, Gemeinschaftsleben). So beschrieben 3 Patienten, daß sie sich während ihres stationären Aufenthaltes „gut erholt" hätten, was einem Kurerfolg zu entsprechen scheint.

Unsere Untersuchung ihrer Beschreibung der „Erholung" zeigte jedoch einen komplexen Vorgang, aufgrund dessen sie sich in ihrer Persönlichkeitsorganisation stabilisierten und wieder über ihre bisherigen Ich-Funktionen verfügen konnten. Sie griffen früher lustbetonte Aktivitäten auf und erlebten sich weniger durch ihre Symptomatik eingeschränkt. Auch überlegten sie, wie sie sich vor einer erneuten Dekompensierung schützen könnten.

In unserer Übersicht (Abbildung 3.2) gelangten sie bis zur Phase II, in der sich ein neurotisches Gleichgewicht stabilisiert. Ohne ihren Konflikt zu bearbeiten, nutzten sie während ihrer stationären Psychotherapie diejenigen Möglichkeiten, die entlastend wirkten. Beispielsweise erleichterte diese Patienten die Erfahrung, daß auch andere Patienten unter ähnlichen Beschwerden und Problemen litten wie sie. Noch schamentlastender war es für sie, wenn sie sich mit anderen, denen es viel schlechter als ihnen zu gehen schien, vergleichen konnten. Weil dadurch ihre Ichideal-Forderungen relativiert wurden, stabilisierte sich ihr Selbstwerterleben so, daß für eine Bearbeitung ihres zugrundeliegenden Konflikts kein ausreichender Leidensdruck mehr bestand. Zwar entspricht ein solches Therapieergebnis oft nicht den Erwartungen von Psychotherapeuten. Aus katamnestischen Untersuchungen wissen wir aber, daß solche Patienten nach ihrer stationären Behandlung oft erstaunlich lange psychisch stabil bleiben und sich bei einer erneuten Dekompensierung rasch wieder psychotherapeutische Hilfe suchen (Ruff u. Leikert 1994b).

2. Verändern bisheriger Abwehrstrategien

Zwei weitere Patienten berichteten in ihren Abschlußinterviews den Verlauf ihrer Behandlung so, daß wir annahmen, sie hätten alle Phasen unseres Schemas durchlaufen und auch eine Krise erlebt, die die Bedingungen der therapeutischen Krise zu erfüllen schien. Allerdings fiel uns in der Gruppendiskussion auf, daß ihre Lösungsstrategien für ihren Grundkonflikt unverändert geblieben waren und sich lediglich ihre Abwehr umstrukturiert hatte.

Bei Frau R. überdeckten phobische Einschränkungen eine tieferliegende Problematik im sexuellen Bereich. Ihren Konflikt formulierten wir in folgender innerer Formel: „Ich wünsche mir einen potenten Partner, ängstige mich jedoch davor, von diesem dann überwältigt zu werden; deswegen halte ich meinen Partner sexuell auf Distanz und in der Rolle eines schützenden Begleiters, der mich daran hindert, einen potenten Partner zu finden." Die Patientin wurde in psychoanalytischer Einzeltherapie und in einem Angstexpositionstraining behandelt; sie lernte rasch, ängstigende Situationen zu bewältigen. Als ihre Station ein Fest organisierte, bei dem sie aktiv teilnehmen sollte, entschied sie sich nach langem Hin und Her dafür. Ihre Entscheidungsschwierigkeiten glichen denen während einer therapeutischen Krise. Auch ging Frau R. danach direkter und aktiver mit Konflikten um – allerdings in der Weise, daß sie Bemühungen von Männern um sie jetzt durch offenen Angriff unwirksam machte. In einer zweiten krisenhaften Situation, in der der Abteilungsleiter mehr nachzufragen versuchte, rechnete sie es sich als Therapieerfolg an, auch gegen ihn sich abgegrenzt und ihn in seinen Fragen unwirksam gemacht zu haben.

Beurteilt man den Behandlungsverlauf von Frau R. nur von ihrer bisherigen phobischen Symptomatik her, so ist ein guter Therapieerfolg festzustellen: Die Patientin wurde aktiver, vermied ängstigende Situationen weniger und setzte sich gegen andere zur Wehr. Im Hinblick auf ihren Grundkonflikt hatte sich jedoch nichts wesentliches geändert: ihre Angst vor einem (auch sexuell) potenten Partner war geblieben. Statt sich wie bisher in eine kindlich-vermeidende Abhängigkeit zu begeben, depotenzierte sie jetzt mögliche Partner. Da sie die Angst vor ihrer eigenen Geschlechtlichkeit nicht verlieren konnte, versuchte sie, durch die Depotenzierung des anderen Geschlechts einen Ausgleich zu schaffen, was offensichtlich entängstigend wirkte. Diese neue Form von Konfliktbewältigung nutzte sie also weiterhin dazu, ihren Grundkonflikt – jetzt auf effektivere Weise als bisher – abzuwehren und einer psychotherapeutischen Bearbeitung zu entziehen. Allerdings könnte die Patientin dadurch auch die notwendigen Reifungsbedingungen gefunden haben, um sich ihrer weiblichen Potenz gewahr werden zu können.

3. Mißlungene Psychotherapien

Für drei Patienten war der stationäre Aufenthalt eine Bedrohung ihres psychischen Gleichgewichts, die ihnen unverständlich blieb. Schon bald nach ihrer Aufnahme erlebten sie sich von ihren Mitpatienten abgelehnt. Grund dafür war, daß sie ihre Unsicherheit mittels aggressiv-wertender Beziehungsaufnahme überspielten und nicht zu einer positiven Objektbesetzung fähig schienen. So scheiterte die Behandlung dieser Patienten schon beim Übergang von Phase I zur Phase II: regressive Bedürfnisse, die eine Aufnahme hilfreicher Beziehungen ermöglichen, mußten sie heftig abwehren. Entsprechend erlebten diese Patienten auch ihre Therapeuten als enttäuschend-ablehnend, was ihre Entwertungstendenzen ebenso verstärkte wie ihr Gefühl von unverständlicher Bedrohung.

Der 30-jährige Herr E. schien mit seinem Vater identifiziert zu sein. Wie dieser wollte er ein „ganzer Mann" sein, den nichts verletzen konnte. Mittels männlicher Ideale von Stärke und Kraft wehrte er alle möglichen Bedürfnisse nach gefühlvoller Begegnung mit anderen ab, so wie er es als Sohn durch seinen Vater erlebt hatte. Ein Konflikt mit seinem Chef führte dann zu seiner Dekompensierung: er wurde dysphorisch und hatte keine Lust mehr am Leben. Nach seiner stationärer Aufnahme sah er sich rasch aufgrund seines „Macho-Stils" in der Rolle eines „Platzhirsches", den besonders die Mitpatientinnen – für ihn unverständlich – angriffen und ablehnten. Auch seiner Psychotherapeutin gelang kein wirklicher Zugang zu ihm. Als der Abteilungsleiter ihm dann noch zum Alkoholverzicht riet, fühlte er sich von ihm „durch diesen aufgedrückten Alkohol-Schein" wie von seinem Vater nicht angenommen und reagierte extrem gekränkt. Herr E. wandte sich enttäuscht-wütend von ihm und der Klinik ab und suchte zu einer Frau außerhalb der Klinik eine Beziehung, die für ihn ebenfalls enttäuschend endete.

Wenn solche Patienten ihren Klinikaufenthalt nicht vorzeitig abbrachen, so resumierten sie am Ende, daß ihnen die Psychotherapie eher geschadet als genutzt hätte. Es zeigte sich, daß sie keine emotionale Beziehung zu anderen in der Klinik aufgenommen hatten und daß sie ihre Zeit zum Vertiefen ihrer bisherigen Abwehrstrategien genutzt hatten. Einen Zuwachs an Selbstbewußtsein empfanden sie nur dann, wenn sie ihre Position des Außenseiters hatten „durchziehen" können. Am Ende ihres Aufenthaltes ängstigten sie weiterhin die unverändert gebliebenen und unbewältigbar erscheinenden Aspekte ihres Alltags, jedoch erlebten sie sich stark in ihrem Groll auf „die Klinik", den sie beim Nachfragen im Abschlußinterview nicht in jenen enttäuschenden Beziehungen, sondern nur in Nebensächlichem (z. B. ihre Unterbringung) begründet sahen.

Diese mißlungenen Behandlungen werfen die Frage auf, ob solche Patienten nicht mit einem für neurotische Störungen vorgesehenen Behandlungssetting überfordert gewesen waren und vielleicht besser wie Kranke mit strukturellen Störungen zu behandeln wären. Bei Herrn E. war ein neurotischer Konflikt diagnostiziert worden, aber möglicherweise war er narzißtisch stärker gestört als anfänglich wahrgenommen wurde; vielleicht hätte ein männlicher Behandler auch leichter einen Zugang zu ihm finden können als eine Therapeutin. Darüber können wir in dieser Untersuchung keine Aussagen machen; denn das Abschlußinterview sagt uns nur, wie die Therapie bei einem bestimmten Patienten in einer vorgegebenen Situation verlaufen ist.

Diskussion der Ergebnisse

Wir haben ein Prozeßmodell für den Verlauf stationärer psychoanalytisch orientierter Behandlungen bei neurotischen Störungen dargestellt, bei dem wir vor allem den sich wandelnden inneren Aufbau der einzelnen Phasen aufzeigten. Dabei machten wir auf jeweils typische Beziehungskonstellationen, auf von Phase zu Phase unterschiedliche psychoökonomische Bedingungen und auf spezifische Erlebensweisen von Zeit aufmerksam. Wir arbeiteten jene Bedingungen heraus, die es ermöglichen können, jeweils zur nächsten Phase fortzuschreiten. Wir wollen jetzt unsere Forschungsergebnisse mit der psychoanalytischen Literatur konfrontieren, bevor wir dann behandlungstechnische Überlegungen zu den verschiedenen Phasen anstellen.

Freud (1913) hatte sich nur kurz über Anfang und Ende psychoanalytischer Behandlungen geäußert:

> „Wer das edle Schachspiel aus Büchern erlernen will, der wird bald erfahren, daß nur die Eröffnungen und Endspiele eine erschöpfende systematische Darstellung gestatten, während die unübersehbare Mannigfaltigkeit der nach der Eröffnung beginnenden Spiele sich einer solchen versagt ... Ähnlichen Einschränkungen unterliegen wohl die Regeln, die man für die Ausübung der psychoanalytischen Behandlung geben kann"(S. 454).

Mit diesem Zitat kann acht Jahrzehnte später noch weitgehend der Stand der Forschung über den Behandlungsverlauf beschrieben werden. Freuds Skepsis, ob sich in psychoanalytischen Therapien die vielfältigen Möglichkeiten und tiefergehenden Veränderungen systematisch erforschen lassen, bestimmt bisher die Schwerpunkte psychoanalytischer Forschung. Während Arbeiten zum Beginn und zum Ende einer Behandlung recht zahlreich sind, gibt es nur wenige Versuche, die innere Logik des psychoanalytischen Prozesses zu beschreiben.

Einen ersten Versuch machte Rank (1924) im Rahmen seiner Theorie des Geburtstraumas. In der analytischen Situation bewirke „die ruhige Lage im halbdunklen Raum, das Hindämmern in einem von realen Anforderungen fast freien Zustand des Phantasierens (Halluzinieren), die Gegenwart und gleichzeitige Unsichtbarkeit des Libidoobjektes u. a. m ... Assoziationen, deren unbewußte Zielvorstellung die mütterliche Ursituation ist" (S. 10 f).

Der Analysand übertrage seine konflikthaften Wünsche und Ängste auf den Analytiker, der sie mittels Deutung dem Bewußtsein zugänglich mache. Wenn sich Wünsche und Ängste in der Übertragung aktualisiert hätten, könne die Behandlung zum Abschluß gebracht werden. Die Terminsetzung bewirke dann Trennungsängste, die das Trauma der Geburt wiederbeleben und der sprachlichen Bearbeitung in der Analyse zugänglich machen würden. Damit könne der Analysand die an den Analytiker gebundenen Strebungen von ihm ablösen und sich realen Objekten zuwenden (Rank 1926).

Mit dieser in der Literatur wenig rezipierten Auffassung beschrieb Rank einen Entwicklungsprozeß, der einige Ähnlichkeiten mit unseren Ergebnissen aufweist. So stellten wir fest, daß zu Beginn einer stationären Behandlung der Patient seine Heilserwartungen oft an machtvoll phantasierte Objekte richtet (Phase I). Er sucht haltgebende und schützende Beziehungen, wie er sie früher erlebt hatte (Phase II). Hat er sie gefunden, dann überläßt er sich ihnen und gerät in einen Zustand von Zeitlosigkeit. Diesen Zustand, der sich ähnlich im Anfangsstadium ambulanter Psychoanalysen während der Therapiestunden beobachten läßt, interpretierte Grunberger (1976) als Regression auf eine „narzistische Position" (S 55f). Damit verbunden ist die Gefahr, sich lustvoll in dieser Situation einzurichten, was Rank – wie Freud in der Therapie des Wolfsmannes – durch Terminsetzung zu verhindern suchte. Allerdings würde eine Terminsetzung schon in Phase II dazu führen, daß der Patient gar nicht zur Auseinandersetzung mit seinem Grundkonflikt kommen kann, weil Regression in dieser Phase die Bedingung für den weiteren Therapieverlauf ist; der Patient würde andernfalls die Klinik mit der Erwartung verlassen, eine ähnlich lustvoll erlebte Situation auch im Alltag wiederfinden zu können. Deswegen sind vor einer Terminsetzung weitere Zwischenschritte, die wir in Phase II und III beschrieben haben, notwendig. Dazu gehört auch das Testen der Beziehung zum Therapeuten und dessen Kompetenz, worauf auch Weiss (1993) aufmerksam machte. Geyer und Reihs (1998) meinten, daß in Therapien, die pseudoprogressiv verliefen oder regressiv stagnierten, Therapeuten und Team den Test der Patienten nicht bestanden hätten, weil die Behandler nicht in der Lage gewesen seien, „eine alternative Beziehungsform zu ermöglichen und mitzugestalten".

Patienten in Phase III beschäftigen sich meist schon so mit ihrem Konflikt, daß sich die therapeutische Krise folgerichtig ergeben kann. Bei einigen Patienten hatte das Thema der Terminsetzung krisenauslösend gewirkt. Insofern dann der Patient im Erleben relativer Zeitlosigkeit mit der Begrenztheit und Endlichkeit seines Klinikaufenthaltes konfrontiert wird, läßt sich eine Parallele zum von Rank angenommenen Geburtstrauma ziehen: Aus dem Zustand zeitloser Geborgenheit gerät das Kind in eine von Zeit und Fremdeinwirkung bestimmte Situation. Wie sich durch die Geburt das Erleben des Kindes in der Beziehung zur Mutter ändert, so erlebt auch ein Patient nach der therapeutischen Krise seine Beziehung zum Therapeuten als verändert. Wie unsere ausführliche Kasuistik zeigte, aber auch klinische Erfahrung lehrt, ist eine zu rasche Ablösung vom Therapeuten problematisch. Schon Ferenczi (1927) erwartete einen Rückfall in die Krankheit, wenn Phantasie und Realität nicht strikt auseinandergehalten werden können.

Rank (1926) können wir darin zustimmen, daß der psychoanalytische Behandlungsverlauf ein „automatisch ablaufender Libidoprozeß (ist), ... der seine bestimmte Zeit und seine Krisen einhält" (S. 27). Er sah die Aufgabe des Therapeuten darin, diese Entwicklungsdynamik zu erkennen und gezielt zu unterstützen. Ähnlich ging Simmel (1928) von der Vorstellung aus, daß der Patient „unter dem korrigierenden Einfluß der analytischen Kur die ganze Skala seiner erstmaligen kindlichen Konfliktbewältigungs- und Abwehrversuche" wiederhole (S. 369).

Eine „typisierende Modellierung der Verlaufsstruktur des psychoanalytischen Prozesses" forderte Fürstenau (1978), „da der Psychoanalytiker langfristige psychoanalytische Behandlungen ohne Orientierung an einer Modellkonzeption ihres optimalen Verlaufes nicht in irgendeiner fachlich vertretbaren Form durchführen kann" (S. 66). Für strukturell ich-gestörte Patienten stellte er – ausgehend von der psychoanalytischen Entwicklungslehre – „die Verlaufsstruktur der nicht-fokussierten psychoanalytischen Einzelbehandlungen dar"; in ähnlicher Weise versuchten dies Konzag und Fikentscher (1998) Während sich dabei diese Autoren nur auf eigene Erfahrungen und Überlegungen stützten, legen wir in Kapitel 5 unsere Untersuchungen zugrunde und versuchen die gefundenen Verläufe anhand der Ergebnisse aus der Entwicklungslehre zu verstehen.

In einer methodisch anspruchsvollen Untersuchung zum Thema psychotherapeutischer Entwicklungsprozesse beschrieb Fischer (1989) einzelne Etappen des Veränderungsprozesses während einer psychoanalytischen Langzeitbehandlung. Die Arbeitsbeziehung sei das Thema der ersten Phase. Dazu müßten z. B. passive Erwartungen des Patienten in der Beziehung zum Therapeuten bearbeitet werden. Indem der Analytiker sich ermutigend und entängstigend verhalte, könne der Patient zunehmend Vertrauen entwickeln, so daß hier Parallelen zu der von uns herausgestellten Phase II zu erkennen sind. – Danach (in der zweiten Phase) baue sich die Übertragungsbeziehung auf, was wir auch unserer Phase II zugeordnet haben.

Die dritte Phase bei Fischer – die der Dekonstruktion – entspricht weitgehend der Phase III in unserem Schema. Im Bearbeiten der Übertragung komme es zu einer zunehmenden Divergenz zwischen der neurotischen Überzeugung (die ich-dystoner werde) und der realen Beziehungserfahrung in der Analyse. Während Fischer dies als „Erfahrung des Widerspruchs" (S. 72), die dessen Verarbeitung vorausgehe, bezeichnete, haben wir das gleiche Phänomen als „Scherenentwicklung" zwischen Festhalten und Hinterfragen neurotischer Strategien interpretiert. Zwar beschrieb Fischer in seinem Modell keine therapeutische Krise als eigene Phase, jedoch arbeitete er wie wir an der Wende des therapeutischen Prozesses ähnliche Vorgänge heraus. In einer „regressiven Bewegung" würden sich „Arbeitsbündnis und Übertragungsbeziehung so sehr aneinander annähern, daß eine affektiv stark geladene, potentiell mutative Situation entsteht ..., die es ihm (dem Patienten) gestattet, die Übertragungsbeziehung zu ‚dekonstruieren', neue Beziehungsmuster zu entwerfen" (S. 58). Darüber hinaus weisen wir noch auf die Bedeutsamkeit eines äußeren Ereignisses als Auslöser für die Krise und den besonderen Verlauf des krisenhaften Geschehens hin. Rangell (1969), ein einflußreicher Theoretiker des psychoanalytischen Prozesses, sah dagegen eine Krise erst nach dem Durcharbeiten und der Stärkung des Ichs : aus einem intersystemischen Konflikt (z. B. zwischen Ich und Es) werde dann „ein kritischer, intrasystemischer Konflikt innerhalb des Ichs" (S. 600). Rangell setzte die Krise also erst an, wenn das Ich bereits zwischen zwei

115

Lösungen wählen kann, was in unserem Modell der Phase V entsprechen würde. Für uns ist die therapeutische Krise jedoch jene dynamische Übergangssituation, in der sich das Subjekt von seiner neurotischen Konfliktverarbeitung löst und mit der therapeutischen Perspektive identifiziert.

Gemeinsamkeiten zwischen dem Modell Fischers und unserem gibt es auch hinsichtlich der Kriterien für die Phaseneinteilung. Bei Fischer beginnt die entscheidende „Dekonstruktionsphase" pathogener Überzeugungen damit, daß dem Patienten deutlich wird, wie er selbst am Herstellen dieser Übertragungsüberzeugungen beteiligt ist (S. 76). Analog postulieren wir für Phase III, daß der äußere Konflikt in einen inneren Konflikt zurückverwandelt und so dem Patienten sein Selbstbezug deutlich wird. Parallelen finden sich auch zwischen der „Konstruktionsphase" (Fischer) und der von uns beschriebenen Phase V, insofern als Charakteristikum jeweils die aktive Entwicklung neuer Konfliktlösungen herausgestellt wird.

Diese Möglichkeit, im Vergleich unseres Phasenmodells von stationärer Psychotherapie mit einem Modell, das die Etappen einer ambulanten hochfrequenten Psychoanalyse beschrieb, Übereinstimmendes zu finden, legt die Vermutung nahe, daß bei einer qualitativ-empirischen Erforschung verschiedener Therapieprozesse übergeordnete Entwicklungsmuster sichtbar werden, die bei neurotischen Störungen nicht an ein bestimmtes Behandlungssetting gebunden sind. Eine umfassendere Untersuchung könnte herausarbeiten, für welche Patienten welche Behandlungstechnik günstig ist, um einen progressiven Veränderungsprozeß in Gang zu setzen.

Neben den bisher beschriebenen komplexen Modellen für Veränderungsprozesse finden sich in Veröffentlichungen zur stationären Psychotherapie auch Beschreibungen einzelner Therapiephasen. So sei die Initialphase eine „Phase der Beziehungslosigkeit" (Hau u.a.1984) und von „klinisch erzeugter Schutzlosigkeit" (Danckwardt 1976), in die sich die Patienten meist unvorbereitet ausgesetzt erleben. Hellwig (1981) gliederte den Verlauf der Behandlung in verschiedene Etappen, in denen es erst über unterschiedliche Stufen zur psychotherapeutischen Zusammenarbeit komme; so finde die „Anerkennung der klinischen Realität" erst statt, wenn der „Schock des Fremden" überwunden und eine Phase des „Sich-Einrichtens mit den Gegebenheiten der Klinik" erreicht sei (S. 175 f). Auf das Erleben von relativer

116

Zeitlosigkeit und auf die Notwendigkeit zeitlicher Limitierung in Psychotherapien wiesen auch andere Autoren hin (z. B. Fischer 1989, König u. Sachsse 1981, Ruff u. Werner 1987). Rhode-Dachser (1987) stellte fest, daß „die Einführung der Zeitperspektive ... Konflikte durch die Konfrontation mit einer Realität, die Grenzen setzt und dem Patienten eine zeitliche Festlegung zwischen seiner biographischen Vergangenheit und einem noch nicht vollzogenen Zukunftsentwurf abfordert", mobilisiert (S. 284). Zur Limitierung gerade in der stationären Psychotherapie gehört auch ein begrenztes Therapieziel, das sich auf eine (mögliche) Veränderung des bisherigen Alltags des Patienten beziehen sollte, damit das stationäre Setting nicht zu einer Kunstwelt mit Zauberbergcharakter wird (Ruff u. Werner 1987). Entsprechend sind stationäre psychoanalytische Therapien in der Regel als Fokalbehandlungen organisiert (Streeck 1991).

Die zitierten Arbeiten stimmen in ihren Aussagen teilweise mit unseren Beobachtungen überein, beruhen aber lediglich auf Erfahrungen der Autoren, die diese in ihrer Arbeit gewonnen haben, ohne daß dazu konkrete Behandlungsverläufe untersucht wurden. Dagegen verfolgten Schöttler und Buchholz (1993) in ihren Untersuchungen zu Prozeßphantasien und Fortschrittsvorstellungen in der stationären Psychotherapie einen ähnlichen Ansatz wie wir. In ihren Interpretationen von Abschlußinterviews gingen sie ebenfalls von einem „kompetenten Patienten" aus, der in Metaphern seine unbewußten Phantasien über den psychotherapeutischen Prozeß ausdrücke. Sie stellten fest, daß Behandlungen dann erfolgreich waren, wenn sich der Therapeut auf die Sprache und die Vorstellungswelt seines Patienten eingestellt und dessen Prozeßphantasien mit ihm, gleichsam auf dem Boden der ihm eigenen Metaphorik, umgestaltet hatte. Diese Studie von Schöttler und Buchholz half uns, den Blick zu schärfen für die Phantasien, die sich anfänglich meist mit Passivität beschäftigten und sich dann im Veränderungsprozeß schrittweise umgestalteten.

Behandlungstechnische Überlegungen

Ein Behandlungsverlauf, der – wie wir beschrieben haben – aus verschiedenen Phasen besteht, stellt den Therapeuten vor unterschiedliche Aufgaben. Dabei sollte die jeweilige Behandlungstechnik den Therapieprozeß des betreffenden Patienten so gut wie möglich fördern. Bergmann (1998) hatte darauf hingewiesen, daß bisher „Psychoanalytiker eher damit beschäftigt (waren), was mit der Analyse erreicht werden sollte, als damit, was sie tatsächlich erreichen kann" (S. 311). Entsprechend wollen wir hier nicht therapeutische Zielsetzungen bei dieser Patientengruppe diskutieren, sondern Überlegungen zu einer phasenbezogenen Behandlungstechnik anstellen.

In *Phase I* beschrieben wir zunächst Auswirkungen des stationären Settings auf den Patienten, bevor er eine Beziehung zum Therapeuten eingeht. Dies vermag der Therapeut direkt nicht zu beeinflussen; aber indirekt kann er darauf einwirken, wie der Patient in der Klinik aufgenommen wird. Denn die Klinik stellt sich dem Patienten bei seiner Aufnahme nicht nur in ihrem äußeren Gewand vor, sondern wird auch repräsentiert durch Mitarbeiter aus Verwaltung, Hauswirtschaft und Pflege, durch bestimmte Hausregeln und durch eine eigene „Atmosphäre", die von Mitpatienten ebenso wie von Mitarbeitern gestaltet wird. Bei den drei mißlungenen Therapien ergaben sich Schwierigkeiten in der Compliance schon bei der ersten Kontaktaufnahme.–
Lernt der Patient am Tag seiner Aufnahme seinen Therapeuten kennen, kann sich seine Übertragungsbereitschaft auf ihn richten. Dies wird in den folgenden Tagen unterstützt, wenn der Therapeut ihm durch ein häufiges (möglichst tägliches) Kontaktangebot signalisiert, daß er sich für seine Leiden, Erwartungen und Ängste interessiert; störend für die Übertragungsbereitschaft des Patienten wäre es allerdings, schon jetzt den Patienten mit seinen illusionären Vorstellungen zu konfrontieren. Die Anfangsphantasien des Patienten sind auch diagnostisch aufschlußreich im Hinblick auf seine Beziehungswünsche und Abwehrformationen.
Die zu Beginn notwendige Regression des Patienten wird dann verhindert, wenn der Therapeut sich rar macht oder – vielleicht aufgrund von Überlastung oder Antipathie – uninteressiert erscheint. Dies wirkt sich in dieser und der folgenden Phase darin aus, daß der Patient sich andere Übertra-

gungsobjekte (Mitpatienten, sonstige Mitarbeiter der Klinik) sucht oder die Therapie abbricht; denn in einer anderen Untersuchung stellten wir fest, daß die Quote der Abbrüche in den ersten beiden Wochen nach Aufnahme in der Klinik am höchsten ist (Ruff u. Werner 1988). Die Übertragungsbereitschaft auf den Therapeuten wird auch gestört, wenn der anfängliche Therapeut schon bald nach Aufnahme des Patienten in Urlaub geht.

Während der *Phase II* sucht sich der Patient in der Klinik einzurichten. Wenn er eine positive Übertragung auf seinen Behandler entwickelt, kann er an die psychotherapeutische Arbeitsweise herangeführt werden. Dazu dient vor allem das Erheben seiner Anamnese, was allerdings nicht in einem Abfragen lebensgeschichtlicher Daten bestehen sollte. Vielmehr ist es notwendig, daß sich der Therapeut in einem eher identifikatorischen Vorgehen mit der Sicht und der Sprache des Patienten vertraut macht, ohne dessen neurotischen Überzeugungen zuzustimmen. Mehrere Patienten testeten ihren Therapeuten daraufhin, ob er ihre Schwierigkeiten ernst nahm und verstand, ohne sich von ihnen verwickeln zu lassen. Dazu ist gerade in dieser Phase wichtig, daß sich der Therapeut mit anderen Mitgliedern des Stationsteams über ihre Eindrücke von dem Patienten austauscht. Der Patient inszeniert nämlich zunehmend seine neurotischen Verhaltensweisen in Beziehungen zu anderen, was gegen Ende dieser Phase zu einem Widerstand gegen die Behandlung werden kann. Durch die Zusammenarbeit im Team kann auch deutlich werden, welche Beziehungen der Patient möglicherweise in der Therapie verschweigt und wie sich die Übertragung vom Therapeuten auf andere Personen verlagert.

Die gefestigte Therapiemotivation des Patienten in *Phase III* ermöglicht ihm nun, Deutungen seines Therapeuten zu verstehen. Der Therapieprozeß wird dadurch gefördert, daß der Konflikt des Patienten in verschiedenen aktuellen Situationen als Reinszenierung verstanden und angesprochen wird und daß Parallelen zu biographischen Konstellationen mit dem Patienten überlegt werden. Dies erlebt der Patient zwar als belastend, aber die damit verbundenen Gefühle von Unlust, Angst, Beschämung und Ärger bedrohen nicht mehr die therapeutische Beziehung, weil der Patient seinen Konflikt inzwischen als einen inneren anzuerkennen und die Notwendigkeit einer therapeutischen Hilfestellung zu akzeptieren vermag. Auch den Widerspruch zwischen seinen bestehenden neurotischen Reaktionsweisen, die er mittlerweile als untauglich zum Erreichen seiner Ziele betrachten kann, und neuen, aber ihm noch nicht möglichen Strategien kann der Therapeut mit ihm jetzt herausarbeiten.

Die therapeutische Krise während der *Phase IV* ist notwendige Folge des zunehmenden Leidensdrucks des Patienten. Es bedarf keiner besonderen Intervention des Therapeuten, um sie hervorzurufen. Würde man eine krisenhafte Konstellation für den Patienten ausdrücklich inszenieren, könnte der Patient dies als Vertrauensbruch erleben, was die therapeutische Beziehung beschädigte. Es geht vielmehr darum, daß der Therapeut die Krise überhaupt bemerkt und therapeutisch aufgreift. Denn diese Krise ist ein spontan auftretendes Geschehen, das sich auch außerhalb der therapeutischen Beziehung ereignen kann. Zwar sollte der Therapeut eine derartige Krisensituation nicht provozieren, aber er sollte sich der krisenauslösenden Wirkung bestimmter therapeutischer Vorgehensweisen bewußt sein. Dieses trifft z. B. zu auf die Vereinbarung des Entlassungstermins; aber auch Verordnungen bestimmter Begleittherapien oder gezielte Vereinbarungen (z. B. bzgl. Alkoholgenusses oder Kontaktverzichts zur Familie) können je nach spezifischem Konflikt des Patienten krisenauslösend wirken. Da eine derartige Krise in dieser Phase des Therapieprozesses notwendig ist für den weiteren Behandlungsverlauf, könnte es dem Therapeuten mit diesem Wissen leichter fallen, entsprechende Entscheidungen zu treffen. Er könnte dann auch die krisenhafte Reaktion des Patienten gelassen auffangen und als einen wichtigen Schritt für die Entwicklung des Patienten nutzen. Die therapeutische Krise wird vom Patienten als bedeutungsvoll erlebt und im Abschlußinterview spontan ausführlich berichtet; der Therapeut muß sie aufgreifen, was unserer Beobachtung nach auch jeweils geschehen war. Die in den vorangegangenen Therapiephasen gewonnenen Einsichten des Patienten in seinen Konflikt und in seine bisherigen Lösungsstrategien werden für ihn jetzt durch die therapeutische Krise erlebbar, also emotional zugänglich. Das wiederum ermöglicht ihm künftig, seine automatisch ablaufenden, neurotischen Reaktionen schon in ihrem Ansatz zu bemerken und andere, in der Therapie erarbeitete Formen einer Konfliktlösung zu suchen und umzusetzen.

Phase V: Wollte man versuchen, verschiedene Phasen behandlungstechnisch bestimmten Schulen zuzuordnen, dann träfen auf Phase II am ehesten die therapeutischen Empfehlungen von Kohut zu. Ein konfrontierendes Vorgehen im Sinne von Kernberg käme mehr für die Phasen III und IV in Frage. Dagegen raten wir in Phase V zu einem mehr ich-psychologischen Vorgehen. Denn jetzt braucht der Patient die verständnisvolle Hilfe und Unterstützung seines Therapeuten, um die neue, in der therapeutischen Krise erfahrende Möglichkeit zur Bewältigung seines Konfliktes in verschiedenen Situationen auszuprobieren. Dabei entwickeln Patienten Vermeidungsstrategien, die thematisiert werden sollten. Auch das Schwanken zwischen alten und neuen Konfliktlösungen muß dem Patienten verdeutlicht werden als einen unumgänglichen Schritt in seiner Entwicklung, welche Zeit und Übung braucht. Häufig reagieren Patienten nicht nur ungeduldig, sondern auch beschämt und mit Selbstvorwürfen, wenn sie in gewohnte Verhaltensmuster, die sie als schädlich oder falsch erkannt haben, zurückfallen; andere Patienten neigen dazu, solche „Rückfälle" ihrem Therapeuten zu verschweigen. Um so wichtiger ist es, daß der Therapeut sich als Hilfs-Ich und damit Überich-entlastend anbietet, womit er den Prozeß des Durcharbeitens fördert. Je nach Chronifizierung, Ausmaß der Symptomatik und sekundärem Krankheitsgewinn macht dieses Durcharbeiten einen großen Teil der therapeutischen Arbeit in dieser Phase aus. Hilfreich dürfte es auch sein, dem Patienten die Entwicklung der Ablösung von seinen neurotischen Strategien zu erläutern, weil sich dieser Prozeß auch nach der Beendigung der Psychotherapie fortsetzt, wie wir in katamnestischen Untersuchungen feststellen konnten (Leikert u. Ruff 1997).

In *Phase VI* beginnt der Patient sich von der Klinik zu lösen und sich wieder seinem bisherigen Umfeld zuzuwenden. Wie in der ambulanten Psychotherapie ist es auch in der stationären schwierig, den angemessenen Zeitpunkt für die Beendigung der Behandlung zu finden. Ferenczi, der sich 1927 als erster mit dieser Frage beschäftigte, meinte:

„Die richtige Beendigung einer Analyse ist wohl die, bei der weder der Arzt noch der Patient kündigt; die Analyse soll sozusagen an Erschöpfung sterben ... Ein wirklich geheilter Patient löst sich langsam, aber sicher von der Analyse los ..." (S. 234f).

Zwar kann in der stationären Psychotherapie selten von einer „wirklichen Heilung" gesprochen werden (wobei offen bleiben kann, was darunter zu verstehen ist). Dennoch signalisieren gerade neurotisch gestörte Patienten in einer gelungenen stationären Psychotherapie ihrem Therapeuten nicht selten, wenn sie sich stark genug fühlen, wieder in ihren Alltag zurückzukehren. Frühere katamnestische Untersuchungen von uns zeigten, daß Patienten mit neurotischen Störungen häufiger ein gutes Gespür dafür hatten, ob sie weitere Behandlung brauchten; denn obwohl ihre Therapeuten ihnen zu weiterer ambulanter Psychotherapie geraten hatten, verzichteten Patienten oft darauf – und meisterten trotzdem ihren Alltag oder griffen auf diese Empfehlung erst dann zurück, wenn sie erneut in eine spezifische Krisensituation kamen (Ruff u. Leikert 1995). In Anlehnung an Brenner wies Bergmann (1998) auf ein Kriterium hin, daß sich auch in unserer Untersuchung als zentral für die Beendigung der psychotherapeutischen Behandlung herausgestellt hat, nämlich auf die Veränderung, die sich im Umgehen des Patienten mit seinem Grundkonflikt zeigt:

„Der Konflikt verliert seine Bedeutung, a) wenn er nicht mehr in Symptomen oder Charakterzügen zum Ausdruck kommt; b) wenn der Mißbrauch der Realität als eine Arena zum Agieren des psychischen Konfliktes aufgehört hat; c) wenn Angst und depressive Affekte die innerpsychische Szenerie nicht länger beherrschen. Dies kann sich aber nur einstellen, wenn das Ich ... stark genug geworden ist, um die anderen intrapsychischen Instanzen zu beherrschen" (S. 313f).

Ist also das Ich des Patienten ausreichend fähig, sich typischen Konfliktsituationen in der Klinik stellen zu können, dann wird es Zeit für den Patienten, den Blick von der Klinik weg wieder auf sein ursprüngliches Zuhause zu wenden. Der Trennungsprozeß des Patienten kann dadurch gefördert werden, daß der Therapeut auf die den Patienten erwartende Alltagsrealität fokussiert und Lösungsmöglichkeiten für frühere Konfliktsituationen mit dem Patienten überlegt, damit dieser sie antizipierend auf wiederkehrende Erlebnisse anwenden kann; notwendig sind dazu oft Wochenendurlaube des Patienten zuhause, die in der Psychotherapie nachbesprochen werden können. Wenn der Therapeut mit dem Patienten schließlich Verlauf und Ergebnisse der Therapie bedenkt, hilft er ihm, das eigene Urteil zu überprüfen.

Dazu gehört auch das gemeinsame Abwägen, ob eine tagesklinische oder ambulante Weiterbehandlung notwendig ist. Trennung bedeutet Aufgeben von Gegenwärtigem und Hinwendung auf Zukünftiges. Wenn das Zukünftige Aussicht auf Besseres verspricht, ist Trennung weniger schwierig. Das gleiche gilt, wenn von dem Gegenwärtigen etwas so verinnerlicht wird, daß es in das Zukünftige mitgenommen werden kann. War für den Patienten die Beziehung zu seinem Therapeuten wichtig und hilfreich, wird er sie teilweise internalisiert mitnehmen, so daß der Trennungsprozeß nicht mit einer völligen Auflösung der Übertragung enden wird (vgl.Bergmann 1998, Pfeffer 1961). Wenn also der Psychotherapeut „als ein Objekt für eine dauerhafte Identifizierung des Ich mit dem Objekt innerhalb des Bereichs der autonomen Ichfunktionen bewahrt" werden kann (Zetzel, zit. n. Bergmann, S. 313), heißt es für den Patienten Abschied zu nehmen von der Realität gegenwärtiger Beziehungen und somit zu trauern über die künftig derart nicht mehr mögliche Wirklichkeit. Dieser Trauerprozeß wird dadurch erleichtert, daß der Patient zuvor schon mit der Entlassung von Mitpatienten konfrontiert war, die ihm Beispiele für ein Abschiednehmen gaben. Einige Patienten erleben – für alle sichtbar – ihren Abschied von den Mitpatienten und Therapeuten recht intensiv, andere müssen darauf angesprochen werden. Gerade eine gemeinsame Rückschau auf den Behandlungsprozeß kann nicht nur der Integration der Therapieerfahrung dienen, sondern auch das Aufkommen von Trauer (zusammen mit Zuversicht) begünstigen. Je mehr die Trennung von Beziehungen in der Klinik während der Psychotherapie angesprochen und bearbeitet werden konnte, desto milder fällt die Ablösungskrise aus, die sich nach der Therapie zu Hause regelmäßig ereignet (Ruff u. Leikert 1995).

Kapitel 4

Therapieverläufe
bei psychosomatischen Störungen

Einleitung

Im Hinblick auf psychosomatische Erkrankungen hat die psychoanalytische Forschung noch nicht einen vergleichbaren Wissensstand erreicht wie für psychoneurotische Störungen, auch wenn gerade in den letzten Jahren zahlreiche Veröffentlichungen zur Psychosomatischen Medizin erschienen sind, worauf wir noch ausführlich bei der Darstellung unserer Hypothesenbildung zurückkommen werden.

Ausgehend von möglichst unbeeinflußten Berichten psychosomatisch erkrankter Patienten über ihre stationären Behandlungen suchten wir den Ablauf der Therapie in ihren einzelnen Abschnitten zu erfassen und bestimmte Aspekte der Persönlichkeitsorganisation dieser Patientengruppe in ihrem Zusammenhang mit spezifischen psychotherapeutischen Zielen zu studieren. Wir verfolgten dabei folgende Fragestellungen:

- Welche Phasen lassen sich bei Therapien psychosomatischer Patienten beschreiben?
- Welche Aspekte der Persönlichkeitsorganisation korrespondieren mit welchen Therapiezielen?
- Welche Aspekte der Persönlichkeitsorganisation ermöglichen den Übergang zu einer konfliktzentrierten psychoanalytischen Therapie?

Beschreibung der Stichprobe

Wir untersuchten 16 Patienten (9 Frauen und 7 Männer), die von niedergelassenen Ärzten eingewiesen und in der psychosomatischen Abteilung der Klinik Wittgenstein durchschnittlich 10,4 Wochen lang behandelt wurden. Das Durchschnittsalter betrug 44,8 Jahre. Die meisten Patienten waren sozial und beruflich gut integriert. Diagnostisch überwogen somatoforme Störungen (ICD-10 F45), die gehäuft mit depressiven Störungen (ICD-10 F33) verbunden waren (Abbildung 4.1). Neben verschiedenen somatischen Begleiterkrankungen (wie z. B. Bronchitiden) litten 2 Patientinnen an einer Multiplen Sklerose (ICD-10 G35). Für die Untersuchung wurden die Patienten nach dem Zufallsprinzip ausgewählt.

Nennungen	Diagnosen nach ICD-10 (bei n = 16 oft Multimobidität)	
1	F33.0	leichte rezidivierende depressive Störung
6	F33.1	mittelgradige rezidivierende depressive Störung
3	F33.2	schwere rezidivierende depressive Störung
2	F40.0	Agoraphobie
4	F45.0	Somatisierungsstörung
5	F45.1	undifferenzierte Somatisierungsstörung
1	F45.2	Hypochondrische Störung
4	F45.3	somatoforme autonome Funktionsstörung
1	F45.8	sonstige somatoforme Störung
1	F50.0	Anorexia nervosa
1	F50.2	Bulimia
2	F62.0	andauernde Persönlichkeitsänderung nach Extrembelastung

Abb. 4.1: Diagnose-Nennungen nach ICD-10 (ohne somatische Diagnosen)*

Die Zuweisung zur psychosomatischen Abteilung mit ihren 3 Stationen erfolgte, wenn die Patienten während unserer 4-tägigen stationären Vorunter-

---

* Wir differenzierten dabei nicht ausdrücklich zwischen Patienten mit funktionellen Körperbeschwerden und solchen, bei denen z. B. aufgrund chronisch-entzündlicher Prozesse schon eine Organschädigung eingetreten war.

125

suchung (Ruff 1983) bei ihrer Krankheitsschilderung ihr Leiden an körperlichen Beschwerden in den Vordergrund stellten und sich einen Zusammenhang mit konflikthaftem Erleben (auch nach entsprechenden Hinweisen) nicht vorstellen konnten. Nach der Diagnose des im Vordergrund stehenden Konfliktes und der Persönlichkeitsstruktur des Patienten erfolgte die Therapie auf der psychosomatischen Abteilung im Rahmen eines individuell erstellten Gesamtbehandlungsplanes (Heigl 1981). Zu diesem behandlungsmethodische Konzept gehört neben ich-stützenden Behandlungstechniken im wesentlichen die psychoanalytische Einzeltherapie, die je nach klinischer Notwendigkeit hinsichtlich Sitzungsfrequenz und Behandlungsdauer variabel gestaltet wird. Dabei wird auf den aktuell wirksamen Konflikt des Patienten zentriert und auf dessen interaktionelle Darstellung innerhalb und außerhalb der therapeutischen Beziehung geachtet. Die therapeutischen Interventionen richten sich insbesondere auf das Klarifizieren des auf den Konflikt bezogenen Materials, auf das Identifizieren von Affekten und auf die Suche nach intrapsychischen oder interpersonellen Kompromissen (vgl. Heigl-Evers u. Heigl 1982). Diese Einzelpsychotherapie wird ergänzt durch eine wöchentliche themenzentrierte interaktionelle Gruppenpsychotherapie, in der vor allem auf das interaktionelle Beziehungsmuster in der Gruppe fokussiert und die psychosozialen Kompromißbildungen angesprochen werden (Heigl-Evers u. Streeck 1985). Den notwendigen Körperbezug vermitteln verschiedene Formen der Gestaltungs- und Bewegungstherapie, sowie physiotherapeutische Anwendungen. Somatische Erkrankungen werden medikamentös behandelt und stärkere körperliche Beschwerden medikamentös gelindert.

Die Psychotherapeuten der psychosomatischen Abteilung, von denen jeder 6 - 8 Patienten behandelt, sind – wie auf den anderen Abteilungen – Ärzte und Diplom-Psychologen mit mehrjähriger Berufserfahrung; sie sind entweder in psychoanalytischer Weiterbildung oder in Weiterbildung zum Facharzt für Psychotherapeutische Medizin. Sie bilden mit den Krankenschwestern und -pflegern, die entweder in der Weiterbildung zur Fachkraft in Psychiatrie und Psychotherapie sind oder diese abgeschlossen haben, auf jeder Station ein eigenes Team, das sich zusammen mit den ebenfalls langjährig tätigen Gestaltungs-, Bewegungs- und Physiotherapeuten regelmäßig zum Austausch über die Patienten trifft und durch einen externen Psychoanalytiker in wöchentlichen Sitzungen supervidiert wird. Der leitende Abteilungsarzt sieht die Patienten in regelmäßigen Visiten, Zweitsichten und Fallkonferenzen. Das inhaltliche Konzept der Abteilung sieht vor, daß die Ärzte ihre Patienten nicht nur psychotherapeutisch, sondern auch medizinisch versorgen. Damit sie auch die ärztliche Versorgung von Patienten der Diplom-Psychologen gewährleisten können, betreuen sie weniger Patienten psychotherapeutisch als diese. Das bisherige Konzept der Abteilung wurde bei unserer Untersuchung als vorgegeben hingenommen, sollte aber durch die Untersuchung abgesichert werden. An dem Untersuchungsdesign nahmen keine Mitarbeiter der Abteilung teil; weder wurde vorher mit ihnen über die Untersuchung inhaltlich gesprochen, noch wurden ihnen während der Untersuchung Ergebnisse daraus mitgeteilt.

Hypothesen der Untersuchung

Bevor wir mit der Untersuchung konkreter Verläufe begannen, hielten wir explizit unsere Hypothesen im Hinblick auf den Verlauf von Therapien mit psychosomatisch gestörten Patienten fest. Wir gingen dabei von einer Abfolge aufeinander aufbauender Schritte aus. Neben den eigenen klinischen Erfahrungen nutzten wir die einschlägige Literatur.

Zahlreiche Autoren (z.B. Frommer 1996) erklärten die Psychodynamik psychosomatischer Erkrankungen aus einer pathologischen Entwicklung von Ich und Überich. So führte auch Bastiaans (1985) die auffallende Überich-Starre psychosomatisch Erkrankter zurück auf „eine strenge Gewissensstruktur" mit normativen Elternintrojekten sowie auf ein „mehr oder weniger entwickeltes Ich-Ideal" (S. 89). Er vermutete, daß die verschiedene Ausprägung psychosomatischer Krankheitsbilder von Unterschieden in der Idealentwicklung bestimmt werde (1977). Ihre Ich-Struktur sei „sowohl von sehr gesunden und starken Aspekten gekennzeichnet als auch von 'schwachen' Aspekten"; letztere fänden sich vor allem „in einem defizienten Zusammenspiel der rationalen und gefühlsmäßigen Funktionen" und in einer unvollständig entwickelten intregrativen Ich-Funktion (1985, S. 90). Hemmungen von Ich-Funktionen erklärte Bastiaans insbesondere durch den

„Druck des strengen und idealistischen Überichs", woraus dann eine „selbstzentrierte Haltung" im Dienste von Selbstverteidigung oder Selbstbehauptung resultiere (1977, S. 242f).

So sehr diese Beschreibungen oft mit dem klinischen Befund bei psychosomatisch Kranken übereinstimmen, so schwierig bleibt der Versuch, das psychosomatische Erscheinungsbild unter einem entwicklungspathologischen Gesichtspunkt zu erfassen und zu verstehen. Auch der Versuch einiger Autoren (z. B. Ermann 1987), die Persönlichkeit von Patienten mit organisch-psychosomatischen Krankheiten mittels des Konzepts der Grundstörung (Balint 1970) zu fassen, bleibt unbefriedigend. Denn die Beziehung zwischen gestörtem Selbstgefühl, Objektangewiesenheit und Überich-Pathologie wird nicht näher erläutert.

In ihren Krankheitsvorstellungen übertragen gerade psychosomatisch Kranke das in der Medizin vorherrschende somatisch-medizinische Krankheitsmodell auf ihre psychosomatischen Störungen. Denn sie suchen zunächst einen Begriff oder eine „Vorstellung von dem zu bekommen, unter dem sie leiden" (Porsch 1997,S. 259). Sobald ihnen ein Arzt einen Namen für ihr Leiden gegeben hat und sie dadurch ihre Erkrankung auch auf ein bestimmtes Körperorgan lokalisieren können, geht es ihnen häufig etwas besser und das „doctor shopping" mindert sich. Gefördert wird damit allerdings der Wunsch dieser Patienten nach organmedizinischer Versorgung und eine diffus bleibende Hoffnung auf Gespräche (Schöl u. Künsebeck 1984). Entsprechend verstanden wir die Erwartungen psychosomatisch Kranker zu Beginn ihrer stationären Behandlung nicht als Wunsch nach heilender Beziehung, sondern eher nach einem symptomlindernden Mittel, das global auch die Klinik mit ihrer medizinischen Ausstattung sein kann.

Wenn auch das Konzept der „Alexithymie" (Sifneos 1973) als Erklärungsmodell für psychosomatische Krankheitsbilder nicht mehr zu halten ist (Ahrens 1988), so finden sich bei Patienten, deren Krankheitsvorstellung durch ein somatisch-medizinisches Modell geprägt ist, Auffälligkeiten, die sich in einem operationalen Denken (Marty u. de M'Uzan 1963) mit der Unfähigkeit, eigene Affekte wahrzunehmen und auszudrücken, sowie in spezifischen Störungen der Objektbeziehungen und der Körperbezogenheit zeigen. Wie beim „Typus Melancholicus" nahm Frommer (1996) bei der „Alexithymen Persönlichkeit" einerseits eine Dominanz struktureller Normen und Werte, andererseits ein gering integriertes Selbstkonzept ohne ausreichende Vermittlung von Triebansprüchen und soziokulturellen Anforderungen an.

Wir folgerten daraus, daß ein psychotherapeutischer Zugang an den Krankheitsvorstellungen des Patienten ansetzen muß, wobei zunächst auch sein Leiden und seine Symptomatik im Vordergrund stehen sollten. Wir erwarteten, daß der Patient sich je nach dem Grad der erlebten Symptomlinderung auf das weitere psychotherapeutische Vorgehen wird einlassen können. Die Symptomfixierung ist ebenfalls ein oft beschriebenes Merkmal psychosomatisch Kranker (Mitscherlich 1967). Die Notwendigkeit, gerade in der Anfangsphase der Therapie die Symptomatik zu würdigen, hob beispielsweise von Rad (1983) hervor. Schöttler (1981) meinte, daß ein Patient erst nach einer Linderung seiner Beschwerden eine erlebbare Beziehung zum Therapeuten aufnehmen könne. Diese sogenannte Vorbereitungsphase, die eher supportiven Charakter habe und der eigentlich psychoanalytischen Behandlung vorangehe (vgl. auch Küchenhoff 1995), wird allerdings in der Literatur nur unzureichend beschrieben und anscheinend im Therapieverlauf wenig gewichtet. Nach dieser Vorbereitungsphase, so vermuteten auch wir, käme der entscheidende Schritt in der Therapie. Dadurch, daß der Therapeut dem Patienten hilft, seine bisher somatisierten und nur diffus erlebten Spannungen in ihrer Bedeutung zu erkennen und auf situationsbedingte Gefühle zu beziehen, gewönne der Patient Zugang zu einem Konfliktverständnis. Letztlich liefe dieser Schritt auf eine Anerkennung innerer psychischer Wirklichkeit hinaus. An dieser Stelle erwarteten wir die entscheidende Krise in der Therapie.

Von einer psychosomatischen Krise in diesem Sinne sprach beispielsweise Widok (1977). Auch Küchenhoff (1995) beschrieb den Übergang zu einer „echten Beziehung", wobei – als dem entscheidenden und schwierigsten Schritt in der Behandlung eines psychosomatisch Kranken – diesem seine Affekte zugänglich würden. Entsprechend vermuteten auch wir eine Krise, wenn sich der Patient in seinem bisherigen Verständnis von äußerer und innerer Wirklichkeit verunsichert sieht. Häufig hatten wir schon in früheren Behandlungen psychosomatischer Patienten erfahren müssen, daß diese sich nur selten auf eine längere und tiefergehende Therapie einließen, sobald sich ihre Beschwerden deutlich gebessert hatten. Deswegen stellten wir die Frage, ob dies das Resultat eines behandlungstechnischen Fehlers (Schöttler 1981) oder ein typisches Faktum ist, was dann zu erklären wäre.

Im Hinblick auf die Beendigung der Therapie erwarteten wir – wie bei Patienten mit neurotischen Störungen – eine Symptomverschlechterung. Wir vermuteten aber, daß es zu keinem eigentlichen Trauerprozeß bei diesen Patienten kommen werde.

Diese Hypothesen wurden im Verlauf der Untersuchung teilweise bestätigt, teilweise widerlegt. Darüber hinaus tauchten neue unerwartete Aspekte auf, die uns zwangen, unsere Ausgangsvorstellungen zu revidieren, und die zu einem anderen Bezugssystem für die Einschätzung des Therapieerfolges führten. Zunächst sind aber noch einige konzeptuelle Erwägungen zum Verständnis notwendig.

Das Konfliktgeschehen bei psychosomatisch Erkrankten

In der psychoanalytischen Literatur wird übereinstimmend angenommen, daß es dann zu psychosomatischen Erkrankungen kommt, wenn Patienten in einen Konflikt zwischen ihrer Abhängigkeit vom Primärobjekt und Ablösungsprozessen geraten, weil bei einem dann drohendem Objektverlust „dem Ich die nötigen Kompensationsmechanismen fehlen" (Kutter 1988, S. 230). So wies Rudolf (1992) auf die „dyadische Verbundenheit zwischen dem noch ganz und gar nicht autonomen Selbst und seinem wichtigen Objekt" (S. 14) hin, die durch expansiv-aggressive Tendenzen gefährdet werde. Küchenhoff (1994) beschrieb ein ähnliches Dilemma: „Nähe mit anderen ist mit der Gefahr verbunden, daß das Selbst sich im anderen auflöst oder vom anderen vereinnahmt und aufgefressen wird. Sich einzulassen kann das Risiko beinhalten, plötzlich aufgegeben und allein gelassen zu werden" (S. 147). Ermann (1987) sprach von einem „Trennungs-Verselbständigungs-Konflikt mit der Ambivalenz zwischen Autonomie und Anklammerung" (S. 82). Dabei kann es sich noch nicht um eine psychische Autonomie im vollen Sinne handeln, sondern um eine erste, weitgehend körperlich vermittelte Ablösung vom mütterlichen Objekt. So ist bei psychosomatisch Kranken entweder eine fortbestehende enge Bindung an die Mutter zu beobachten

130

oder es finden sich bei ihren gegenwärtigen Partnern auffällige Übereinstimmungen mit wesentlichen Charakterzügen ihrer Mutter (Zepf 1981). Porsch (1997) betonte, daß „dem väterlichen Objekt nahezu eine gleichwertige Bedeutung zukommt wie dem mütterlichen" (S. 261). Entsprechend wird die psychosomatische Dekompensation dieser Patienten verbunden mit dem Verlust ihres primären Objekts und mit einem Gefühl des Aufgegeben-Seins (Engel u. Schmale 1969). Bei einem derartigen Verlust kann der psychosomatisch Kranke nicht oder kaum auf symbolisierte, innere Objekte zurückgreifen, so daß ein natürlicher Trauerprozeß nicht möglich ist (Freud 1917). Stattdessen muß er den Besetzungsentzug der Objektrepräsentanzen dadurch ausgleichen, daß er seinen Körper oder Teile davon überbesetzt. Das zeigt sich dann in der überstarken Fokussierung seiner Aufmerksamkeit auf den erkrankten Körperteil. Eine solche „wechselseitige Bedingtheit von Überbesetzung des Körpersymptoms und Besetzungsentzug der Objektrepräsentanzen" konnte Porsch (1997) durch seine Untersuchungen (mittels qualitativer Methoden) klar belegen (S. 244).

Die bei psychosomatisch reagierenden Menschen unzureichende Fähigkeit, auf Beziehungsverluste symbolisch zu reagieren, hatte bereits Ruesch (1948), ein Pionier der psychoanalytischen Forschung bei psychosomatischen Störungen, herausgehoben. Er war von 3 grundsätzlichen Möglichkeiten, auf Verluste zu reagieren, ausgegangen:

1. eine organische Antwort,
2. eine Antwort auf der Handlungsebene,
3. eine Antwort durch symbolisch vermittelte Kommunikation .

Der psychosomatisch Kranke, den Ruesch der von ihm beschriebenen infantilen Persönlichkeit zuordnete, könne auf Konflikte mit drohendem Verlust der Bezugsperson nur mit einer organischen Antwort reagieren. Insbesondere Rueschs Unterscheidung zwischen einer organischen Ebene und einer Handlungsebene halten wir für wichtig, weil der Körper als Schauplatz des psychosomatischen Syndroms hier eine bedeutsame Funktion hat; denn ein Wiedergewinnen eigener Aktivität kann auch ohne die Möglichkeit zu symbolischen Handlungen für den Patienten stabilisierend wirken.

Zunächst wollen wir der Frage nach der psychischen Autonomieentwicklung* nachgehen, wobei Ruesch (1948) kategorisch formulierte: „Die infantilen Persönlichkeiten können nur in engen Symbiosen mit anderen Personen leben, da sie keine eigene Identität besitzen" (S. 10). Wenn auch zu beobachten ist, daß psychosomatisch gestörte Patienten nur eine sehr labile eigene psychische Identität besitzen und sich durch übernommene, nicht wirklich integrierte Normen leiten lassen, so stimmen wir Ruesch jedoch nicht darin zu, daß die Beziehungen psychosomatisch Erkrankter zutreffend als Symbiosen zu beschreiben seien. Der psychosomatisch Kranke überläßt sich nur vordergründig einem anderen in der magisch getönten Hoffnung, daß dieser ihn heil machen werde. Zutiefst läßt er sich jedoch von dem Motto „allein zurechtkommen" leiten. Erst daraus ergibt sich ein Konflikt zwischen der Nähe des anderen, der durch seine phantasierte Wirkmächtigkeit beängstigend wird, und dem eigenen Streben nach absoluter Selbstbestimmung. Bastiaans (1985) sah in der Starre des weitüberhöhten Ich-Ideals die zentrale Störung bei Patienten mit psychosomatischen Störungen. In Übereinstimmung mit Marty und de M'Uzan (1963) verwies er auf die übermäßige Erziehung des Psychosomatikers zur Realität hin und auf die bei diesem fehlende Möglichkeit, symbolvermittelte Phantasien auszubilden. Das Ich-Ideal des Psychosomatikers beschrieb Bastiaans (1985) als „unverarbeitete kindliche ... Phantasien, wie man als Erwachsener aktiv funktionieren kann, verbunden mit Verleugnung der passiven Liebesbedürfnisse" (S. 90). Aus der Strenge und Starrheit dieses jede Abhängigkeit verleugnenden Ich-Ideals – bei gleichzeitig fehlender Möglichkeit des Ichs, dieses Ideal in situationsadäquater Weise zu relativieren – resultiere die schwierige innere Situation des psychosomatisch Kranken.

---

*Neben einer defizitären biographischen Entwicklung hatte schon Freud (1910) mit dem „somatischen Entgegenkommen" einen „konstitutionellen Anteil der Disposition zur Erkrankung an psychogenen und neurotischen Störungen", insbesondere bei der Hysterie angenommen (S. 102). Wenn wir hier nicht ausdrücklich auf konstitutionelle oder hereditäre Faktoren eingehen, so teilen wir doch die Vermutung vieler Autoren (z. B. Porsch 1997), daß diese – ebenso wie Entwicklungsstörungen – in jeweils unterschiedlicher Ausprägung bei psychosomatisch erkrankenden Menschen von Bedeutung sind.

Das System von Idealbildungen* ist bei psychosomatisch gestörten Patienten vor allem normenzentriert und verlangt unbedingten Gehorsam. Wenn das Ich dessen Forderungen nachkommt, erlebt sich der Patient als ausgeglichen. Denn seine rigiden und berechenbaren Idealbildungen gewähren ihm Schutz, wenn er sich loyal verhält. Diesen unterworfen, konnte sich sein Ich jedoch nur wenig entfalten. Gerade weil es genau weiß, was „man" tut, und was „sich" gehört, weiß es so wenig, was es selbst will, fühlt oder befürchtet. *So bleibt das Ich des Patienten mit psychosomatischen Störungen unfähig, sich in einen Konflikt mit seinen Idealbildungen zu begeben.* Aber auch sein Umgehen mit anderen (z. B. interpersonellen) Konflikten ist immer wieder als äußerst schwierig beschrieben worden (Mitscherlich 1967; von Rad 1983; Ermann 1987).

Dabei sind zwei weitere Schwierigkeiten zu nennen: Die oberste Maxime der Idealbildungen ist die eines (konfliktfreien) Funktionierens ähnlich dem eines Roboters. Psychosomatisch Kranke drücken diese Maxime manchmal in dem Wunsch aus, sie möchten wieder wie eine gut geölte Maschine funktionieren, deren Fehlfunktionieren aber nur mittels einer Abhilfe und Reparatur von außen behoben werden könne. So ist es für sie oft undenkbar, Konflikthaftigkeit als solche überhaupt anzuerkennen. Darüber hinaus werden die eigenen Idealbildungen als von quasi monolithischer Einheitlichkeit erlebt – anders als bei Patienten mit einer Borderlinestörung: diese erleben sich selbst als inkohärent; ihrer Ich-Spaltung entspricht eine Aufspaltung des Objekts in gute und böse Partialobjekte, was ihnen die Möglichkeit gibt, ihre inneren Objekte (Repräsentanzen) zu differenzieren und als relativ zu begreifen. Dagegen verhindern die Idealbildungen des psychosomatisch gestörten Patienten jede Relativierung und Differenzierung.

Die Autonomieentwicklung des psychosomatisch Erkrankten ist also a) durch das Verhältnis des Ichs zu den Idealbildungen, b) durch den Inhalt der Idealbildungen selbst und c) durch die strenge Einheitlichkeit der Idealbildungen behindert. Gleichzeitig fordern die Idealbildungen kategorisch eine

---

* Zum Ich-Ideal gehören „nicht nur Vorstellungen eines idealen Selbst, sondern auch Repräsentanzen idealer Objekte zusammen mit einem Kodex idealer Handlungen ..., so daß wir das Ich-Ideal besser als System von Idealbildungen ... bezeichnen" (Ruff 1999).

Autonomieentwicklung hin zur Selbstbestimmung, für die dann der Körper mißbraucht werden muß.

Vor seiner Erkrankung erlebte er seinen Körper als eine Selbstverständlichkeit, den zu beachten er nicht für wert gehalten und der zu seiner vollen Zufriedenheit zu funktionieren hatte, ohne daß er darüber auch nur hätte reflektieren müssen. Mit seiner Erkrankung zeigt sich bei einem solchen Patienten die spezifische Form eines Autonomie-Abhängigkeits-Konflikts. Dabei ist ihm eine stabile psychische Autonomie nicht möglich, weil diese nur durch symbolvermittelte Abgrenzung von anderen Objekten erreichbar ist*. Zum Verständnis der Bewertung des Körpers durch psychosomatisch Kranke ist die schon erwähnte Unterscheidung von Ruesch zwischen einer organischen, einer handlungsorientierten und einer symbolischen Ebene hilfreich. Mit seinem kranken Organismus erlebt sich der Patient als in unerträglichem Maße abhängig von diesem. Deswegen kommt es für ihn darauf an, mittels Handeln wieder zu einem gesunden, d. h. funktionstüchtigen und leistungsfähigen Körper zu gelangen. Denn dadurch wird sein innerer Einklang zwischen seinen von den Idealbildungen geforderten Normen und seinem Können/Wollen erneut hergestellt, was wiederum ihm das Erleben von Selbständigkeit und einer (relativen) Autonomie zu vermitteln vermag. In dem für ihn selbstverständlichen Erleben körperlicher Vitalität findet der Patient dann wieder die Möglichkeit, ein gewisses Maß an Autonomie innerhalb seiner psychischen Struktur zu finden, die jedoch eine stabile psychische Autonomie im eigentliche Sinne nicht erlaubt.

Entwicklungsgeschichtlich ist die psychische Besetzung des eigenen Körpers ein wichtiger Schritt zur Ablösung vom Primärobjekt. Für Freud (1923) war das Ich „vor allem ein körperliches, es ist nicht nur ein Oberflächenwesen, sondern selbst die Projektion einer Oberfläche" (S. 253). Das Ich konstituiert sich in Abgrenzung, zunächst indem es sich vom Primärobjekt zu unterscheiden sucht. Dieser Aspekt wurde in neuerer Zeit z. B. von

---

* Die Annahme mancher Autoren (z. B. Hirsch 1997, Kutter 1984), daß manche Patienten mit psychosomatischen Störungen zur Symbolisierung fähig seien, insofern sich im erkrankten Körperorgan konfliktreiche Objektbeziehungen und daraus resultierende negative Erfahrungen symbolisch verdichten würden, steht dazu nicht im Gegensatz; eine derartige symbolische Manifestation könnte durchaus erklären, warum psychosomatisch Kranke auf ihre Umgebung scheinbar autonom wirken.

Anzieu (1985) hervorgehoben: anfangs bestehe eine „Phantasie" von gemeinsamer Haut zwischen Primärobjekt und Subjekt, das sich dann ablöse und über die eigene Haut als eigenes Ich psychisch repräsentiere. Küchenhoff (1995) betonte die Bedeutung unbewußter Körperbilder in der psychoanalytischen Arbeit mit psychosomatisch Kranken und postulierte als Erfolgskriterium für den Therapieprozeß eine Veränderung dieser Körperbilder: von einer schadhaften, durchlöcherten Hautoberfläche zu einer intakten Körpergrenze. In seiner Entwicklung sieht sich der Mensch immer wieder mit den Grenzen der äußeren Realität und seinen inneren Möglichkeiten konfrontiert. „Je mehr das Ich sich entwickelt, ist das Ich-Werden in hohem Grad durch Wahrnehmung von Grenzen determiniert" (Bastiaans 1977, S. 251).

Neben dem Aspekt der Grenzsetzung hat das Erleben von Handlungsfähigkeit und körperlicher Vitalität eine ähnliche Bedeutung. Denn die Möglichkeit handelnd die Welt zu erkunden, ist ein wichtiger Schritt bei der Loslösung des Kindes von seiner Mutter. Dieser Aspekt wurde vor allem von Erikson (1959) herausgearbeitet. Das Erleben, sich von anderen abgrenzen und unabhängig von anderen selbst handeln zu können, bereitet eine Autonomie vor, die auch zur selbständigen Wertsetzung fähig wird (Ruff 1999).

Beziehungsgestaltung und Mechanismus der Symptombildung

Die Rigidität und Unangepaßtheit seiner Normen ermöglichen einem psychosomatisch Erkrankenden eine auch nur starre Beziehungsgestaltung. Die Beziehung zu einem anderen kann sich nicht in wechselseitiger Einflußnahme entwickeln, sie bleibt vielmehr geprägt durch die Verpflichtung auf die Normen eines inneren Objektes (Idealbildungen). Hieraus resultiert der funktionalisierte Charakter der Beziehung, der aber dem psychosomatisch Erkrankenden nicht zur gezielten Manipulation des anderen dient, weil er damit keine Teilziele zu einem individuellen, wechselnden Nutzen anstreben kann. Seine Verpflichtung auf die Realisierung seiner Normen, von denen er wie selbstverständlich annimmt, daß andere sie ebenso gültig und verpflichtend ansehen wie er, bestimmt stattdessen die Beziehungsgestaltung. Die oft als Alexithymie beschriebene Unfähigkeit, eigene Gefühle und Re-

135

gungen seines Gegenübers „lesen" zu können, dürfte auf diesem nicht hinterfragbaren Abhängigkeitsverhältnis zu seinen Idealbildungen beruhen.

Ergeben sich in Beziehungen Konstellationen, auf die der Normenkatalog nicht anwendbar ist, so vermag sich der psychosomatisch Erkrankende aufgrund seiner fehlenden Flexibilität nicht darauf einzustellen. Was mit Hilfe seiner Normen nicht faßbar zu werden vermag, kann symbolisch auch nicht repräsentiert, sondern nur somatisiert werden. Nur die Körperlichkeit steht all jenen Gefühlen zur Verfügung, die nicht dem Normenkatalog entsprechen – wie z. B. Verunsicherung, Angst, Ambivalenz. In derartigen konflikthaften affektiven Zuständen werden solche unbewußt bleibenden Emotionen durch einen körperlichen Prozeß ersetzt, was Ermann (1987) als „Regression in die somatische Erinnerung" verstand. Der Bereich des Körpers dient als Ersatzschauplatz, auf dem der nicht bearbeitbare und sprachlich-symbolisch nicht darstellbare Beziehungskonflikt unbewußt zum Krankheitsgeschehen wird, so daß Kutter (1988) sogar vom „Kampf um den Körper" sprach (S. 228).

Solche (auslösenden) Situationen können sich dann konstellieren, wenn der psychosomatisch Erkrankende den weit überhöhten Forderungen seiner Idealbildungen nicht mehr genügen kann oder wenn neue Ereignisse sich nicht mehr mit dem Normengefüge kontrollieren und beherrschen lassen oder wenn der Verlust eines Menschen droht, der in seiner Flexibilität einen Gegenpol für die rigiden Idealbildungen darstellte bzw. als Normenveränderer akzeptiert war. Der daraus resultierende Konflikt führt zu wachsender intrapsychischer Spannung, für die der psychosomatisch reagierende Patient an einer bestimmten Schwelle keine ausreichenden Entlastungsmöglichkeiten besitzt. Da die durch den Konflikt resultierende Ambivalenz nicht mehr ertragen werden kann, wird ein Anteil verschoben auf den Körper. Indem Körperfunktionen versagen, kommt es zu einer psychosomatischen Dekompensation, womit der psychosomatisch Kranke aber auch den Verlust an bisheriger Autonomie erleben muß. Dies zu ertragen wird ihm erleichtert durch die gesellschaftliche Übereinkunft, daß organisch Kranke entpflichtet sind von ihrem bisherigen Alltag und nur verpflichtet sind, alles Mögliche zur Wiedergesundung zu tun. Diese Verpflichtung bedeutet, sich dem Medizinbetrieb zu überantworten, was zu häufig invasiver Diagnostik führt. Das macht die unbewußten Phantasien verständlich, die wir in manchen sponta-

136

nen Berichten psychosomatisch Kranker als Metaphern von einem eindringenden Objekt und einer beschädigten Grenze fanden. Entsprechend beschrieben Küchenhoff (1992) und Frommer (1996) bei psychosomatischen Syndromen wenig differenzierte, archaische und stark an dem leiblichen Ausdruck gebundene Phantasien und Wünsche.

Die Hauptlinien unseres Konfliktverständnisses bei psychosomatisch Kranken, das wir in unseren Diskussionen über 16 Einzelverläufe gewonnen haben, lassen sich in folgenden Punkten zusammenfassen:

- es findet sich die besondere Form eines Autonomie-Abhängigkeits-Konfliktes.

- Die Autonomieentwicklung ist (abgesehen von konstitutionellen Faktoren) durch wenig differenzierte Idealbildungen behindert, die rigide introjizierte Normen beinhalten und vor allem die Symbolisierungs- und Konfliktfähigkeit des Ichs stark einschränken.

- Die Idealbildungen ersetzen eine nicht erfahrene empathische Beziehung, weil das Kleinkind an Stelle von vermittelnden Beziehungen vermutlich Personen erlebte, die seine körperlich ausgedrückten Bedürfnisse nur nach bestimmten Regeln (Normen) versorgten.

- Autonomiebestrebungen des auf niedriger Stufe der Integration stehenden Ichs (Kernberg 1975) erreichen nicht die sprachlich-symbolische Ebene, sondern bleiben an den Körper delegiert, der gleichsam wie ein Hilfsobjekt externalisiert und zugleich der uneingeschränkten Verfügung unterstellt erlebt wird.

- Kann das Ich nicht mehr den Normen der Idealbildungen entsprechen, so verliert es deren Schutz; ein Beziehungskonflikt wird zu einem Konflikt zwischen Ich und Idealbildungen, der nur in das Körperselbst verlagert werden kann, was zur Somatisierung des Konfliktes führt.

Auf diesem Hintergrund untersuchten wir die Therapieverläufe von 16 Patienten. 13 von ihnen zeigten in unterschiedlicher Ausprägung 5 Phasen (Abbildung 4.2).

I. **Heilungserwartung und Skepsis**
- Hoffnung auf Macht des Objekts, die Beschwerden zu lindern
- Erwartung auf Beschwerden zentriert, Entlastung vom Alltag

Erleben der Klinik als fürsorgliches Objekt

II. **Sich-Einrichten im Alltag der Klinik**
- Halt durch frühere Rollenerfahrung, Akzeptiert-Werden in der Therapie
- Einstellungsänderung durch teils enttäuschende Erlebnisse in der Klinik

Fähigkeit, Ansprüche an das Objekt zu reduzieren

III. **Aktivieren und Entwickeln von Ressourcen**
- Spannungen selbst regulieren, frühere Aktivitäten wiederaufgreifen
- Konturieren von Grenzen bei Übereinstimmen mit apersonalem Objekt

Sich dem Objekt entgegenstellen

IV. **Sichern von Ressourcen**
- Konturieren der Grenzen zum Objekt
- Zusammenhang zwischen Situation und Symptom

| Aktivieren von Ich-Funktionen | Krankheitsschutz durch wiedergewonnene Möglichkeit, Spannungen zu regulieren |

V. **Verlassen der Klinik**
- Gefühl von Gesundheit überwiegt Bereitschaft, sich weiter einzulassen
- Konkrete Pläne, den Alltag erneut zu gestalten

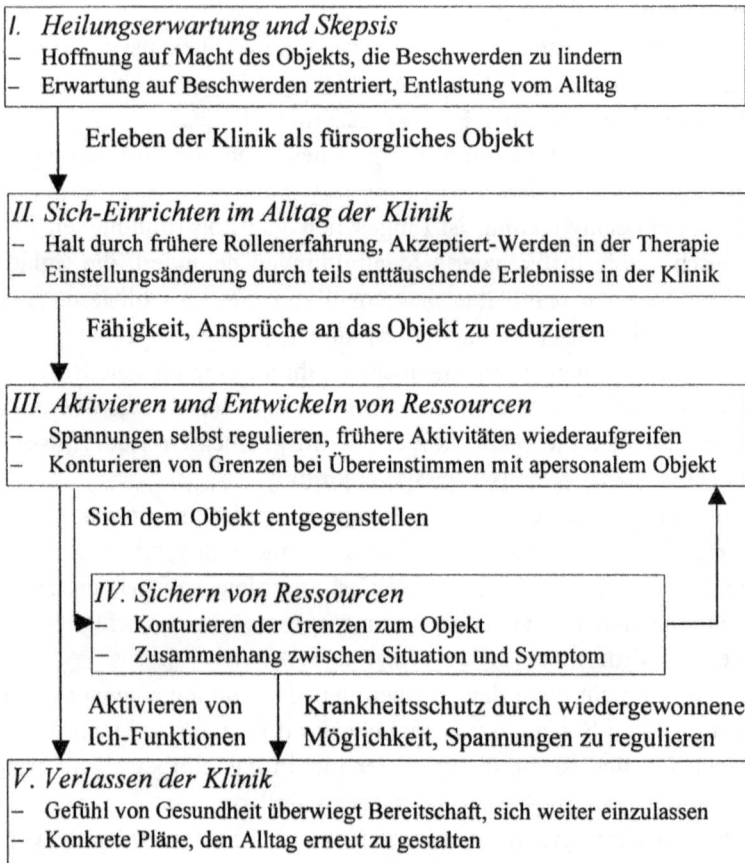

Abb. 4.2: Idealtypischer Therapieverlauf bei psychosomatischen Störungen

Die Ergebnisse unserer Untersuchungen

Phase I: Heilungserwartung und Skepsis

Schon seine Aufnahme zur stationären Psychotherapie bringt den psychosomatisch Kranken in eine (zusätzliche) unbewußt bleibende Ambivalenz. Einerseits erwartet er von der Klinik eine Heilung seiner somatisch erlebten Beschwerden. Andererseits haben die Mißerfolge vorangegangener somatischer Behandlungen ihn skeptisch gestimmt, ob ihm überhaupt noch geholfen werden könne. Aber nicht nur weil seine Heilserwartungen auf seinen Körper fixiert sind, sucht der Patient immer wieder Hilfe bei einem Organmediziner. Denn dieser vermittelt – gestützt auf die Apparatemedizin – eine scheinbar objektivierbare Kompetenz, die sich auf Normierungen und Standards gründet, was der Normorientierung des psychosomatisch Erkrankten entgegenkommt. Darüber hinaus ist eine organmedizinische Behandlung in der Regel mit „Eingriffen" verbunden, die den Körper gleichsam wieder zur Raison rufen, d. h. ihn wieder funktionstüchtig machen sollen – so wie ein Automechaniker durch seine Eingriffe in den Motor diesen wieder flott machen kann. Da für den psychosomatisch Kranken sein Körper in seinem Erleben exterritorial, d. h. ihm nicht innerlich zugehörig ist, besetzt er das eindringende Objekt auch dann nicht negativ, wenn es unwirksam bleibt – allerdings deuten Phantasien von Patienten darauf hin, daß eine Grenzverletzung wahrgenommen wird, wobei jedoch zu diskutieren ist, ob sich die Phantasie einer beschädigten Grenze nicht auf den außer Kontrolle geratenen, schadhaften Körper bezieht.

Die positive Besetzung der Klinik als Rahmen und insbesondere als „Autorität" (Heigl 1972) ist die Voraussetzung dafür, daß sich der Patient überhaupt auf den ungewissen, unsicheren Psychotherapie-Weg machen kann. Indem er die Klinik insgesamt als fürsorgliches Objekt besetzt, erwartet er von ihr Linderung seiner Beschwerden oder gar Heilung, nicht jedoch die Forderung, sich mit Konflikten bzw. seiner psychischen Realität auseinanderzusetzen. Daneben ist für ihn auch die Entlastung von seinen alltäglichen Verpflichtungen bedeutsam.

Phase II: Sich-Einrichten im Alltag der Klinik

Diese Phase wird im wesentlichen dadurch bestimmt, wie sich der Psychotherapeut auf die Erwartungen des Patienten einzustellen vermag. Versucht
der Therapeut, konfliktzentriert mit dem Patienten zu arbeiten, so fühlt sich
dieser nicht verstanden und reagiert mit Rückzug und – im günstigen Falle –
mit weiterer Suche nach Personen, die sich auf seine Erwartungen einstellen
können (z. B. Mitpatienten, Pflegepersonal, Begleittherapeuten). Gelegentlich reagieren Patienten dann mit einer verstärkten Symptomatik, was darauf
schließen läßt, daß sie das Drängen des Therapeuten, sich mit ihrer psychischen Realität zu beschäftigen, als unerträgliche neue Forderung erleben, die
unbewußt ihre Konflikthaftigkeit noch vergrößert. Gelingt es dem Psychotherapeuten dagegen, sich auf die körperlichen Symptome einzulassen und
mit dem Patienten nach Linderung seiner Beschwerden zu suchen, so kann
sich der anfängliche Kontakt zum Patienten vertiefen. Dadurch daß der Psychotherapeut auch an die Mitarbeit des Patienten appelliert, erfüllt er jedoch
dessen passive Erwartungen nach Übernahme der Versorgung und Verantwortung für seinen Körper zum Teil nicht.

So ist eine Enttäuschung des Patienten in dieser Phase zwar unvermeid-
lich, allerdings kommt es darauf an, wie groß diese ist und wie viel Frustrationstoleranz der Patient besitzt. Eine für ihn erträgliche, partielle Enttäuschung seiner Erwartungen ist die Voraussetzung dafür, daß der Patient sich
auf das Angebot des Therapeuten einlassen kann, aus der Fixierung auf seine bisherige normative Handlungsorientierung herauszufinden und diese zu
hinterfragen. Dies ermöglicht ihm, andere Normen und Handlungsmöglichkeiten, die in der Therapie vermittelt werden oder die er bei Mitpatienten
erlebt, zu erwägen, wobei häufig Erinnerungen an ähnliche Situationen –
wie frühere Kuren oder Urlaubssituationen – auftauchen. Darin wird er während dieser Phase durch eine Symptombesserung bestärkt, der eine Minde-
rung seiner inneren Spannung zugrundeliegt. Diese Spannungsentlastung ist
einerseits bedingt durch seinen Abstand vom bisherigen, oft pathogenen
Umfeld und andererseits durch das fürsorgliche Verhalten in der Klinik, was
der psychosomatisch Kranke oft am stärksten in den Anwendungen der physikalischen Therapie erlebt, weil diese sich gezielt und fast ausschließlich
mit seinem Körper beschäftigen. Dadurch spürt der Patient seinen Körper

nicht mehr nur als störend-schmerzhaft, sondern ansatzweise fähig, erneut belastet und funktionstüchtig zu werden. Diese Erfahrung wiederum ermöglicht dem Kranken, die partiellen Enttäuschungen in der therapeutischen Beziehung besser zu ertragen. So ist entscheidend für den Übergang in die nächste Phase die jetzt gewonnene Fähigkeit des Patienten, seine passiven Erwartungen und Ansprüche an das Objekt zu reduzieren und eigene Handlungsmöglichkeiten wieder positiv zu besetzen, was den Akzent von der total erlebten Abhängigkeit verschiebt zur Hoffnung, in der Wiedererlangung der Körperbeherrschung erneut Eigenständigkeit erleben zu können.

Phase III: Aktivieren und Entwickeln von Ressourcen

Der Patient beginnt nun, eigene Erfahrungen wieder aufzugreifen. Entsprechend früherer Rollenmuster werden Ressourcen wiederbelebt in der Hoffnung, langsam wieder „der Alte" werden zu können. Einige Patienten bauen auch schon bestehende Fähigkeiten (z. B. Schwimmen) aus.

In aller Regel werden Ressourcen aktiviert, die mit körperlicher Betätigung verbunden sind. So gab es keinen Patienten in der Studie, der nicht spontan darauf zu sprechen kam, wie wichtig ihm wieder das Spazierengehen geworden war und wie entspannend sich dies für ihn ausgewirkt habe. Einerseits beschreiben Patienten, wie sie die umgebende Natur wieder so wahrnahmen, als ob sie sich in der „Mutter Natur" eingebettet erlebten, ohne daß diese an sie Ansprüche und Forderungen anmeldete. Andererseits konnten sie sich in der Möglichkeit, Spannungen durch eigene körperliche Aktivität selbst wieder zu regulieren, als selbständiger erleben.

In dieser Phase scheinen die Patienten ihre Beziehungen zu anderen Menschen wieder nach jenem Muster zu gestalten, das ihnen schon vor ihrer Dekompensierung zu eigen war. Entsprechend konnten wir zwei verschiedene Entwicklungen beobachten.

5 Patienten unserer Stichprobe waren in ihrer Aktivität ganz auf ihre Mitpatienten bezogen. Im Gegensatz zu Patienten mit neurotischen Störungen interessierten sie sich nicht für die Probleme anderer. Stattdessen suchten sie den Kontakt zu ihren Mitpatienten, um sich von ihnen zu Unternehmungen anregen oder mitnehmen zu lassen. Zwar erlebten sie sich dabei als wieder gekräftigt und funktionstüchtiger, aber sie selbst waren nicht Ursprung ihrer

Handlungen und blieben abhängig von Objekten. Das führte später in Phase IV dazu, daß diese Patienten jene Prozesse, von denen wir einen posttherapeutischen Krankheitsschutz erwarten, nur teilweise und unvollständig bewältigen konnten.

7 andere Patienten unserer Stichprobe grenzten sich dagegen auffallend von Mitpatienten ab. Sie gingen beispielsweise allein spazieren, um ihr eigenes Tempo finden und bestimmen zu können; sie interessierten sich nicht für andere oder lehnten offen Gruppenbildungen auf der Station ab. Im Umgehen mit anderen entwickelten sie Strategien, mit denen sie sich besonders dann abzugrenzen vermochten, wenn sie von Konflikthaftem (z. B. von Problemen ihrer Mitpatienten) überrollt zu werden drohten. Ihr Interesse zielte im wesentlichen auf eigene Fortschritte und auf das Bewältigen ihres Alltags im Hinblick auf die Zeit nach ihrer Entlassung. Mit ihrer wiedererlangten Teilautonomie veränderten sich auch ihre Phantasien, in denen nicht mehr eindringend-verletzende Objekte im Vordergrund standen. Stattdessen wurden nun Szenarien phantasiert oder handelnd gestaltet, in denen der eigene Körper wieder eine intakte Grenze zu einem Objekt aufwies (was wir an Beispielen in den Kasuistiken noch aufzeigen werden).

Phase IV: Sichern von Ressourcen

Diesen Patienten, die sich während der vorangegangenen Phase von anderen abgrenzten, wurde es nun möglich, jene Strategien, die zu der Besserung ihrer Symptomatik geführt hatten, bewußter wahrzunehmen und gezielt einzuüben. Sie konnten deswegen auch den Zusammenhang zwischen einer bestimmten Situation und der daraus erwachsenden körperlichen Spannung ebenso eigenständig beschreiben oder in einer Metapher fassen wie Situationen, die ihnen ein Gefühl von körperlicher Entspannung ermöglichten.

In dieser Phase ließen sich keine neue Verhaltensweisen bei Patienten entdecken. Der wichtige Unterschied zur Phase III liegt in dem neuen Verhältnis, das ein Patient zu sich selbst entwickelte: Indem er sich abgrenzte, nahm er auch wahr, daß er sich abgrenzte. Oft fand er dafür ein Bild, das ihm half, sich mit ihm – wie mit einem Kompaß – anders und besser in Situationen zu orientieren, die zuvor seine Beschwerden verstärkt hatten, ohne daß er diesen Zusammenhang hätte erkennen können. Die Psychotherapie hatte ihm also ermöglicht, bestimmte Situationen als für ihn gefährlich, d. h. krankmachend zu verstehen, und ihm dadurch geholfen, Mittel zu suchen, die ihn entweder vor derartigen Situationen bewahren oder solche Situationen anders bewältigen lassen konnten. Wenn die Psychotherapie auch nicht dazu führte, daß der Patient die überhöhten und krankmachenden Normierungen seiner Idealbildungen in Frage stellen und damit eine Neuorientierung in seinem inneren Konflikt finden konnte, so kann sie nicht bloß als ich-stützend oder restaurativ bezeichnet werden. Denn über das Aktivieren von Ressourcen hinaus hat der Patient etwas hinzugewonnen: Er hat Mechanismen erkannt, die zu seiner Dekompensierung führen können und hat Möglichkeiten gefunden, sich selbst effektiv vor solchen Dekompensierungen zu schützen, wie sie dem Therapieaufenthalt regelmäßig vorangegangen waren. Dadurch vermochte er sich ähnlich wie früher als eigenständig, zu erleben, insofern ihm nun in bestimmten Situationen möglich wurde, sein psychosomatisches Gleichgewicht aufrechtzuerhalten. Die Tatsache, daß Patienten hierfür oft eine treffende Metapher fanden, werten wir – wie schon bei Patienten mit neurotischen Störungen – als Verdichtung des Veränderungsprozesses in der Therapie.

Die Phasen III und IV lassen sich zeitlich nicht leicht voneinander trennen, denn das experimentelle Entwickeln und das bewußte Sichern von Ressourcen geschieht in einem Kreisprozeß.

Phase V: Verlassen der Klinik

Der Patient beginnt, sich von der Klinik und den Therapeuten mehr und mehr abzugrenzen und dann nach Hause zu drängen, wenn seine Körperbeschwerden nur noch in einer für ihn erträglichen Weise auftreten und er sich sicher fühlt, die Restbeschwerden so im Griff zu haben, daß sie sich nicht mehr wieder ausweiten. Dies ist in der Regel nach 6 - 8 Wochen der Fall. Am Ende dieser Zeit wird es für einen psychosomatisch Kranken auch zunehmend schwieriger, sich in einer Psychotherapie-Klinik vor Auseinandersetzungen mit psychischen Konflikten anderer zu bewahren, womit er sich eigenen, tiefer gehenden Veränderungen aussetzen müßte. Es scheint so, daß diese Patienten die Möglichkeit einer erneuten Symptomverstärkung (die durch solche Auseinandersetzungen auftreten würde) zu diesem Zeitpunkt spüren oder zumindest als Gefahr ahnen; denn sie beschrieben in ihrem Abschlußinterview häufig, wie froh sie seien, die Klinik hinter sich lassen zu können. Das mag erklären, warum diese Patienten nur schwer zu einer längeren, eher konfliktzentrierten Behandlung zu motivieren sind.

Deswegen erlebten die von uns untersuchten Patienten beim Abschied von der Klinik keine Trauer, wobei allerdings die Wahrnehmung dieses Affektes bei psychosomatisch Erkrankten ohnehin eingeschränkt sein dürfte. Auch gingen sie keine persönlichen Beziehungen ein, von denen sie sich hätten verabschieden müssen. Manche Patienten sprachen zwar davon, daß sie die Gruppe als Ganze oder die Gegend um die Klinik vermissen würden – aber dies ist nicht als Trauerprozeß zu werten, sondern eher zu verstehen als phantasierten Verlust von Hilfsfunktionen, die die Gruppe oder die Landschaft für den Patienten gehabt hatten. Die Patienten waren vielmehr beim Abschied von der Klinik damit beschäftigt, wie sie die Änderungen, die sich während des Therapieverlaufes aus ihrer Aktivierung von Ressourcen und aus ihrem Erkennen von Schutzmöglichkeiten vor Dekompensierung ergeben hatten, in ihren Alltag übertragen könnten.

Diese idealtypische Beschreibung eines Therapieverlaufes wollen wir anhand von 3 Kasuistiken illustrieren. In der ersten Kasuistik stellen wir den Behandlungsprozeß eines jener 7 Patienten dar, bei denen wir alle beschriebenen Verlaufsphasen feststellen konnten.

Kasuistik I

Herr T., ein Speditionskaufmann, wurde im Alter von 54 Jahren wegen anfallsweisem Herzstolpern mit Schweißausbrüchen, „Kopfleere", Übelkeit, Konzentrationsschwierigkeiten und Krebsängsten (ICD-10 F45.2, F45.3) zur stationären Psychotherapie überwiesen; seine seit 6 Jahren bestehenden Beschwerden hätten schon zu vielen organmedizinischen Untersuchungen, die keine krankhaften Befunde ergaben, geführt. Biographisch relevant war ein Elternhaus mit einem wenig durchsetzungsfähigen, aber jähzornigen Vater und einer Mutter, die die Familie mittels Ängstlichkeit bestimmte. Selbständigkeit mit Vertrauen auf eigene Kräfte und konstruktiver Umgang mit Aggressivität schienen bei dem Patienten weder durch die Erziehung noch durch das Vorbild der Eltern gefördert worden zu sein. Der Patient entwikkelte forciert einen Leistungswillen, mit dem er immer erneut seine Eigenständigkeit und Nützlichkeit unter Beweis zu stellen versuchte. Schließlich dekompensierte er, als verschiedene Todesfälle in der Familie auftraten. Er verlor damit für ihn wichtige Bezugspersonen und mußte erleben, daß sich nicht alles entsprechend seines Leistungsideals bestimmen und festhalten läßt. Daraus resultierten auch berufliche Schwierigkeiten.

Wir formulierten folgende Konflikthypothese als „innere Formel" des Patienten (Dührssen 1972): „Einerseits bin ich abhängig von Orientierung und Ermutigung von seiten anderer, weil ich mir der Einschätzung meiner Kräfte unsicher bin. Andererseits will ich unabhängig sein und mich nicht durch andere bestimmen lassen, weil dies meinem Ideal permanenter Leistungsfähigkeit und Autonomie widerspricht. Wenn ich andere und vor allem meinen Körper nicht mehr bestimmen kann, erlebe ich Angst und kann mich nur durch Rückzug schützen."

Phase I:

Herr T. kam mit einer ausschließlich somatisch zentrierten Erwartung in die Klinik. Während seines 6wöchigen Aufenthaltes blieb er bei seiner Überzeugung, daß seine körperlichen Beschwerden letztlich eine somatische Ursache hätten und daß folglich die beste Therapie eine somatische sei. Seine Erwartung richtete sich an einen kompetenten Arzt, zu dem er eine intensive Beziehung suchte. Sein Status als Selbstzahler sollte dabei dessen Ansprüche abgelten. Auch seine Vorstellungen einer psychotherapeutischen Behandlung waren somatisch bestimmt. Herr T. hoffte, daß ihm mit Hilfe von Apparaten gezeigt würde, daß er sich keine Sorgen wegen seines Herzens machen müsse. Dabei war er auch mit einer ausgedehnten invasiven Diagnostik einverstanden, selbst wenn das einzige Ergebnis wäre, daß sein Herz, wie bereits aus vorangegangenen Untersuchungen bekannt, gesund sei. Der Patient sah den Behandler also in einer doppelten Funktion: Einerseits sollte er ihn beruhigen, auch wenn er ihn andererseits durch Belastungen mit einer medizinisch nutzlosen Diagnostik schädigte.

Phase II:

Es war für Herrn T. nicht einfach, sich in der Klinik einzuleben. Er kapselte sich vom Gemeinschaftsleben ab und zog sich auf sich selbst zurück, wobei er auffallend viele Diätvorschriften befolgte, die er in anderen Kliniken mit somatischem Therapiekonzept gelernt hatte. Ein Kontakt zu anderen kam hauptsächlich über seine Begleittherapien zustande. Seine Beziehung zum Psychotherapeuten erlebte er schon anfangs als enttäuschend, weil dessen Auftreten – ohne weißen Kittel – seinen Vorstellungen nicht entsprach. Auch sah er sich von ihm in seinem Verständnis seiner Krankheit und deren Behandlung nicht ernst genommen. Nach wenigen Tagen entwickelte Herr T. verstärkt herzphobische Symptome und verlangte eine sofortige EKG-Untersuchung. Als ihm diese mit dem Hinweis auf die bereits andernorts erfolgte ausführliche Diagnostik nicht gewährt wurde, reagierte Herr T. voller Unverständnis, aber auch wohl beschämt, weil er sich von seinem Therapeuten trotz eingestandener Hilfsbedürftigkeit im Stich gelassen und derart in seiner ganzen Person nicht ernst genommen erlebte. Vermutlich blieb er nur deswegen in der Klinik, weil er sofort seine Frau anrief, ihr sein Leid klagte und diese ihn zum Bleiben ermunterte. Seine Beschwerden besserten sich wieder. Nun versuchte der Therapeut erfolglos, mit ihm einen Zusammenhang herzustellen; der Patient lehnte jedoch alle möglichen Erklärungen einer Verbindung zwischen Symptomatik, Enttäuschung bzw. Unverstanden-Fühlen und Trost von seiten seiner Frau strikt ab.

Eine solche in der Behandlung psychosomatisch Kranker recht typische Klippe scheint sich immer dann zu ereignen, wenn der Patient mit der Zurückweisung seines medizinischen Versorgungsanspruches sich insgesamt nicht ernst genommen sieht und dabei in diffuser Weise ein Gefühl tiefer Beschämung erlebt. Hinzu kam hier auch, daß der Psychotherapeut vorschnell nun konfliktzentriert an dem Zusammenhang zwischen den Symptomen und der Situation arbeiten wollte, was der Patient wiederum als unbillige Forderung erlebte, die ihn darin bestärkte, daß sein Therapeut von seiner Erkrankung nichts verstand und ihn in seinen Beschwerden nicht wichtig genug nahm.

Zu einer Wende in der Therapie kam es, als Herr T. einen Vortrag über das Thema „Angst" hörte, den sein Psychotherapeut für alle Patienten der Klinik hielt. Dabei fühlte er sich nun wieder angesprochen, insofern er im

146

Vortrag eine Formel fand, die ihm hilfreich in seinem Kampf gegen seine Angst erschien. Für diese positive Wende scheinen 3 Komponenten wichtig. 1. Erlebte Herr T. seinen Psychotherapeuten in einer Fachkompetenz, die er ursprünglich, wenn auch wohl anders, erhofft hatte; dadurch entsprach dieser wieder den Normenvorstellungen seiner Idealbildungen. 2. Fand er in dem Vortrag seines Therapeuten einen Rat zu einer Eigenaktivität, insofern dieser Rat ihn zu einem aktiven Umgang mit seiner Angst ermunterte, dabei aber auch nicht die Schwierigkeiten davor und dabei verhehlte, was den Patienten entlastete. 3. War es eine Situation, die von einem gewohnten Rollenverständnis „Vortragender" und „Zuhörer" geprägt war, so daß Herr T. sich nicht als hilflos und seinen Therapeuten nicht als enttäuschend-beschämend erlebte, insofern dieser sich ihm nicht verweigerte oder von ihm etwas unmöglich Erscheinendes forderte.

Phase III:

So fand Herr T. eine Möglichkeit zu mehr Eigenaktivität und Selbständigkeit, die ihn zugleich unabhängiger von seinem Therapeuten und eventuellen weiteren Enttäuschungen zu machen versprach. Indem er feststellte, daß er die mit seiner Angst erlebten Körperbeschwerden selbst zu beeinflussen und sogar zu beherrschen vermochte, begann er, sich entsprechend seinem eigenen Rollenverständnis wieder funktionstüchtig zu erleben.

Im Abschlußinterview berichtete Herr T. ausführlich, wie er immer ausgedehntere Spaziergänge allein schaffte. Nur allein habe er den eigenen Rhythmus finden und das richtige Maß der Belastung ausprobieren können, natürlich auch dank seiner Ausstattung mittels Wanderstiefeln, Geld für die Rückfahrt mit einem Taxi, sowie seinem guten Orientierungssinn. Herr T. war stolz, daß er sich allein in den Wald „hineingewagt" hatte, daß nun er seinerseits in ein mächtig und unvertraut erscheinendes Objekt eingedrungen war. Und er war stolz darauf, daß er immer wieder zu einem Waldrand fand, daß er sich also an einer Grenzlinie orientieren konnte.

Das Thema der Grenze zu einem apersonalen Objekt verdichtete er in dem Bild seines Regenmantels, der ihn vor eindringendem Regen schützte. Indem er sich mit seinem Regenmantel wieder sowohl geschützt-begrenzt als auch funktionstüchtig fühlte, konnte er sich trotz Angstspannung und

147

daraus resultierenden Beschwerden der „Welt" stellen und sich in ihr wieder autonom erleben. Das Bild von seinem Regenmantel übertrug Herr T. auch auf seine Kontakte mit Mitpatienten. In Gesprächen habe er ihnen ja „nicht verbieten können, über Probleme zu reden" *. Er habe also gelernt, deren Probleme nicht in sich „hineinzuziehen wie ein Schwamm", sondern sich da „nicht weiter mit zu identifizieren, ... und ich hab das dann verglichen mit meinem Regenmantel, den ich im strömenden Regen angezogen habe und damit durch den Wald gegangen bin, da perlt das Wasser ab. Und so habe ich mir das dann auch gedacht, so muß das dann innerlich auch ablaufen." Beziehungen zu anderen konnte Herr T. nun tolerieren, wenn sie sich auf ein oberflächlich-geselliges Zusammensein beschränkten. Veränderungen in den Beziehungen zu Mitpatienten hatten wir in katamnestischen Untersuchungen von Patienten nach stationärer Psychotherapie als ein Kriterium für die Beurteilung des Therapieerfolges gefunden (Ruff u. Leikert 1994b). Die Aussagen von Herrn T. über seine Beziehungsgestaltung ermöglichen nun für psychosomatisch Kranke eine Präzisierung. Die Abwehr von Konflikthaftem, was dann von außen zu kommen scheint, ermöglicht dem Patienten zunächst die Übereinstimmung seines Ichs mit seinen Idealbildungen, die jede Konflikthaftigkeit verurteilen. Durch eine zusätzliche undurchlässige Hülle gegenüber anderen sichert sich der Patient seine von den Idealbildungen geforderte Autonomie. Denn den anderen mit seinen Problemen an sich heranzulassen, erlebt ein solcher Patient so, als würde er von einem schädlichen Agens durchdrungen, d. h. als wäre er ein Schwamm, der sich vollsaugt und dann untergeht. In diesem Sinne ist das Sich-Schützen vor tiefergehenden Beziehungen als Einüben einer sozialen Strategie zu verstehen, die das eigene psycho-somatische Gleichgewicht gewährleisten soll.

Diese Entwicklung – bei der anfangs die eigene Durchlässigkeit und das beschämende Wirksam-Werden eines anderen erlebt wurde, was dann zur Errichtung gesicherter Grenzen führte – war in Variationen bei jedem der 7 Patienten dieser Gruppe festzustellen. So äußerte eine Patientin, sie habe sich in der Klinik zunächst wie ein „Embryo" gefühlt, womit sie metaphorisch ihre passive Abhängigkeit und ihr Ausgeliefert-Sein an ein Objekt, das gutwillig sein muß, ausdrückte. Später im Therapieverlauf habe sie sich

---

* Zitate aus dem Abschlußinterview.

dann wie eine „Ente" gefühlt, „an der das Wasser abperlt". In ähnlicher Weise wie Herr T. übertrug sie dieses Bild auch auf ihr Umgehen mit Mitpatienten, wobei sie das „Vorbeihören" gelernt habe. Ein anderer Patient beschrieb sein anfängliches Erleben von Unabgegrenztheit in zwei unterschiedlichen Bildern, in denen die Ambivalenz deutlich aufscheint: Einerseits habe die „Chemie" zwischen ihm und seinem Behandler sofort gestimmt, andererseits habe er sich unter Psychotherapie eine Art „Gehirnwäsche" vorgestellt. Gegen Ende der Therapie habe er sich jedoch „wie ein vollgetanktes Auto" gefühlt; in dieser Metapher drückte der Patient sein Abgegrenzt-Sein und seine wiedergewonnene Handlungsfähigkeit aus, wobei die Frage nach der Quelle der Energie (für das Auftanken) außen vor blieb.

Phase IV:

Im Verlauf der Behandlung zeigte Herr T. kein Interesse am Verstehen seines Konfliktgeschehens. Trotzdem entwickelte er neue Strategien im Umgang mit seinem Konflikt. Indem er aktiv und eigenständig trotz (und mit) seiner Angst wieder seine Umgebung erkundete, kam er aus seinem Rückzugsverhalten heraus, wobei ihm das Bild vom Regenmantel half, notwendige Grenzen nach außen zu setzen. Herr T. lernte, seine Kräfte maßvoll einzusetzen, wofür er ein anderes Bild, nämlich das einer „angezogenen Handbremse", fand. So entwickelte er ein Gespür für den Zusammenhang zwischen seinen Beschwerden und bestimmten Situationen.

Phase V:

Herr T. verließ die Klinik mit einem Gefühl von Erleichterung ohne ein Gespür für Ambivalenz. Statt seiner anfänglichen passiven Erwartungen mit einem Gefühl von Ausgeliefert-Sein erlebte er nun einen Drang, endlich wieder selbst aktiv zu werden, zumal er alle positiven Änderungen in der Klinik sich selbst zuschrieb. Deswegen verspürte er natürlich weder Dankbarkeit noch Trauer noch Befürchtungen, eine wichtige Unterstützung vonseiten anderer zu verlieren. Herr T. war voller Pläne, wie er seinen Alltag nun umgestalten wollte, um sich besser auf seine Leistungsgrenzen einzustellen, wobei er wie selbstverständlich davon ausging, daß ihm dies ohne weiteres möglich sein würde. Auch wollte er – zum ersten Mal seit Jahren – wieder einen zusammenhängenden, längeren Urlaub machen.

Kasuistik II

Fünf von sechzehn unserer untersuchten Patienten gewannen durch die stationäre Behandlung zwar eine gewisse Selbständigkeit und Vitalität, die sich in vermehrter Aktivität zeigten; sie blieben aber in ihrer Initiative von einem Objekt abhängig, von dem sie sich zur Aktivität motivieren oder mitziehen ließen, ohne Anstalten zu machen, sich abzugrenzen und dadurch autonomer zu werden. Das soll die folgende Kasuistik demonstrieren.

Herr A. kam im Alter von 38 Jahren wegen „einer Vielzahl von Krankheiten", die schon immer bestanden hätten, zur Behandlung in die Klinik Wittgenstein; insbesondere klagte er über eine seit 2 Jahren bestehende chronische Bronchitis, an deren Schleimproduktion er zu ersticken drohe, sowie über Herzrasen, Rückenschmerzen, Brennen in den Achselhöhlen und Schlafstörungen (ICD-10 F45.0, J42). Aus internistischer Sicht sei er „austherapiert", und man habe ihm gesagt, daß man nichts mehr für ihn tun könne. Herr A. fühlte sich fallengelassen und „innerlich aufgegeben". Als Beamter fürchtete er nun, zwangspensioniert zu werden. Seine ihn erschreckende „Gleichgültigkeit gegenüber dem Leben" motivierte ihn zur psychotherapeutischen Behandlung.

Herr A. schilderte sowohl seine Mutter als auch seinen Vater als streng, fordernd und hart. Zwar übernahm er die Leistungsorientierung seiner Eltern, die er vergebens zufriedenzustellen versucht hatte, wobei seine Wünsche, von ihnen angenommen und bestätigt zu werden, weitgehend unerfüllt blieben. Seine Wünsche verdichteten sich in seiner frühesten Kindheitserinnerung, in der die Familie sonntags „Ausflüge (Wanderungen) mit dem Roller zum Stichkanal" unternahm. Als Lehrer bemühte er sich gewissenhaft darum, sich in seine Schüler einzufühlen und „möglichst alle Kinder in die Gemeinschaft der Gruppe zu integrieren, egal wie die nun sind". Er suchte seinen Schülern gleichsam ein besserer Vater zu sein, als es sein Vater gewesen war, indem er alles an ihnen akzeptierte, was jedoch dann zu Disziplinschwierigkeiten führte.

Phase I:

Anfangs erlebte Herr A. in der Therapie starke Ängste. Mit seiner Vorstellung, als Lehrer jetzt in einer „Klapsmühle" zu sein, verband er die Befürchtung, daß er in seiner Schule nichts mehr gelten werde. Die eher konfrontierenden Gespräche in unserer stationären Voruntersuchung hatte er als Provokation empfunden; sie hatten ihn eher verunsichert als ihm die Möglichkeit gegeben, die künftige Psychotherapie verstehen und einschätzen zu können. Auch die notwendige Trennung von zu Hause verunsicherte ihn. Entgegen der Erwartungen anderer psychosomatisch Kranker, die vor allem mit einer körperlichen Gesundung rechneten, erhoffte er sich von seinem stationären Aufenthalt: „Diese Lebensunlust soll wegtherapiert werden."

Phase II:

Herr A. blieb in einer skeptisch-ablehnenden Haltung, bis ihn am 5. Tag (Sonntag) überraschend seine Frau besuchte, die dafür eine 300 km lange Autofahrt in Kauf genommen hatte. Von da an besserte sich seine Einstellung zu Mitpatienten und Therapeuten. Wir vermuteten, daß seine Frau als die für ihn wichtigste Bezugsperson ihn gedrängt hatte, sich auf die stationäre Behandlung einzulassen und ihm gleichzeitig ihren Beistand bzw. ihre sichernde Akzeptanz garantiert hatte. Entsprechend begann er, sich auf seine Mitpatienten mehr einzulassen, die ihm „ein guter Halt" im Alltag der Therapiestation wurden. Denn sie hatten – wie er im Abschlußinterview sagte – „ähnliches erlebt" und konnten sich in seine Situation „reinversetzen". Hoffnung machte ihm auch, daß andere Patienten bereits „geheilt oder zumindest so weit wiederhergestellt wurden, daß sie wieder leben wollten oder am Leben teilnehmen wollten". Wichtig war für ihn, eine Gleichheit oder zumindest Ähnlichkeit zu Mitpatienten erleben zu können, die ihm eine Phantasie von Ungetrenntsein ermöglichte; dieser harmonische Zustand wurde allerdings getrübt, als auf die Station eßgestörte Patienten aufgenommen wurden, für die er kein Verständnis entwickeln konnte.

In den psychotherapeutischen Gesprächen empfand es Herr A. zwar als wohltuend, daß sein Therapeut ihm Zeit ließ und seine eigenen „Denkmuster nicht provozierte". Jedoch schon die Schilderung seiner Lebensgeschichte schien ihm schwerer zu fallen, als er sich eingestehen wollte: Das habe ihn „nicht verängstigt – ob mich das erleichtert hat, weiß ich nicht".

Phase III:

Langsam erholte sich Herr A., weil der therapeutische Alltag sich als weniger angsterregend als befürchtet erwies. Die Kontakte zu einigen Mitpatienten taten ihm gut. Im Vergleich zu anderen Patienten fand Herr A. im Abschlußinterview jedoch kein Bild für den therapeutischen Prozeß. Auch konnte er die Besserung seines Befindens und seine vermehrte Zuwendung zu seinem Therapeuten mit keinem bestimmten Ereignis verbinden; er erlebte dies nur als „einen schleichenden Prozeß". Wie der Patient also von seiner Behandlung kein Bild gewann, in dem er selbst einen aktiven Platz hatte, ebenso wenig hatte er ein abgegrenztes Bild von sich selbst (seinem Ich) entwickeln können. Das wurde z.B. daran deutlich, wie er seine Spaziergänge spontan schilderte: „Neben den Gesprächen waren für mich wichtig Spaziergänge, die wir unternommen haben hier im Wald. Ich bin ganz gerne an der frischen Luft; auch im Privaten machen wir viele Wanderungen, auch im Urlaub." Wie schon jener Patient aus der vorherigen Kasuistik stellte auch dieser Patient sein Tätigsein in Spaziergängen heraus; dabei grenzte er sich aber nicht von anderen ab; das Subjekt des Handelns blieb ein nicht genauer bestimmtes „wir". Auf die Frage, was ihm bei den Spaziergängen wichtig gewesen sei, antwortete Herr A.: „Tja, die Ruhe im Wald, die Gerüche und das Vogelgezwitscher, der Duft nach Holz, nach Harz." Nicht eine eigene Leistung, sondern akustische und olfaktorische Eindrücke waren ihm wichtig als Qualität für Ungetrenntsein und Unbegrenztheit. Er suchte die Harmonie mit einem apersonalen Objekt (mit der Natur) und nicht das Erleben seiner Selbst in Abgrenzung von anderen.

In dieser Gruppe von Patienten finden sich gerade hinsichtlich des Spazierengehens typische Redewendungen, in denen sich diese Patienten als eingefügt in ihre Umgebung schildern, so daß Subjekt-Objekt-Grenzen höchstens zu erahnen sind wie bei einem Patienten, der „Spaziergänge gemeinsam unterm Regenschirm" beschrieb. Durch den Regenschirm wird das Wir, in dem sich der Patient noch nicht als eigenes Ich empfindet, schützend abgegrenzt gegenüber dem Regen und vage auch gegenüber anderen Objekten (z. B. den Bäumen).

In der Aktivierung von Ressourcen lassen sich ebenfalls Unterschiede zwischen beiden Patientengruppen feststellen. Während jene Patienten der ersten Gruppe gleichsam auf eigene Faust frühere Hobbys wiederbelebten oder auch Neues ausprobierten, standen in den Schilderungen dieser Patienten Situationen von passivem Genießen im Vordergrund; entsprechend wurden Massagen, Bäder usw. hilfreicher erlebt als Begleittherapien, die eine eigene Initiative erfordert hätten. Auch hier zeigt sich wiederum, daß ein Patient ohne ein eigenes, von anderen abgegrenztes Selbstbild angewiesen bleibt auf hilfreiche, versorgende und schützende Objekte. In einer solchen Situation, in der sich das Subjekt auf andere nur passiv bezogen erlebt, ist eine Entwicklung zu eigenen Aktivitäten nicht vorstellbar. Die Patienten erlebten sich zwar wieder gekräftigt und deutlich stabilisiert, suchten aber keine Möglichkeiten, die wiedergewonnene Energie, die sie nicht als eigene Vitalität spürten, in selbständige Handlungen umzusetzen, was Zuwachs an Autonomie und Freiheit bedeutet hätte. Entsprechend fanden wir in den Schilderungen dieser fünf Patienten auch keine Metaphern für den Veränderungsprozeß – im Gegensatz zu der anderen Patientengruppe, die ihre Entwicklung von einem unbegrenzten zu einem abgegrenzten Erleben bildhaft darstellte (vgl. in der Kasuistik I die Veränderung der Metaphern: vom Schwamm zum Regenmantel).

In den therapeutischen Gesprächen wurden vor allem die Idealbildungen von Herrn A. thematisiert. Im Zusammenhang mit seiner Vaterbeziehung wurde sein Perfektionismus herausgearbeitet und nach Möglichkeiten einer freundlicheren Bewertung seiner Leistungen gesucht. Rückblickend faßte der Patient seine gewonnenen Erkenntnisse zusammen: „Ich bin also sehr ehrgeizig und perfektionistisch durch die Anforderungen, die das Elternhaus, speziell der Vater an mich gestellt haben. Und der nächste Schritt wäre, daß das im Grunde genommen gar nicht immer so gut ist, wenn man so perfektionistisch denkt oder sein will, weil das einen ja doch ziemlich belastet, daß man also jetzt mal einen Schritt zurückgeht, sich Fehler eingesteht und nicht noch mal weiter forscht: wie kann ich das noch besser machen, wie kann ich das noch weiter verbessern, sondern vielleicht auch mal mit der eigenen Leistung oder mit dem, was man jetzt macht, zufrieden ist." Aufschlußreich ist, daß der Patient das Erkannte in der Ichform ausdrückte. Der Schritt vom Erkennen zum Handeln war ihm jedoch noch nicht möglich, so daß er die Folgerungen aus dem Erkannten nur im Konjunktiv (und mit „vielleicht", „man") zu formulieren vermochte.

Zwar ist es psychotherapeutisch sinnvoll, die Idealbildungen dadurch zu relativieren, daß der Therapeut sich als mildes Überich anbietet; gleichzeitig ist es allerdings wichtig, auf eine Stärkung von defizitären Ich-Funktionen zu zentrieren, womit Überich und Ich mehr voneinander unterschieden und abgegrenzt werden. Herr A. schien in seiner Therapie jedoch keine praktischen Erfahrungen darin gemacht zu haben, was und wie er etwas anders und besser tun könnte. Entsprechend berichtete der Patient auf Nachfrage auch keine Beziehungsepisoden, in denen ihm ein anderes, hilfreicheres Handlungsmuster möglich gewesen wäre.

Phase IV:

Kein Patient dieser Gruppe konnte – spontan oder auf Nachfrage – neue, vor der Therapie noch nicht bekannte Zusammenhänge zwischen belastenden Situationen und einer Verschlechterung seines Befindens beschreiben. Herr A. berichtete zwar, daß es ihn belastet und seine Krankheitssymptome verstärkt habe, wenn er an Elternabenden Rede und Antwort hätte stehen müssen; das ist verständlich, weil er dabei mit unangenehmen Fragen konfrontiert wurde und sich scheinbar wieder seinen fordernden Eltern gegenüber sah, die ihm die notwendige Anerkennung und Bestätigung versagt und eine von ihm phantasierte Harmonie zerstört hatten. Auf Nachfrage, ob ihm eine solche Verbindung zu seinem Elternhaus während der Therapie aufgefallen sei, antwortete er mit einem einfachen „nein". So vermochte er auch keine neuen Wege zur Sicherung von Ressourcen zu finden. Damit konnte er – im Vergleich zur ersten Patientengruppe – einen wichtigen Therapieerfolg, den wir für einen effektiven Krankheitsschutz halten, nicht erreichen.

Phase V:

Unsere skeptische Einschätzung des Therapieerfolges korrespondierte nicht unbedingt mit der des Patienten. Zwar hatte sich Herr A. von der Therapie „mehr" erhofft; er fühlte sich jedoch „so weit, daß ich so meinen Beruf wieder aufnehmen kann". Er erlebte also wieder ein Gefühl von Belastbarkeit, und seine Lebensunlust vom Behandlungsbeginn war gewichen. Die zeitweise Entlastung vom Alltag und die behütend-beschützende Kliniksituation hatten dazu geführt, daß er sich wieder so gekräftigt und insbesondere wohl auch durch Mitpatienten so ermutigt fühlte, um in seine alte Umgebung zurückkehren zu können. Hinzu kam auch seine Sehnsucht nach dem „trauten Umfeld" mit den Nachbarn und Freunden, weswegen Herr A. darauf drängte, die Behandlung zu beenden.

Wenn sich die Patienten dieser Gruppe – ähnlich wie die der ersten – am Ende der Behandlung tatkräftig fühlten, so blieb auffallend, daß sie kaum konkrete Planungen, wie sie ihren Alltag verändern könnten, nannten. Ein Patient gab neben dem Wiederhineinfinden in seine Familie die Rückkehr in die Nachbarschaft als wichtigsten Punkt an, wobei wir vermuten, daß er bei der Familie und bei den Nachbarn das an Halt und Stütze zu finden hoffte, was er bei seinen Mitpatienten erfahren hatte. Zwei der fünf Patienten beschrieben am Ende ihrer Behandlung ihre Enttäuschung über ihren Aufenthalt, wobei sie vor allem glaubten, daß *sie* den Anforderungen der Therapie nicht gerecht geworden seien; entsprechend fürchteten sie auch die Anforderungen, die im Alltag auf sie zukommen würden.

Kasuistik III

In der folgenden Kasuistik überwiegen zunächst die beschriebenen Charakteristika einer typischen psychosomatischen Behandlung, die dann aber einen Verlauf nahm, wie wir ihn bei Patienten mit neurotischen Störungen beschrieben haben. Dieser Therapieprozeß gibt uns die Möglichkeit, die „Weiche" zwischen dem einen und dem anderen Verlaufstypus kennenzulernen. In diesem Behandlungsverlauf kommt ein neues psychisches Element, das die Konfliktdynamik entscheidend beeinflußt, hinzu: die wachsende Fähigkeit der Patientin zur Affektdifferenzierung. So wurde es der Patientin in der Therapie mehr und mehr möglich, ihre zunächst diffus als innere Spannung erlebten Gefühle zu benennen. Für das, was sie fühlte, fand sie mit Hilfe ihres Therapeuten Wörter und Begriffe. Das erinnert an die Bedeutung der Sprache in der frühen Mutter-Kind-Dyade, worauf Lorenzer (1983) in seiner Sozialisationstheorie aufmerksam gemacht hatte. Durch die sprachliche Vermittlung können die für einen späteren Urteilsprozeß wichtigen Voraussetzungen des Beobachtens, Unterscheidens und Vergleichens *zu autonomen Funktionen des Ichs werden, sich also vom Überich emanzipieren* (Ruff 1999). Wir haben bei den bisher geschilderten Patienten zeigen können, daß sie sich ausschließlich aufgrund festgelegter Normen beurteilen. Sie sind identifiziert mit dem normierenden und wertenden Blick des Anderen und ihrer Idealbildungen. Entsprechend werden konflikthafte Situationen zwischen ihnen und ihrer Umwelt nicht mit daraus verstehbaren Affekten, sondern in Form diffuser, körperlich gebundener Spannung erlebt.

Erst wenn das Ich fähig wird, sich selbst – unterschieden von den dann relativierbaren Normen der Idealbildungen – zum Gegenstand der Betrachtung zu machen, wird es möglich, somatisierte Spannungszustände nicht als zu beseitigendes Störpotential aufzufassen, sondern sie als einen Hinweis auf dahinterliegende Bedeutungen zu verstehen. Dann geht es in der Psychotherapie nicht mehr um die Frage „Wie reduziere ich unangenehme Spannungen?", sondern „Was steckt hinter diesen Körperspannungen?"

Frau E, eine Altenpflegerin, wurde im Alter von 25 Jahren mit der Diagnose „Bulimie mit somatoformer autonomer Funktionsstörung" (ICD-10 F50.2, F45.3) in unsere Klinik überwiesen. Ihre Motivation zur Behandlung beruhte auf der Drohung ihres Partners, sich andernfalls von ihr zu trennen. Im Beruf neigte die Patientin dazu, sich zu überfordern und ausnützen zu lassen. Sie hatte beobachtet, wie sie in Streßsituationen, d. h. wenn sie nicht auf ihre Grenzen achtete, zu Freßanfällen neigte, konnte aber keine eventuell damit einhergehenden Gefühle benennen. Auch ihre sexuellen Schwierigkeiten beschrieb sie nicht aus eigenem Erleben, sondern wie von außen: denn keine Lust auf Sexualität zu verspüren, „ist doch nicht mehr normal".

In ihrer Kindheit sei ihre Mutter wegen Depressionen in psychiatrischer Behandlung gewesen, und auch ihr Vater sei manisch-depressiv gewesen.

Sie selbst habe „schon als Kind versucht, in die Bresche zu springen" und sich um ihre hilfsbedürftigen Eltern zu kümmern. Vorzeitige Leistungsanforderungen bei früh enttäuschten Wünschen nach Versorgung schienen die Entwicklung der Patientin geprägt zu haben. Aber daraus folgende, mögliche Gefühle von Enttäuschung und Wut über ihre unzureichenden Eltern erinnerte die Patientin nicht.

Frau E. lernte ihren Psychotherapeuten bereits während unserer stationären Vordiagnostik als Arzt in der medizinischen Untersuchung kennen und faßte sofort Vertrauen zu ihm: „der war sehr lieb bei der Voruntersuchung und hat mich im Grunde genommen sofort durchschaut." Zwar konnte sie ihren Untersucher offensichtlich nicht nur in seiner Funktion als Arzt, sondern auch schon als Psychotherapeuten anerkennen; aber sie hatte – ebenso wie andere Patienten mit psychosomatischen Erkankungen – noch keinen Zugang zu ihrer Emotionalität. Nach ihrer Aufnahme zur stationären Behandlung lebte sie sich aufgrund ihrer positiven Übertragung auf ihren Therapeuten und ihrer sozialen Fertigkeiten, die sie aus ihrem Beruf mitbrachte, relativ rasch auf der Station ein.

Einen Zugang zu ihren in der Symptomatik somatisierten Affekten fand sie nach etwa 5 Wochen: „In der Mitte der Therapie fing es ungefähr an, daß ich so das spürte, aber noch nicht damit umgehen konnte, daß es mich erschreckte, mich in Panik versetzte, aber ich das nicht einordnen konnte." Langsam erschlossen sich ihr die mit ihrem depressiven Konflikt verbundenen Gefühle von Wut und Enttäuschung: „Ich bin dahintergekommen, was bei mir immer sich als körperliches Gefühl dargestellt hat: diese Wut, die ich im Bauch hatte. Diese Wut habe ich einfach nicht ertragen, und dann hab ich diese Wut auf meinen Körper umgemünzt."

Besonders hilfreich bei diesem Prozeß der Desomatisierung (Schur 1955) waren Körperwahrnehmungsübungen, die die Patientin im Abschlußinterview in den Vordergrund stellte. Frau E. beschrieb, wie sie bei einer Paarübung kaum ertragen konnte, berührt zu werden: „Ich hab dann gelegen und hatte diesen großen Igelball auf dem Bauch und hatte das Gefühl, der würde jetzt jeden Moment weggesprengt; ich hatte das Gefühl, die Aorta platzt." Während hier die Patientin für ihre Gefühle noch dem Körper entlehnte Bilder (Wegsprengen, Platzen der Aorta) benutzte, fand sie in der Beschreibung einer folgenden Körperübung mit ihrem eigenen Spiegelbild zum entschei-

denden Schritt einer Affektdifferenzierung und zu einer neuen Begrifflich-
keit für ihre bisherigen Körperspannungen: „Mit dem Igelball vor dem
Spiegel, das war auch eine heftige Erfahrung, also ich hab in diesen Spiegel
geschaut und da irgendwie hingestarrt ... Und dann einfach dieser Schritt zu
merken, es ist im Grunde genommen nicht dein Körper, den du so haßt,
sondern das Gefühl, was dahinter steht, die Angst und die Wut, die sich so
jahrelang aufgestaut haben und diese Traurigkeit."

Erst nachdem dieser Schritt vollzogen war, konnte ein Trauerprozeß mit
entsprechender Konfliktbearbeitung in Gang kommen. „Als dann so der
Knoten gelöst war und ich dann ständig am Weinen war, da ließ so dieses
Gefühl nach, und dann kam auch der Schritt zu erkennen, woher kommt
diese ganze Wut, die du in dir hast." Danach begann Frau E. zu erkennen,
daß sich hinter ihrer Leistungsorientierung mit Arbeitsüberlastung bisher
abgewehrte Wünsche nach Zuwendung verbargen. Es wurde ihr möglich,
mit Mitpatienten und auch mit ihrem Partner neue Kompromisse zu erproben.

In der Gestaltungstherapie symbolisierte Frau E. diesen Prozeß ein-
drucksvoll. Während einer Gruppencollage wurde sie „richtig wütend", als
eine Mitpatientin das Boot der Patientin, das von einer Insel ablegen sollte,
mit einem Anker zurückhalten wollte: „Ich hab dann einen Hai gemalt, der
den Anker durchbeißt." Der positiv trennenden Funktion ihrer Aggressivität
konnte sie so symbolisch Ausdruck verleihen. Voraussetzung dafür war gewesen, daß die Patientin ihre körperlich erlebten Spannungen zunächst angenommen und nicht nur als zu beseitigenden Störfaktor behandelt hatte. Im
Gegensatz zu ihr nutzten die anderen psychosomatisch erkrankten Patienten
die Körperwahrnehmungsübungen oft nur zur Entspannung. Um daraus jedoch Neues erfahren zu können, muß das Ich zum Überich eine intakte
Grenze erworben haben. So war es der Patientin in der Übung vor dem
Spiegel möglich, sich selbst als Gegenüber zu betrachten, d. h. die innere
Spaltung zu vollziehen, die konstitutiv ist für ein Beobachten, Unterscheiden und Vergleichen von sich und anderen. Damit sah sie sich nicht mehr
aus dem gewohnten Blickwinkel ihrer Eltern, welche die bereits in der
Kindheit übergewichtige Patientin kritisiert und abgewertet hatten. Ihre bisher somatisierten affektiven Zustände konnten eine eigene psychische Repräsentanz erlangen, indem die Patientin sie in Vorstellungen symbolisierte

und dann als Gefühle wahrnahm. Sie projizierte also ihre Spannungszustände auf ihr eigenes Spiegelbild und verbalisierte sie in der Reintrojektion, so
daß sie zu verständlichen, quasi „lesbaren" Affekten wurden. Diesen Prozeß
der Projektion auf ein psychisches Körperbild hat Lacan (1949) in ähnlicher
Weise wie Freud (1923) beschrieben. Ausgehend von dem Erleben der
„motorischen Inkoordination" komme es zu einer Identifizierung mit dem
Spiegelbild, das die Instanz des Ichs vorbereite. „Das Spiegelstadium ist ein
Drama, dessen innere Spannung von der Unzulänglichkeit auf die Antizipa-
tion (des eigenen Bildes) überspringt" (Lacan 1949,S. 67). Schon Lacan
wies dabei auf die Rolle der Sprache hin. Erst durch die Vermittlung der
Sprache könne die im Bild eingeschlossene Bedeutung vom Subjekt aufgenommen werden. Entsprechend ist es dann nicht das Sehen des Spiegelbil-
des, sondern erst die sprachliche Interpretation der erlebten Spannung, die
den Prozeß des Erfassens der Bedeutung im obigen Beispiel abschließt. Diesen Prozeß halten wir für den wesentlichen Schritt, der es dem Ich erlaubt,
sich vom Überich abzugrenzen und damit in seiner Autonomieentwicklung
voranzuschreiten.

Kasuistik IV

Gelingt es dem Patienten in einer Psychotherapie nicht, seine Ressourcen zu
aktivieren, so halten wir die Behandlung für gescheitert, weil der Patient
nicht zu einer auch nur zeitweisen Stabilisierung seines Zustandes kommen
konnte. Ein solcher Patient bleibt während seines gesamten Aufenthaltes in
den Phasen I und II, wie wir im Abschlußinterview einer Patientin feststellen mußten.

Es war die 55jährige Krankenschwester Frau S.; bei ihrer Aufnahme
klagte sie über seit mehr als 4 Jahre bestehende, wechselnde Körperbeschwerden mit Lustlosigkeit und verschiedenen Ängsten, die ihr Kontakte
zu Menschen schwer machten und eine Arbeit nicht mehr ermöglichten
(ICD-10: F 45.0 F62.0). Sie lebte in einer homosexuellen Beziehung und
versorgte im gleichen Haushalt ihre Mutter und die Tante ihrer Freundin.
Biographisch fanden sich bei Frau S. schwere Traumatisierungen in ihrer

frühen Kindheit (Vertreibung, Lagerleben, Tod mehrerer Geschwister). Psychodynamisch imponierte ihr drängender Wunsch nach symbiotischen Beziehungen, wobei sie die Außenwelt als feindlich erlebte.

In der stationären Behandlung wurde für Frau S. die Klinik rasch zum mütterlich-versorgenden Objekt: Sie suchte und fand Verständnis für ihre homosexuellen Beziehungswünsche, und sie genoß die Anwendungen in der physikalischen Therapie (Heißluft, Massagen), die ihre körperlichen Beschwerden deutlich linderten. Von ihren Mitpatienten jedoch isolierte sie sich während ihres Aufenthaltes. Auch auf ihren Psychotherapeuten konnte sie sich nicht einlassen, so daß sie alle seine Versuche, ihre Körperbeschwerden zu hinterfragen oder ihr Leiden in bestimmten Situationen zu verstehen bzw. zu differenzieren, konsequent abwehrte. Er sollte sich stattdessen darauf beschränken, ihre Beschwerden zu mindern, sie vor Anforderungen und Belastungen zu schützen und ihr einen Raum für die Erfüllung ihrer Wünsche zu bieten.

Wenn sich Frau S. – wie z. B. mit dem Fingermalen – auf einen Gestaltungsprozeß einzulassen begann und dabei auf unbekannte oder ungeliebte Seiten ihres Selbstbildes zu stoßen drohte, wandte sie sich davon rasch ängstlich ab. So war es Frau S. nicht möglich, sich mit neuen Situationen und dabei erlebten partiellen Enttäuschungen auseinanderzusetzen, obwohl sie sich zumindest zeitweise von mehreren Personen verstanden und akzeptiert fühlte. Stattdessen war sie fixiert in einer fordernden Haltung, die ihr nicht erlaubte, sich auf eigene frühere Fähigkeiten zu besinnen und auch selbst für sich sorgend aktiv zu werden. Indem sie auf dem Anspruch beharrte, andere hätten für sie zu sorgen, damit es ihr gut gehen könne, kam sie nicht zu jener Änderung der Einstellung, die für den Übergang zur Aktivierung von Ressourcen (Phase III) notwendig ist. Auch konnte sie – trotz ihres recht langen Aufenthaltes von 11 Wochen – keine ausreichende Erholung finden. Entsprechend empfand die Patientin vor ihrer Entlassung keine mit dem Gefühl von Erholung verbundene Freude, wieder das eigene Leben leben zu können – eben weil sie zu einer Reaktivierung früherer Fähigkeiten oder gar zum Entdecken neuer Lebensmöglichkeiten nicht gekommen war. Im Abschlußinterview bemängelte sie das Fehlen einer Therapiegruppe für lesbische Patientinnen und beschwerte sich nachdrücklich darüber, daß ein so wichtiges Behandlungsangebot von der Klinik nicht vorgehalten würde.

Zusammenfassung und Übersicht

Die Fragestellung unserer Untersuchung von Patienten mit psychosomatischen Störungen bezog sich auf
- vermutete Phasen im Therapieverlauf,
- Zusammenhänge zwischen Persönlichkeitsorganisation und Therapiezielen,
- psychodynamische Bedingungen, die den Übergang zu einer konfliktorientierten Psychotherapie ermöglichen.

Bei den 16 Patienten dieses Teils unserer Untersuchung haben wir vier verschiedene typische Behandlungsverläufe gefunden, die wir in den 4 Kasuistiken dargestellt haben und die wir als Variationen eines grundlegenden Therapieprozesses verstehen (Abb. 4.3).
1. Bei einer Patientin (vgl. Kasuistik IV) stagnierte der Therapieverlauf schon in der zweiten Phase. Die positive Besetzung der Klinik als potente „Autorität" für Heilung führte bei der Patientin zu Ansprüchen und Forderungen, deren Erfüllung sie entsprechend ihrer normativen Handlungsorientierung einklagte. Als sie erleben mußte, daß sie in manchen ihrer Erwartungen enttäuscht wurde, vermochte sie nicht, ihre Ansprüche zu relativieren und ihre Forderungen umzulenken auf Aktivitäten weg von dem teilfrustrierenden Objekt „Klinik". Indem sie letztlich weiter eine Befriedigung narzißtischer Bedürfnisse (Anerkennung ihrer Ansprüche und ihrer Eigenart) forderte, blieb sie auf dieses Objekt fixiert. Deswegen schätzen wir die Prognose dieser Patientin als ungünstig ein.
2. Fünf Patienten (vgl. Kasuistik II) kamen in ihrer Behandlung bis in die Phase III. Nach anfänglicher Regression in eine passive Haltung, in der sie alles vom Objekt erwarteten, begannen sie sich nach einer partiellen Enttäuschung durch das Objekt, wieder auf eigene Ressourcen zu besinnen. Wenn auch die normative Handlungsorientierung unverändert blieb, so erlebten die Patienten im Mittun mit anderen wieder eine Möglichkeit zur Steuerung insbesondere eigener Spannungszustände. Die Prognose dieser Patienten hängt davon ab, wie weit sie in ihrem Alltag hilfreiche Objekte finden, die – wie der Therapeut als wohlwollendes Hilfs-Überich – sie zu Aktivitäten anregen.

I. Heilungserwartung und Skepsis
- Hoffnung auf Macht des Objekts, die Beschwerden zu lindern
- Erwartung auf Beschwerden zentriert, Entlastung vom Alltag

Erleben der Klinik als fürsorgliches Objekt

II. Sich-Einrichten im Alltag der Klinik
- Halt durch frühere Rollenerfahrung, Akzeptiert-Werden in der Therapie
- Einstellungsänderung durch teils enttäuschende Erlebnisse in der Klinik

Fähigkeit, Ansprüche an Objekte zu reduzieren

III. Aktivieren von Ressourcen
- frühere Aktivitäten wiederaufgreifen
- Spannungen selbst regulieren

III. Differenzierung
- Ich (Selbst)-Wahrnehmung
- Unterscheiden von Affekten

Sich Objekten entgegenstellen

Über sich selbst reflektieren

IV. Sichern von Ressourcen
- Konturieren der Grenzen zum Objekt
- Anerkennen eigener Leistungsgrenzen

IV. Bewußtwerden von Konflikten
- Erlebte Spannungen
- Konflikte bearbeiten

Ergebnis   *und*   *Prognose*

(1 Patient) Kein Therapieerfolg	(5 Patienten) Symptomreduktion	(7 Patienten) Wiedergewonnene Ich-Funktionen	(3 Patienten) Neue Ich-Funktionen
Enttäuschung mindert nicht Ansprüche. Schlechte Prognose, da keine Frustrationstoleranz bzw. Stabilisierung	Prognose ist abhängig davon, ob im Alltag hilfreich- entlastende Objekte gefunden werden.	Bessere Prognose für Stabilität, da das Ich künftige Belastungen evtl. wieder besser meistern kann.	Gute Prognose, da dem Ich neue Bearbeitungsformen für Konflikte zur Verfügung stehen.

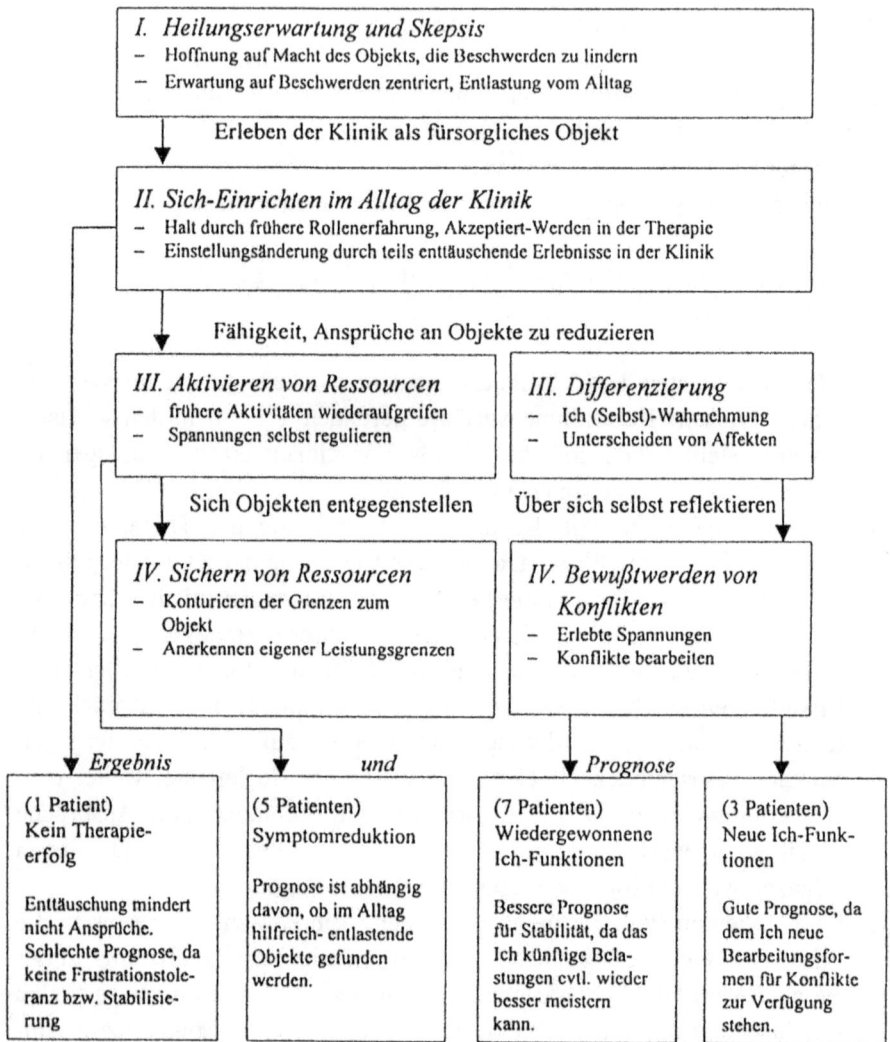

Abb. 4.3: Übersicht über die Gesamtstichprobe – Verlaufstypen, Ergebnis und Prognose bei psychosomatischen Störungen

3. Der Therapieverlauf von sieben Patienten (vgl. Kasuistik I) glich zwar dem eben beschriebenen; es kam jedoch ein wichtiger Faktor hinzu, nämlich ein Grenzerleben. Indem sich diese Patienten an anderen orientierten und dann von diesen abgrenzten, konnten sie wieder zu ihrer früheren Unabhängigkeit finden. Dieses Sich-Abgrenzen setzte ein Gefühl von Gehaltensein durch das Objekt „Klinik" voraus, d. h. der Therapeut bot aufgrund seiner Hilfs-Überich-Funktionen den Patienten weiterhin Schutz gegen ihre zu rigide normative Handlungsorientierung. Im Vergleich zu den Patienten der vorigen Gruppe war es diesen Patienten aber möglich, ihre Aktivitäten stärker als eigene Ich-Leistung zu erleben und damit sich selbst narzißtisch aufzuwerten und zu stabilisieren. Ihre Veränderung bestand also in einer Reaktivierung von Ich-Funktionen, die ihnen wieder ein psychisches Gleichgewicht ermöglichten, ohne daß sie jedoch in ihrer Persönlichkeitsorganisation neue Fähigkeiten hinzugewannen.

4. Bei drei Patienten fanden wir einen Behandlungsverlauf, der dem bei Patienten mit neurotischen Störungen glich. Bei einer Patientin (vgl. Kasuistik III) konnten wir beschreiben, wie es zu den Voraussetzungen für ein konfliktzentriertes Vorgehen während der Behandlung kam. Wichtig dafür war, daß die normierende Handlungsorientierung hinterfragt und die einem Urteilsprozeß vorangehenden Fähigkeiten des Beobachtens, Unterscheidens und Vergleichens der Herrschaft des Überichs entzogen werden konnten. Zusammen mit der sich entwickelnden Fähigkeit, Affekte in Vorstellungen und Begriffen differenziert zu erfassen, wurde eine stärkere Abgrenzung zwischen Ich und Überich möglich. Dies war die Voraussetzung für Objektbeziehungen, in denen konflikthafte Spannungen nicht mehr somatisch abgeführt werden müssen, sondern mittels der nun dem Ich zur Verfügung stehenden Funktionen begriffen werden können. Folglich haben diese Patienten eine gute Prognose: ihnen stehen nicht nur – wie der vorigen Gruppe von Patienten – abgemilderte Überich-Funktionen und „reparierte" Ich-Funktionen zur Verfügung, sondern sie haben autonome, d. h. von den Idealbildungen weniger abhängige Ich-Funktionen entwickelt, die ihnen die Möglichkeit für eine Konfliktbearbeitung eröffnen.

In Abbildung 4.4 haben wir versucht, jene Aspekte der Persönlichkeitsorganisation, die bei der Behandlung psychosomatisch Erkrankter von Bedeutung sind, in Beziehung zu setzen mit entsprechenden Therapiezielen.

Aspekte der Persönlichkeitsorganisation	*Korrespondierende Therapieziele*
1. Normative Handlungsorientierung mit Streben nach absoluter Selbstbestimmung	a) Lindern der Beschwerden und verhindern weiterer Dekompensierung b) Ertragen und nutzen partieller Enttäuschungen
2. Psychische Besetzung eigener Aktivitäten mit Unterstützung durch ein wohlwollendes Hilfs-Überich	a) Anregen zur Aktivierung von Ressourcen b) Antizipierende Suche nach unterstützenden Konstellationen im Alltag
3. Eigene Aktivitäten mit Sich-Abgrenzen von anderen; Anerkennen eigener Begrenztheit	a) Fördern der Aktivierung von Ressourcen b) Gemeinsames Herausarbeiten situativer Bedingungen für Belastung/ Spannung
4. Ertragen psychischer Spannungen; beginnende Affektdifferenzierung und Abgrenzung zwischen Ich und Überich.	a) Differenzieren und Verbalisieren von Gefühlen b) Zentrieren auf Funktionen des Urteilsprozesses

Abb. 4.4: Persönlichkeitsorganisation und Therapieziele bei Patienten mit psychosomatischen Störungen

Diskussion der Ergebnisse

Die Untersuchung von 16 Einzelverläufen anhand von Patienteninterviews hat unsere Vorstellungen über die Behandlung psychosomatisch Kranker verändert. Unsere anfänglichen Hypothesen erwiesen sich teilweise als zu undifferenziert und beinhalteten therapeutische Erwartungen, die sich meist als zu hoch herausstellten. Die Wichtigkeit, die für Patienten das Erleben eigener körperlicher Aktivität und das Sich-Abgrenzen haben, zeigte sich erst im Laufe der Untersuchung. Auch hatten wir die Schwierigkeiten und die notwendigen Voraussetzungen für den Übergang zu einem konfliktzentrierten Vorgehen in der Psychotherapie unterschätzt. Folglich veränderte sich unsere Einschätzung in Bezug darauf, welche Therapieziele in der Behandlung psychosomatisch Erkrankter während des Therapieprozesses möglich und unter bestimmten Voraussetzungen erreichbar sind. Entsprechend ist eine andere therapeutische Haltung notwendig, als sie beispielsweise in der Behandlung von Patienten mit neurotischen Störungen erfolgversprechend ist.

Die psychische Repräsentanz des Körpers und seine Rolle in der Ich-Entwicklung

Freud (1911) nahm eine „zwischen Autoerotismus und Objektwahl vermittelnde Phase" an, in der „das in der Entwicklung begriffene Individuum ... zunächst sich selbst, seinen eigenen Körper zum Liebesobjekt nimmt, ehe es von diesem zur Objektwahl einer fremden Person übergeht" (S. 297). Die psychische Besetzung des eigenen Körpers, von Freud als Narzißmus bezeichnet, erfolgt also nach einem Zustand der Ungetrenntheit vom anderen, in dem weder vom Ich noch vom Objekt ein klares, andauerndes inneres Bild vorhanden ist.

Die neuere Kleinkindforschung (vgl. Baumgart 1991, Lichtenberg 1983, Stern 1985) unterscheidet zwischen *Engrammen*, die als Erinnerungsspur, als „Abdrücke realer Welterfahrung (vom intrauterinen Anbeginn an)" (Lorenzer 1983, S. 100) aufgefaßt werden, und *inneren Bildern*, die als affektbesetzte Vorstellungen mit der Fähigkeit zur Symbolisierung aufrechterhalten werden können. Die beginnende Symbolisierung von sich selbst (ein-

165

schließlich des eigenen Körpers) und seinen Beziehungen zu anderen geht einher mit der Sprachentwicklung, wobei die Engramme – vermittelt durch die Mutter/den Vater – „zugehörige Wortvorstellungen" (Freud 1915, S. 300) erhalten und so zu inneren Bildern werden. Die Sprache ermöglicht dem Kind in einem weiteren Schritt, die gebildeten Selbst- und Objektrepräsentanzen in Worte zu fassen und mittels diesen mit anderen zu kommunizieren. Diese (hier nur knapp zusammengefaßte) Differenzierung der Entwicklung psychischen Erlebens ähnelt der in früheren psychoanalytischen Theorien: Freud unterschied zwischen dem Autoerotischen, dem Narzißtischen und dem Ödipalen, Lacan zwischen dem Realen, dem Imaginären und dem Symbolischen, Ruesch zwischen einer organischen, einer Handlungs- und einer symbolischen Antwort.

Am Anfang der Entwicklung vollzieht sich die Bildung des Ichs (Selbst) in der Abgrenzung gegen ein zwar psychisch wirksames, aber noch nicht innerlich repräsentierbares Beziehungsobjekt (besonders die Mutter). Diese Grenzerfahrung wird zunächst körperlich vermittelt und führt dazu, daß mittels der schon entwickelten Handlungsfähigkeiten des Körpers eine erste Form von Autonomie möglich wird. Sie erweitert sich mit der psychischen Besetzung des Körpers. Für Freud (1923) ist das Ich in dieser Zeit „vor allem ein Körperliches, es ist nicht nur ein Oberflächenwesen, sondern selbst die Projektion einer Oberfläche" (S. 253), d. h. der Körper beginnt sich im Ich als affektbesetzte Vorstellung abzubilden. Diese Entwicklung vollzieht sich in Abhängigkeit von einer Beziehung zu einem anderen und setzt von Anfang an ein Erleben des Unterschieds voraus, was die Abgrenzung vom anderen fördert. Kutter (1988) sprach „von einer *gelungenen psychosomatischen Triangulierung* dann, wenn die Körper-Repräsentanz [von der Objekt-Repräsentanz] abgelöst und abgegrenzt ist und die Selbst-Repräsentanz zur Körper-Repräsentanz in einer ausgewogenen Beziehung steht" (S. 227).

Wir vermuten, daß die von uns beschriebenen psychosomatisch Erkrankten zwar mehr oder weniger weit in ihrer entwicklungsmäßigen Abgrenzung in sich selbst und von anderen gekommen sind, aber in ihrer Dekompensierung wieder hinter diese Organisation zurückfallen, so daß sie nicht mehr ausreichend zwischen Repräsentanzen von Ich, Körper und Beziehungsobjekten trennen können. Damit verlieren sie vor allem die Möglichkeit, sich vor Belastungen von außen mittels Abgrenzens und Unterscheidens zu schützen. Mit den dadurch bewirkten körperlichen Spannungszuständen vermögen sie dann nicht mehr so umzugehen, daß diese im Selbst repräsentiert und in Handlungen abgeführt werden können. Konfliktreiche Objektbeziehungen und insbesondere der drohende Verlust von Objekten führen zu Dissoziierungs- und Verdichtungsphänomenen. Das Selbst dissoziiert in verschiedene Strukturanteile. Frühe negative Erfahrungen aus Objektbeziehungen haben als Engramme Erinnerungsspuren hinterlassen, die mit abgespaltenen Körperteilrepräsentanzen verbunden wurden und sich nun in einem erkrankenden Körperorgan symbolisch verdichten. Anders ausgedrückt: unerträgliche, aus enttäuschenden Beziehungen herrührende Spannungen werden auf ein (vermutlich konstitutionell prädestiniertes) Körperorgan, das aufgrund von Dissoziierungsprozessen zu einem „Objekt" geworden ist, verschoben und wirken sich dann in Körperbeschwerden aus. Ähnlich meinte Kutter (1981a), daß „Teile der Körperrepräsentanz als Ersatz für ein nicht zur Verfügung stehendes, sich verweigerndes Objekt hochgradig affektiv besetzt werden" (S. 55). Und Hirsch (1998) folgerte: „Der derart abgespaltene Körper oder Teile von ihm können wie ein äußeres Objekt erlebt und auch verwendet werden" (S. 127). Damit wird der beschädigte Körper zum Grenzort, bei dem nicht mehr sicher ist, ob er eigenes oder fremdes Territorium ist, und in dem die Symptomatik nun das Umgehen mit äußeren realen Objekten steuert.

Auch Hirsch (1997) ging davon aus, daß „eine (pathologisch deformierte) Körpergrenze an die Stelle einer bedrohten Ich-Grenze" tritt – „einmal indem der kranke Körper Objektersatzfunktion bekommt, zum anderen, indem er eine Grenze, eine Barriere gegen ein als zu bedrohlich erlebtes äußeres Objekt aufrichtet"; dabei vermutete Hirsch, daß „ Objektersatz und Grenzfunktion ... die Kehrseiten ein und derselben Medaille" seien (S. 13). In ähnlicher Weise verstand Kutter (1981a u. b) das psychosomatische Symptom als einen Versuch, etwas Drittes, eine Grenze, zwischen das Ich und das als bedrohlich erlebte Objekt zu setzen; entsprechend führe ein Aufgeben des Symptoms zum Erleben archaischer Verlustängste (im Sinne eines „Basiskonfliktes"). So werde im abgespaltenen Körper (oder in bestimmten Bezirken von ihm) mittels der Symptomatik das Negative gebunden, um das Ich (bzw. das Rest-Selbst) in seinen dann stabilen Grenzen zu schützen.

Anzieu (1985) sah in der Haut eine Doppelmembran, die den Körper begrenze und die zugleich eine Kontaktaufnahme zum äußeren Objekt ermögliche. Ausgangspunkt dafür sei eine frühe, unbewußte Phantasie über eine gemeinsame Haut, die das Subjekt und sein primäres Beziehungsobjekt umschließe. Erst durch einen schmerzhaften Trennungsprozeß komme das Subjekt zu einer eigenen Haut und werde dadurch eine abgegrenzte Einheit, die sich als Ich erleben könne. Viele Hautsymptome ließen sich als pathologische Grenzziehung verstehen, wobei sich das Subjekt nur unvollständig von der gemeinsamen Haut mit dem Objekt ablösen könne. So sei beispielsweise das Asthma „ein Versuch, die das Körper-Ich bildende Hülle von innen heraus zu erleben: Der Kranke bläst sich mit Luft so weit auf, bis er von unten die Grenzen seines Körpers spürt und sich auf diese Weise erweiterte Grenzen seines Selbsts sichert" (S. 142). Ebenfalls bei einer Asthma-Patientin beschrieb Schöttler (1981) ein Entgrenzungserleben, das bei einem erstmaligen Wannenbad auftrat, worauf sie in Panik ihre Therapeutin anrief. „Der telefonische Rat, sich zu bürsten und sich somit wieder fühlen zu können, stellte die Grenze erneut her" (S. 130). Erst im Spüren des schmerzenden Körpers wird so die Grenze zwischen innen und außen wieder fühlbar. Zugleich wird dadurch aber möglich, den Körper als eigenen zu erleben, was eine andere Bemerkung dieser Patientin zeigte: „Jetzt kann ich mein Bein als mein Bein spüren", d. h. sie konnte sich ihren Körper, den sie zuvor nicht affektiv von dem ihrer Mutter zu unterscheiden vermochte, aneignen.

Dieser Schritt der Unterscheidung in der Abgrenzung vom anderen hat in der Behandlung von Patienten sowohl für die Errichtung eines eigenen Körperbildes als auch für die Entwicklung von Ich-Funktionen weitreichende Konsequenzen, worauf ebenfalls Schöttler (1981) aufmerksam machte: „Alle Patienten gehen zu diesem Zeitpunkt von der Bezeichung ‚wir' oder ‚man' zur Ich-Form über. Sie hören auf, sich draußen ohne Stadtplan zu verlaufen. Sie bekommen ein Zeitgefühl, ohne auf die Uhr schauen zu müssen und können sich im Raum besser orientieren" (S. 130). Für Küchenhoff (1995) sind die in Psychoanalysen auftauchenden Körperbilder das Kriterium des therapeutischen Fortschritts: „Wichtiger als diese Symptombesserung war mir die Veränderung ihrer Körperbilder, die für mich ein Signal für die Stabilisierung der eigenen Identität gewesen ist. Überwogen anfangs ... Bilder einer ausfließenden und innen strukturlos werdenden Hülle, die nach außen nicht gut abgedichtet ist, so wurden die Körperphantasien oder die auf den Körper verweisenden Raumbilder im Traum in sich untergliederter und strukturierter. Die Räume erhielten Grenzen und Wände und erschienen stabiler" (S. 248f).

Anhand dieser Beschreibung lassen sich die Unterschiede in den Behandlungsergebnissen bei psychosomatisch Kranken nach langer ambulanter oder nach kürzerer stationärer psychoanalytischer Therapie aufzeigen (vgl. Abbildung 4.3). Eine Ich-Stabilisierung fanden wir zwar bei 7 Patienten in den zentralen Metaphern von Abgrenzung (Ente, Regenmantel usw.) bestätigt; sie waren jedoch nur als Abschottung gegenüber realen Objekten zu verstehen. Die Körperphantasien differenzierten sich jedoch nicht, so daß die Aufnahme von Beziehungen zu anderen weiterhin gefährlich-ängstigend erschien. Allerdings gehen sowohl Schöttler als auch Küchenhoff davon aus, daß eine Therapie viele Jahre dauern muß, um zu einer so tiefgehenden und nachreifenden Persönlichkeitsentwicklung kommen zu können.

Auch finden wir bei dieser Patientengruppe noch keine Hinweise auf eine *reflektierende* Wahrnehmung ihrer Selbst (Selbstbeobachtung). Wenn der Therapeut diese Funktion stellvertretend zu übernehmen versuchte – wie es verschiedene Autoren in bestimmten Phasen der ambulanten Therapie beschrieben haben (von Rad 1983, Schöttler 1981) –, konnten sich diese Patienten darauf im stationären Behandlungsverlauf noch nicht einlassen. Aber weil sie – mit Ruesch (1948) gesprochen – von einer organischen Antwort zu einer Handlungsantwort gelangten, konnten sie mittels ihrer körperlichen Aktivitäten (insbesondere spazierengehen) die somatisch sich ausdrückenden Spannungen reduzieren und ihre früheren Ressourcen wiederaufgreifen. Entsprechend vermochten 12 von 16 unserer Patienten ihre psychosomatischen Spannungszustände durch eigene Aktivitäten zu mindern bzw. zu regulieren; 7 von ihnen stabilisierten sich zusätzlich dadurch, daß sie sich zur Umwelt wieder zuverlässig abgrenzen und so in ihren Handlungen eigenständiger erleben konnten.

Bei 3 Patienten gelang es, zu einer konfliktzentrierten Psychotherapie überzugehen, weil sie zur Selbstbeobachtung fähig wurden. Freud (1914) hatte anfänglich die Selbstbeobachtung dem Überich zugeschrieben: „Es wäre nicht zu verwundern, wenn wir eine besondere psychische Instanz auffinden sollten, welche die Aufgabe erfüllt, über die Sicherung der narzißtischen Befriedigung aus dem Ichideal zu wachen, und in dieser Absicht das aktuelle Ich unausgesetzt beobachtet und am Ideal mißt" (S. 162). Dabei erkannte Freud die Schwierigkeit, sich dieser Instanz beobachtend gegenüberzustellen; denn wenn die Selbstbeobachtung tatsächlich im Ich-Ideal verankert ist, kann dieses nicht selbst zum Gegenstand der Beobachtung genommen werden: „Wenn eine solche Instanz existiert, so kann es uns unmöglich zustoßen, sie zu entdecken; wir können sie nur als solche agnoszieren" (ebd.). In genau dieser Schwierigkeit befindet sich der psychosomatisch Kranke. Aufgrund seines fixierten Systems von Idealbildungen und der Schwäche seines Ichs ist es ihm allein nicht möglich, diese Idealbildungen zu reflektieren und damit möglicherweise zu relativieren.

Später ordnete Freud (1938) die Selbstbeobachtung dem Ich zu. Verpflichtet auf die analytische Grundregel soll der Patient „uns nicht nur mitteilen, was er absichtlich und gern sagt ..., sondern auch alles andere, was ihm seine Selbstbeobachtung liefert" (S. 99). Dem Patienten soll es also in der Therapie möglich sein, seine Ich-Funktion der Selbstbeobachtung auf die in ihm wirkenden Kräfte zu richten. Voraussetzung dafür ist, daß der Therapeut libidinös besetzt werden kann. Die positive emotionale Beziehung zum Therapeuten muß ein Gegengewicht zur „Sicherung der narzißtischen Befriedigung aus dem Ichideal" (Freud 1914, S. 162) bilden können. Gerade das ist bei den von uns beschriebenen psychosomatisch Kranken nicht möglich. Sie reagierten mit Mißtrauen und Abwendung, sobald ihr Therapeut nicht ihren Idealbildungen oder sein Verhalten nicht dem Kodex ihrer Wertvorstellungen entsprach. Die Erklärung dafür, daß diese Patienten ihren Psychotherapeuten nicht libidinös besetzen konnten, erscheint einfach: Er gehörte nicht zu ihrer Familie und deren System von Idealbildungen.

In der psychoanalytischen Literatur über Patienten mit psychosomatischen Störungen ist immer wieder deren starke Bindung an die Familie, insbesondere an die Mutter beschrieben worden. Engel und Schmale (1969) sahen im Verlust der Mutter oder einer wichtigen Bezugsperson die typische auslösende Situation für psychosomatische Dekompensationen. Nach Zepf (1981) bleiben psychosomatisch Kranke oft in einer sichernden Bindung an ihre Mutter. Zepf (1986) erklärte dies mit einer restriktiven primären Sozialisationspraxis, die eine Störung im affektiven Austausch zwischen Mutter und

Kind schon „auf der Stufe der Ausdifferenzierung der Interaktionsformen vor dem Hinzutreten der Sprache" bewirke (S. 141f). Und weiter führte er aus:

„Die Einführung von Sprache wird damit nicht verhindert, wohl aber von vorneherein qualitativ verformt. Durchaus können Prädikatoren in breiter Vielfalt eingeführt werden. Zwar erwirbt damit der psychosomatisch Kranke mit der Sprache die allgemeinen, in jeweils besonderer Form im Kopf der an seiner Primärsozialisation beteiligten Figuren existierenden Bedeutungen, die in der gesellschaftlichen Erkenntnistätigkeit entstanden und allgemein verfügbar sind. Die sprachlichen Bedeutungen werden ihm jedoch nicht über die eigene Praxis vermittelt, so daß seine Sprachfiguren weitgehend ohne subjektive Konotationen bleiben" (S. 142).

Ist aber die affektive und sprachliche Kommunikation derart gestört, bleiben sowohl die früh vermittelten Bewertungen von Handlungsmustern und Beziehungen als auch die ebenfalls affektiv vermittelten Ziele und Ideale im Kind weitgehend unverändert bestehen. Weil sich auch keine hinreichend differenzierten und stabilen Selbst- und Objektrepräsentanzen bilden können, bleibt der Heranwachsende an seine ursprünglichen Beziehungsobjekte gebunden und an deren System von Idealbildungen fixiert. Dieser unzureichenden Abgrenzung des Selbst vom Nicht-Selbst korrespondiert eine mangelnde Abgrenzung von Ich und Überich. Damit bleibt auch die Selbstbeobachtung eine Funktion der Idealbildungen (des Ich-Ideals) und kann sich nicht zu einer Ich-Funktion entwickeln, so daß es später auch dem Erwachsenen nicht möglich wird, sich selbst und sein Verhalten zum Objekt eines situationsbezogenen Beobachtens und Wertens zu machen. Das bedeutet nicht, daß der psychosomatisch Erkrankte nicht zu einem Urteilsprozeß (Ruff 1999) fähig ist. Wenn er Scham und Schuld erlebt, weil er nicht seinen Idealbildungen entsprechend gehandelt hat, kann er diese auch wieder ausgleichen, indem er mit verstärkter Anstrengung (meist auf der Leistungsebene) seinen Idealbildungen zu entsprechen sucht. Dadurch wirkt er sozial eher überangepaßt und lange Zeit unauffällig. Sein Werten und Urteilen ist aber rigide und nicht der jeweiligen Beziehungssituation angemessen. Im Überprüfen seiner Wahl fehlt ihm die auf die Situation bezogene reflektierende Selbst- und Fremdbeobachtung, so daß er nur die Übereinstimmung seiner Handlungen mit dem Kodex seiner Handlungsnormen prüfen kann.

Behandlungstechnik im Wertegegensatz zwischen psychosomatisch Er-
kranktem und Therapeuten

Wir haben bisher zwei Aufgaben beschrieben, die ein psychosomatisch
Kranker zu bewältigen hat, um – ähnlich wie Patienten mit neurotischen
Störungen – zu einer Bearbeitung seiner psychischen Konflikte gelangen zu
können. Er muß sich zunächst (wieder) ausreichend gegenüber seiner Umwelt abgrenzen können und zu einer eigenständigen Spannungsregulierung
kommen. Dann muß er sich auf eine Beziehung zu einem Behandler so einlassen, daß seine Vorstellungen über seine Erkrankung und deren Entwicklung zur Sprache kommen können. Dazu ist Voraussetzung, daß der Therapeut die psychosomatische Störung auch als Ausdruck und Folge einer
(schon in der Kindheitsentwicklung) qualitativen Verformung von Sprache
versteht. Das starre, „verobjektivierte" System von Wortvorstellungen, dem
entsprechend rigide Idealbildungen und Handlungsanweisungen Bedeutungen vermitteln sollen, muß vom Therapeuten hinterfragt und umgedeutet
werden. Die Erarbeitung einer subjektbezogenen Sprache ist daher die wesentliche Aufgabe im folgenden Therapieabschnitt, was den Patienten erst
dann zum Verständnis seiner Konflikte führen kann.

In der dritten Kasuistik konnten wir zeigen, wie eine Patientin ihre Spannungszustände während der Körperwahrnehmungsübungen zunächst noch
„objektivierte" im Körper. Erst in einer Widerspiegelung ihres Körpers als
Ort erlebter Spannungen begann sie, sich selbst zu beobachten und in differenzierten Gefühlszuständen das sprachliche Symbol für ihre Körperspan-
nung zu finden. In der Gestaltung einer Gruppencollage gelang ihr dann in
symbolisierten Bilder der Zugang zu Konflikthaftem in ihr.

So kommt der psychosomatisch Kranke in eine stationäre Psychotherapie
zunächst mit seinem Körper, der für ihn nur das Objekt ist, an dem und
durch den er leidet. Langsam versteht er dann den Körper als den Austra-
gungsort seiner psychosomatischen Spannungen. Aufgrund *erträglicher*
Enttäuschungen in der Therapie entdeckt er den Körper als ein Objekt, mit
dem er gezielt handelnd Spannungen im Körper reduzieren kann. Indem der
Körper zum Erfolgsorgan für seine Aktivitäten wird, erlebt der Patient wieder ein „Zeit-, Ich- und Lebendigkeitsgefühl" (Plassmann 1996, S. 19) und
damit sich selbst in gewissen Möglichkeiten und Grenzen gegenüber seiner

172

Umwelt und seinem System von Idealbildungen. Aber erst wenn es ihm gelingt, die bisher somatisierten Spannungen symbolisch in einer subjektbezogenen Sprache und entsprechend in Affektäquivalenten zu fassen, vermag der Kranke sich der Realität seiner psychosomatischen Konflikthaftigkeit zu stellen und diese zu bearbeiten (vgl. Abbildung 4.4).

Es bleibt die Frage, wie die von uns auf empirischem Weg gefundenen Therapieprozesse zu beurteilen sind[*]. Die Zielsetzungen in der psychoanalytischen Behandlung psychosomatisch Kranker waren früher die gleichen wie bei neurotischen Störungen: „Psychosomatische Erkrankungen unterscheiden sich ... in ihrer Herkunft nicht von den Psychoneurosen. Infolgedessen ist auch die gleiche Therapie indiziert, die es dem Patienten möglich machen soll, die Angst erweckenden Konflikte bewußt werden zu lassen, um sie erneut, unter besserer Einschätzung der Realität, zu bearbeiten" (Mitscherlich 1967, S. 257). Diese Sicht- und Vorgehensweise hatte dazu geführt, daß eine Therapie psychosomatisch Erkrankter als schwierig und frustrierend angesehen wurde und daß sich die Patienten oft überfordert erlebten, was die Beziehungen zwischen Therapeuten und Patienten zusätzlich belastete (z. B. Sifneos 1973). Heute wird entweder eine Anpassung der Deutungstechnik gefordert (Plassmann 1996) oder ein therapeutisches Phasenmodell favorisiert, bei dem während eines mehrjährigen Behandlungsverlaufes eine anfangs nicht aufdeckende Therapie schrittweise in eine psychoanalytische überführt wird (Küchenhoff 1995). Damit scheint das von Mitscherlich geforderte konfliktzentrierte Vorgehen aber bloß zeitlich verschoben, nicht aber wirklich relativiert worden zu sein.

---

[*] Zunächst sei nochmals festgestellt, daß unsere Untersuchung in keiner Weise auf die Behandlungstechnik der Psychotherapeuten Einfluß nahm, weil diese die Ergebnisse erst nach Abschluß unserer Studie erfuhren. Daß die Patienten die Interviewer als unabhängig von ihren Therapeuten erlebten, zeigten ihre auch kritischen Bemerkungen über ihren Aufenthalt und ihre nicht selten von ihrem Therapeuten abweichenden Meinungen zum therapeutischen Vorgehen; dieses schien uns häufig zu früh auf Konflikte zentriert. In einem validierenden Untersuchungsgang, in dem wir neben einem Patienten auch dessen Therapeutin und den Pflegebereich interviewten, bestätigte sich dieser Eindruck, daß die Therapie zu konfliktorientiert geführt worden war. Deswegen gehen wir davon aus, daß die von uns beschriebenen Entwicklungsprozesse weitgehend spontan und weniger durch Intention der Behandler zustande gekommen sind.

Eine derartig modifizierte psychoanalytische Methode ist bei einem Teil der psychosomatisch Kranken sicherlich anzustreben – in unserer Untersuchung war ein solches Vorgehen nur bei 3 von 16 Patienten möglich. Wie sind dann aber die Therapieergebnisse bei den anderen unserer Patienten zu beurteilen? Wenn auch die meisten Patienten mit dem Behandlungserfolg zufrieden waren und sich fähig erlebten, in ihren Alltag zurückzukehren – müßten sie nicht als Therapieabbrecher gewertet werden? Aber kann das, was bei der Behandlung neurotisch Kranker gilt, auch der Maßstab sein für die Behandlung einer anders gestörten Patientengruppe?

Um nicht eine andere psychische Realität bei diesen Kranken annehmen zu müssen, wurde den Therapeuten in der Behandlung psychosomatisch Kranker empfohlen, sich ausführlich auf die Symptomatik des Patienten einzulassen, diese zu lindern und nicht vorschnell die Therapie auf psychodynamische Zusammenhänge zu lenken (Schöttler 1981, von Rad 1983). Dies ist zwar wichtig, damit sich überhaupt eine therapeutische Beziehung entwickeln kann und damit sich der Patient in seinem Leiden an- und ernstgenommen zu erleben vermag. Allerdings kann ein solches Zentrieren auf die Symptomatik zur weiteren Regression einladen, wenn sie nicht darauf abzielt, die dem Patienten möglichen Ressourcen zu einem konstruktiven Umgang mit seinen psychosomatischen Spannungen zu aktivieren, wie es Kutter (1988) vorschlug, wobei „der Therapeut über weite Strecken als Ideal-Objekt oder Hilfs-Ich" fungieren solle (S. 231).

Eine auf Handlungen gerichtete und den Körper einbeziehende Aktivität ermöglicht dem Patienten, seine Symptomatik progressiv anzugehen und sich in einer begrenzten Autonomie zu stabilisieren, ohne daß damit schon der zugrundeliegende spezifische Konflikt angegangen werden kann. Statt einer konfliktzentrierten Psychotherapie empfahl auch Kutter (1988), dem Patienten „Rückhalt" zu geben, damit dieser seinen Körper „ kennenzulernen und nach und nach zu ‚bewohnen'„ vermag; indem der Patient „nie wahrgenommene Körpergefühle langsam wahrnehmen" könne, lerne er, „mit den zuvor abgespaltenen Körperbereichen schonend, liebevoll, zärtlich und verständnisvoll umzugehen" (S. 231). Darin – und nicht erst im Aufdecken und Bearbeiten der Konflikte mit Anerkennen der psychischen Realität – besteht schon eine dem psychosomatisch Kranken angemessene Psychotherapie.

Kapitel 5

Therapieverläufe bei strukturellen Störungen

Einleitung

Die Untersuchung von Patienten der sozialpsychiatrischen Abteilung in der Klinik Wittgenstein stellte uns vor eine andere Aufgabe als die Untersuchung der vorangegangenen Patientengruppen. Im Hinblick auf Patienten mit neurotischen Erkrankungen konnten wir uns auf weitgehend gesichertes psychoanalytisches Wissen stützen und uns darauf konzentrieren, die Etappen des Therapieverlaufs herauszuarbeiten. Bei Patienten mit psychosomatischen Erkrankungen kamen wir erst während der Untersuchung zu einem vertieften theoretischen Verständnis der psychosomatischen Dynamik und konnten danach einen typischen Verlauf formulieren. Als wir uns der dritten Patientengruppe zuwandten, mußten wir feststellen, daß diese im Vergleich zu den beiden anderen auffallend inhomogen war.

In der sozialpsychiatrischen Abteilung der Klinik Wittgenstein werden Patienten mit psychotischen Erkrankungen, schweren Persönlichkeitsstörungen, Traumatisierungen und in Adoleszenzkrisen behandelt*. Weder das

---

* Die Krankheitsbilder dieser Patienten fassen wir unter dem Begriff der „strukturellen Störungen" zusammen. Entwicklungspsychologisch gesehen ist die Persönlichkeitsorganisation oder Struktur des Selbst das Ergebnis eines Reifungsprozesses mit zunehmender Differenzierung und Integrierung von Objekt- und Selbstrepräsentanzen. Strukturelle Störungen sind dann mit Rudolph u.a. (1995) zu verstehen als Resultat entweder einer „defizitären Entwicklung" oder einer „regressiven Entdifferenzierung" (S. 203). Wie Kernberg (1970) unterscheidet auch die Operationalisierte Psychodynamische Diagnostik (OPD) die strukturelle Integration auf 4 verschiedenen Niveaus, wobei das Selbst in Beziehung zu anderen anhand verschiedener Fähigkeiten (zur Selbstwahrnehmung, Selbststeuerung, Abwehr, Objektwahrnehmung, Kommunikation, Bindung) eingeschätzt wird. Das Strukturniveau unserer Patienten der sozialpsychiatrischen Abteilung war gekennzeichnet von Desintegration oder geringer Integration, wobei das Ziel der stationären Therapie meist das Erreichen des jeweils nächsthöheren Niveaus war.

Konfliktgeschehen noch die Persönlichkeitsorganisation waren in dieser Patientengruppe homogen, so daß beide nicht Leitfaden unserer Untersuchung sein konnten. Schließlich fanden wir, daß es bei diesen Patienten bezüglich des Themas der Separation und Individuation eine Gemeinsamkeit gibt, die uns als Leitlinie geeignet erschien. So kamen wir zu der Frage, ob die Identitätsentwicklung der Patienten durch die Art ihrer Beziehungen, wie sie diese in der stationären Psychotherapie erfahren und gestalten, behindert oder gefördert wird. Wir fanden 2 wesentlich unterschiedliche Beziehungsformen: die eine ist dadurch geprägt, daß die Patienten zunächst in einer einzigen idealisierten Beziehung Halt suchten und anderen Möglichkeiten von Beziehungen mißtrauisch begegneten; in der anderen Beziehungsform konnten sich die Patienten auf verinnerlichte positive Beziehungserfahrungen stützen, um aktiv Beziehungen zu anderen unterschiedlich zu gestalten. Unsere Grundfrage nach verschiedenen Phasen im Therapieverlauf wurde also ergänzt durch die Frage nach jenen Voraussetzungen, die die Identitätsentwicklung* eines Patienten unterstützen. Entsprechend formulierten wir folgende Fragestellungen:

– Welche Phasen lassen sich in der Therapie bei Patienten mit strukturellen Störungen unterscheiden?
– Welche Art der Beziehung fördert in den verschiedenen Phasen die Entwicklung der Individuation *?

---

* Die Begriffe der *Identitätsentwicklung* und der *Individuation* benutzen wir hier ähnlich synonym wie Mahler (1972). Mit dem Prozeß von Loslösung und Individuation, der „Geburt des Kindes als Individuum" (S. 24), geschehe auch die Identitätsbildung; denn Ziel dieses Prozesses sei ein fundiertes Selbstbild mit einem „>Identitätsgefühl<, das hinsichtlich seiner libidinösen Besetzungen stabil ist" (S. 20). Das Gefühl, mit sich identisch zu sein, entwickelt sich also mit der Bildung eines stabilen, kohärenten Selbst, das sich in seinem geschichtlichen Gewordensein als Kontinuum begreifen kann. Wenn auch Jung (1921) Identität anders definierte, nämlich als ein „unbewußtes Gleichsein mit den Objekten" (Nr. 741), so begriff auch er Individuation als einen „Differenzierungsprozeß, der die Entwicklung der individuellen Persönlichkeit zum Ziele hat" (Nr. 743), wobei sich nur in kollektiven Beziehungen die „Erweiterung der Sphäre des Bewußtseins" ereigne (Nr. 748). Wenn wir beide Begriffe nebeneinander benutzen, so meinen wir also damit den Vorgang des Bewußtwerdens seiner Selbst als eines sich gleichbleibenden, einmaligen Individuums inmitten anderer Individuen.

176

- Welche Abwehrmechanismen setzen Patienten in den verschiedenen Phasen ein, um ihre Ich-Grenzen aufrechterhalten zu können?
- Lassen sich typische Untergruppen mit gemeinsamen Entwicklungsprozessen unterscheiden?

Beschreibung der Stichprobe

Wir untersuchten 16 Patienten – 9 Frauen und 7 Männer –, die von niedergelassenen Ärzten eingewiesen wurden und die wir nach dem Zufallsprinzip auswählten. Sie wurden in der sozialpsychiatrischen Abteilung der Klinik Wittgenstein durchschnittlich 14,5 Wochen (zwischen 9 und 25 Wochen) behandelt. Sie waren zwischen 18 und 51, durchschnittlich 33 Jahre alt. Im Vergleich zu den beiden anderen Stichproben waren die Patienten der sozialpsychiatrischen Abteilung weniger gut sozial integriert: nur 1 Patient war selbständig, 8 arbeiteten in einem Angestelltenverhältnis, 3 waren in Ausbildung, 2 hatten keine Arbeitsstelle und 2 waren frühberentet. Auch lebten sie weniger häufig in festen Partnerschaften und hatten nur selten eigene Kinder. Oft war die Beziehung zu den eigenen Eltern noch eng.

Diagnostisch litten alle Patienten unter mehrfachen psychischen Störungen (Abbildung 5.1). Dabei standen Persönlichkeitsstörungen (ICD-10: F60) häufig kombiniert mit phobischen Störungen (ICD-10: F40) im Vordergrund. Daneben fanden sich fünf Patienten mit psychotischen Störungen (ICD-10: F20, F23). Auffallend oft waren die Patienten noch in einer Adoleszenzkrise.

Während der 4tägigen stationären Voruntersuchung (Ruff 1983) erfolgt die Zuweisung der Patienten zur sozialpsychiatrischen Abteilung dann, wenn bei ihnen strukturelle Defizite (mehrere schwerer gestörte Ich-Funktionen, niedriges Strukturniveau) diagnostiziert werden und wenn eine konfliktorientierte Behandlung nicht indiziert erscheint. Zu Beginn der stationären Therapie eines Patienten wird ein individueller Behandlungsplan aufgestellt, der neben der Psychotherapie sowohl Psychopharmakotherapie als auch Anwendungen in den Begleittherapien (Bewegungs-, Ergo-, Arbeits- und physikalische Therapie) enthalten kann. Die Psychotherapie erfolgt sowohl in einer interaktionellen oder ich-stützenden Einzeltherapie, die je nach

Nennungen	Diagnosen nach ICD-10 (bei n = 16 oft Multimorbidität)	
2	F19.1	Störungen durch multiplen Drogenmißbrauch
3	F20.0	paranoide Schizophrenie
1	F22.0	wahnhafte Störung
1	F23.3	akute wahnhafte Störung
1	F31.3	bipolare affektive Störung
1	F32.0	depressive Episode
2	F32.2	rezid. depressive Störung
7	F40.0	Agoraphobie (teils mit Panik)
2	F40.1	soziale Phobien
1	F41.0	sonstige Panikstörungen
2	F43.2	Anpassungsstörungen
4	F45.3	somatoforme autonome Funktionsstörungen
1	F60.0	paranoide Persönlichkeitsstörung
3	F60.1	schizoide Persönlichkeitsstörung
2	F60.3	emotional instabile Persönlichkeitsstörung
2	F60.6	ängstliche Persönlichkeitsstörung
1	F60.7	abhängige Persönlichkeitsstörung
1	F60.8	sonstige Persönlichkeitsstörung
3	F62.0	andauernde Persönlichkeitsänderung nach Extrembelastung

Abb. 5.1: Diagnose-Nennungen nach ICD-10 (ohne somatische Diagnosen).

klinischer Situation in ihrer Frequenz variiert, als auch in einer themenzentrierten interaktionellen Gruppentherapie und wird oft kombiniert mit verhaltenstherapeutischen Techniken (z. B. Tagesstrukturierung, Angstexpositionstraining). Dabei werden 3 Zielsetzungen in der Behandlung unterschieden: zunächst soll durch Reintegration der Ich-Funktionen eine „Ich-Stabilisierung" erreicht werden; danach wird der „Ich-Schutz" gestärkt; schließlich soll die „Ich-Reifung" angestoßen werden (Ruff u. Leikert 1994a, S. 325). Auch bei psychotischer Dekompensation oder akuter Suizidalität kann die Kontinuität der Behandlung durch Verlegung in ein Akut-Bett-Zimmer auf der Abteilung gewährleistet werden.

Das behandlungstechnische Konzept der Abteilung im Sinne einer „psychoanalytisch konzipierten Teamtherapie" (Ermann 1988) legt seinen

178

Schwerpunkt auf die Gestaltung des stationären Alltags. Deswegen werden die Beziehungen der Patienten untereinander von allen Mitgliedern des therapeutischen Teams immer wieder thematisiert. Darauf zentriert ebenso der Leiter der Abteilung in seinen wöchentlichen Visiten. Auch werden Kurse zum Erwerben und Trainieren sozialer Fähigkeiten (z. B. Kochen, Haushaltsgestaltung) angeboten. Die Verlegung auf eine Übergangsstation ermöglicht vor der Entlassung, Prozesse der Trennung und Verselbständigung gezielt zu thematisieren, zu bearbeiten und einzuüben.

Die Psychotherapeuten der sozialpsychiatrischen Abteilung, von denen jeder 7 bis 9 Patienten behandelt, sind Ärzte und Diplom-Psychologen mit mehrjähriger Berufserfahrung. Sie sind teilweise in einer Weiterbildung zum Facharzt für Psychiatrie oder Psychotherapeutische Medizin und teilweise in psychoanalytischer Weiterbildung. Sie bilden mit den Krankenschwestern und Pflegern, die oft in Weiterbildung zur Fachkraft für Psychiatrie und Psychotherapie sind, das jeweilige Team der 3 Stationen in der Abteilung. Wöchentlich findet eine Besprechung mit den Begleittherapeuten über die Entwicklung der Patienten statt. Und wöchentlich wird das Team von einem externen Psychoanalytiker supervidiert. Der leitende Abteilungsarzt spricht mit den Patienten in regelmäßigen Visiten, Zweitsichten und Fallkonferenzen. Die medizinische Versorgung der Patienten und eine evtl. notwendige psychiatrische Behandlung werden von Ärzten übernommen, die nicht selbst Psychotherapeuten der betreffenden Patienten sind. Das Konzept der Abteilung wurde während unserer Untersuchung nicht verändert, auch wurden Teilergebnisse unserer Studie nicht an die Mitarbeiter der Abteilung weitergegeben.

Unsere Hypothesenbildung

Die Vorbesprechung zu diesem Teil der Untersuchung verlief anders als die früheren Vorbesprechungen. Als wir das Untersuchungsdesign für die Patienten mit neurotischen Störungen besprachen, herrschte eine konzentrierte Arbeitsatmosphäre, in der wir Hypothesen aufstellten, die sich mehrheitlich als tragfähig erwiesen. Bei der Vorbesprechung für die Gruppe der psychosomatisch erkrankten Patienten war die Atmosphäre unlebendig, wobei wir schullehrerhaft eine Abfolge von Lernschritten aufstellten, die wir von den Patienten erwarteten; einige Hypothesen erwiesen sich zwar als zutreffend, aber auffallend war im nachhinein, daß diese Gruppenatmosphäre bereits das darstellte, was wir später auf der theoretischen Ebene rekonstruierten: ein durch rigide Normen in seiner Autonomieentwicklung beeinträchtigtes Ich.

Die Atmosphäre in der Vorbesprechung zu den Patienten mit strukturellen Störungen war dagegen turbulent: Wir sprangen von einem Thema zum nächsten, um uns dann zur Ordnung zu rufen. Immer wieder assoziierten wir eigene anekdotenhafte Erlebnisse aus unseren früheren Behandlungen ähnlicher Patienten. Aus der gehobenen Stimmung kippten wir leicht in resignativen Unmut, wenn wir uns an unser oft fruchtloses Bemühen um diese Patienten erinnerten. So fiel es uns schwer, zu abstrahieren und zu Hypothesen zu kommen, die einen typischen Therapieverlauf hätten darstellen und erklären können. Stattdessen fanden wir zunächst nur eine Unmenge krisenhafter Konstellationen, die das Charakteristikum dieser Patientengruppe zu sein schienen.

Im nachhinein lassen sich unsere Schwierigkeiten parallelisieren mit den Problemen dieser Patientengruppe. Unsere gehobene Stimmung, in der uns viele Anekdoten einfielen, ist vergleichbar mit der maniformen oder idealisierenden Abwehr destruktiven Potentials bei diesen Patienten. Sie entspricht einer konkordanten Gegenübertragung des Therapeuten zu seiner Idealisierung durch den Patienten am Beginn der Behandlung. Wie diese Patienten neigte die Forschungsgruppe auch dazu, sich in Einzelheiten zu verlieren. Statt wie in früheren Sitzungen Aggressivität in strukturierenden Funktionen zu binden, drohten wir die Übersicht zu verlieren und Aggressionen mittels „Spaltungen" (vom Hundertsten aufs Tausendste) abzuwehren. In abgeschwächter Form bildete die Forschungsgruppe hier die strukturellen Störungen der Patienten ab. Und so wie diese Patienten erst in der Therapie langsam dazu kommen, Aggressivität in produktive Formen von Abgrenzungen und Auseinandersetzungen mit Fremdem umzusetzen und schließlich bis zum Erkennen von Konflikthaftem zu nutzen, brauchten auch wir Zeit im Forschungsprozeß dieser Patientengruppe. So diskutierten wir lange darüber, ob wir mit einer einzigen typischen Beschreibung des Therapieverlaufes auskommen können oder mindestens zwei brauchen. Viele Vorschläge für eine Übersicht diskutierten und verwarfen wir wieder, wobei uns besonders Probleme von Integration und Abgrenzung schwer zu schaffen machten.

Unser Arbeitsprozeß wies Analogien zu Reifungsprozessen in der Identitätsentwicklung auf (dargestellt in Abb. 5.2). Zwar läßt sich jeder Forschungsprozeß, in dem Vorschläge diskutiert, angenommen, abgelehnt und verändert werden bis zum letztlich befriedigenden Ergebnis, mit einer Identitätsentwicklung vergleichen, aber bei keiner unserer bisherigen Patientengruppen fiel uns dies so auf wie bei dieser. Das läßt sich auch nicht durch die wachsende Erfahrung unserer Forschungsgruppe erklären. Im Gegenteil, der Forschungsprozeß verlief bei Patienten mit neurotischen Störungen in gewisser Weise professioneller: Wir kamen ziemlich rasch zu einem klaren Verlaufstyp, den wir dann in Frage stellten und kritisch überprüften. Da wir überdies alle schon mit Kranken, die diesen verschiedenen Patientengruppen entsprachen, langjährig therapeutisch gearbeitet hatten, waren uns jene Patienten nicht weniger vertraut als diese.

Hypothesen sind für uns nicht (im Sinne positivistischer Forschung) bestimmte Fragen, auf die in vorab festgelegten Kategorien dann das Experiment eine Antwort gibt. Vielmehr verstehen wir die Hypothesenbildung im Prozeß psychoanalytischer Forschung als von vornherein auf die jeweilige Patientengruppe bezogen. Es gibt dabei keinen Bezugspunkt, der schon vor Beginn der Forschung objektiv ist und durch den Gegenstand der Forschung nicht beeinflußt werden kann (vgl. Kapitel 1). Deswegen ist psychoanalytische Hypothesenbildung zunächst nur ein erster Schritt von der intuitiven zu der wissenschaftlich reflektierten Beschäftigung mit der Wirklichkeit der Patienten und muß folgerichtig immer wieder während des Untersuchungsganges überprüft werden (vgl. Kapitel 2).

Die Ergebnisse unserer Untersuchungen

Das folgende Schema (Abbildung. 5.2) versucht, sowohl die Eigenart als auch die Heterogenität von Patienten mit strukturellen Störungen, wie sie auf der sozialpsychiatrischen Abteilung der Klinik Wittgenstein behandelt werden, darzustellen. Es ist anders zu lesen als unsere bisherigen typisierenden Übersichten. Wir haben in Abbildung 5.2 eine Reihe von typischen Konstellationen im Beziehungsgeflecht der stationären Behandlung beschrieben. Diese Konstellationen folgen einander und entsprechen bestimmten Etappen der Individuation und der Ablösung von den elterlichen Objekten.

Im Unterschied zu den bisher vorgestellten Übersichten der anderen Patientengruppen fallen Beginn und Ende des jeweiligen Therapieverlaufes nicht mit Anfang und Schluß dieses Schemas zusammen. Je nach Entwicklung seiner Individuation beginnt ein Patient an verschiedenen Stellen in diesem Schema (vgl. Kasuistik I und II). Die Wirksamkeit seiner Therapie zeigt sich dann darin, wie weit er in seiner Identitätsentwicklung fortschreiten konnte.

Empirisch ließen sich vor allem 2 Patientengruppen unterscheiden. Die 7 Patienten der *ersten Gruppe* besetzten ihren Einzeltherapeuten zunächst intensiv positiv. Sie idealisierten die Beziehung zu ihm und hielten zu ihren Mitpatienten mehr oder weniger mißtrauisch Abstand (sie *beginnen in Phase A*). In der *zweiten Gruppe* suchten die 6 Patienten gleich zu Beginn ihres Aufenthaltes intensiven Kontakt zu Mitpatienten, während sie ihren Einzeltherapeuten eher negativ besetzten oder die Bedeutung ihrer Beziehung zu ihm herunterspielten (sie *beginnen in Phase D*). Diagnostisch war auffallend, daß zur ersten Gruppe der Patienten solche mit Persönlichkeitsstörungen oder Psychosen gehörten, während bei den Patienten der zweiten Gruppe ein Adoleszenzkonflikt mit entsprechenden Störungen festzustellen war. Untypisch und nicht einer dieser beiden Gruppe zuzuordnen waren 3 Patienten, die trotz fortgeschrittener Individuation in einem Zustand starker Ich-Regression aufgenommen wurden. Ihr Verhalten und ihre Themen zu Beginn ihrer Therapie, über die sie uns berichteten, wiesen oft Merkmale verschiedener Phasen auf.

Entwicklung in der Therapie:	Identitätsentwicklung:
A: Zwischen Mißtrauen und Idealisieren	*Abhängigkeit in Dyade*
- Furcht vor Bemächtigung/Angstabwehr - Wünsche nach intensiver einzelpsychotherapeutischer Betreuung - Sich-Aufgehoben-Fühlen ermöglicht (brüchige) idealisierte Beziehung zum Therapeuten - ängstliche Haltung zu Mitpatienten	- Abhängigkeit aller Ichleistungen (Synthese, Grenzsetzung, Wertsetzung) von der Mutter - Bindung an präödipale Liebesobjekte - primäre Passivität - Projektion und Idealisierung
B: Mehrere Dyaden	*Zeitweise Loslösung gestützt auf Mutter*
- Möglichkeit zu Beziehungen, in denen Ähnlichkeiten erlebt werden - Aktivieren von Ressourcen (z. B. in Begleittherapien) - Ertragen von enttäuschender Realität in Beziehungen zu anderen und sich selbst	- Erproben eigener Aktivitäten durch Möglichkeit, Ichleistungen zeitweise selbst integrieren zu können - Besetzung des Ichideals mittels narzißtischer Libido - Wahrnehmen von Selbstkohärenz
C: Erleben von Unterschieden in dyadischen Beziehungen	*Entwicklung von Selbstkonstanz, Triangulierung*
- Unterschiede als Anregung, eigene Position wahrzunehmen - Austragen kleiner Konflikte gestützt auf andere - Erweitern eigener Fertigkeiten nach dem Vorbild anderer	- Erweitern von Ichfunktionen (besonders Differenzierung) - Erproben aggressiver Abgrenzungen und libidinöser Wünsche
D: Von der Einzel- zur Gruppenbeziehung	*Loslösung von Eltern gestützt auf Gruppe*
- Gruppe als meist verständnisvolles, präsentes Objekt - Herunterspielen der Bedeutung des Einzeltherapeuten - Soziales Lernen in der Gruppe	- Loslösen von internalisierten Haß-/Liebesobjekten - Hinwendung zur Gruppe als übergreifender Identität - Experimentieren mit Gleichaltrigen - Relativieren elterlicher Werte und Normen
E: Verselbständigen innerhalb der Gruppe	*Individuum in der Gruppe*
- Wahrnehmen von Differenzen innerhalb der Gruppe - Neue Vorbilder für Beziehungen werden gesucht - Der Therapeut wird mehr als Partner erlebt	- Nicht-elterliche Erwachsene als neue Vorbilder - Erproben versch. Rollen (teilweise auch im Gegensatz zur Gruppe) - Reflexive Selbsterfahrung
F: Identität und persönliche Beziehungen	*Konsolidierung der Identität*
- Initiative zum eigenen Lebensentwurf - Möglichkeit zur Reflexion innerer Konflikte - Übernehmen von Verantwortung - Gestalten persönlicher Beziehungen	- Differenziertes Bild von sich selbst - Aufnahme von selbstgestalteten Beziehungen (insbesondere sexuellen Beziehungen) - Möglichkeit, den ödipalen Konflikt auszutragen

Abb. 5.2: Idealypischer Therapieverlauf bei strukturellen Störungen im Vergleich mit der Identitätsentwicklung

Typisierende Beschreibung I

Phase A: Zwischen Mißtrauen und Idealisieren

Furcht vor zerstörender Bemächtigung oder Angstabwehr

Häufig erinnerten Patienten, daß sie bei ihrer stationären Aufnahme sehr mißtrauisch gegenüber der Klinik waren, die sie als anonyme Macht erlebten. Nur aufgrund ihrer ausweglos erscheinenden Lebenssituation (Suizidalität, Angst, Depressivität) waren sie überhaupt bereit, sich auf eine Behandlung einzulassen. „Mit dem Rücken zur Wand"* sah mancher in der Therapie die „letzte Chance" vor einem sonst drohenden Zusammenbruch.

Die Patienten erlebten sich dabei feindlichen Objekten, auf die sie ihre, meist archaische Aggressivität und Destruktivität projizierten, ohne ausreichenden Schutz ausgeliefert. Positive, hoffnungsvolle Gefühle werden nicht artikuliert, stattdessen überwiegen Äußerungen von Angst, Vorsicht oder Mißtrauen. Angst wurde z. B. im Bild einer „Zwangsjacke" ausgedrückt, in dem sich zunächst die Furcht vor Grenzüberschreitungen anderer abbildete, aber nicht die Angst vor dem Verlust der eigenen Impulskontrolle bewußt wurde. Eine Patientin träumte zu Beginn ihrer Therapie, sie müsse in den Keller gehen und dort „eingefrorene Menschenteile essen"; sie verknüpfte dies mit der Sorge, ihr würden in der Behandlung Dinge zugemutet, die sie eigentlich nicht tun könne. Sie erwartete also einen Übergriff auf ihre Integrität, die sie nicht selbst glaubte schützen zu können bzw. zu dürfen. Eigene Aggressivität konnte erst später bewußt und eingestanden werden; zu Beginn ihres Aufenthaltes erlebten Patienten sich häufig als Opfer, wenn sie alles Böse in Objekte der Außenwelt projizierten. Zugleich erwarteten und ersehnten sie sich ein Objekt, das sie schützen sollte.

Während jene Patienten starke Ängste und Befürchtungen erlebten, wehrten andere Patienten ihre Ängste ab, wobei oft gleiche unbewußte Phantasien wirksam waren. Diese Patienten erinnerten sich im Abschlußinterview an keine Angstgefühle bei und nach ihrer stationären Aufnahme. Sie

---

* Zitate aus den Abschlußinterviews

seien mit einer positiven Einstellung zur Behandlung gekommen, wobei sie sich auf den Rat ihres ambulanten Therapeuten bezogen. Sie hätten sich darauf gefreut, neue Menschen kennenzulernen. Auch ihren neuen Psychotherapeuten hätten sie ohne Angst erlebt. So schienen sie voller Hoffnung und ohne Befürchtungen, daß sich ihre Erwartungen nach Ruhe und Harmonie nicht erfüllen könnten. Als der Therapeut einer Patientin 2 Wochen nach ihrer Aufnahme für längere Zeit ausfiel, stand für sie ein Therapeutenwechsel an. Sie empfand dies als nicht problematisch. Wenig später aber dekompensierte sie mit der wahnhaft erlebten Idee, sie müsse in der frühen Kindheit sexuell mißbraucht worden sein, wofür sich in ihrer Lebensgeschichte jedoch keine Hinweise fanden und wovon sie sich später auch wieder distanzieren konnte. Deswegen führten wir ihre Dekompensation auf den plötzlichen Wegfall der haltenden Beziehung zu ihrem Therapeuten zurück und interpretierten ihren behaupteten frühkindlichen Mißbrauch als Ausdruck für ihr momentanes Erleben, dem Mißbrauch durch ihren bisherigen Therapeuten (indem er sie verließ) oder durch ihren neuen Therapeuten (indem er dessen Stelle einnahm) ungeschützt ausgesetzt zu sein. – Diese Gruppe von Patienten war in ihrer Wahrnehmung von „negativen" Affekten erheblich eingeschränkt, wobei sie alle Beziehungen zu anderen idealisierten. Bei beiden Patientengruppen fanden wir zu Beginn ihrer stationären Aufnahme also unterschiedliche Spaltungsprozesse.

Wünsche nach intensiver einzelpsychotherapeutischer Betreuung

Beide Patientengruppen suchten anfangs ein als allmächtig phantasiertes Objekt. Unbewußt sollte es sie davor schützen, von archaischen Impulsen oder destruktiven Affekten, die sie bisher nur mittels Projektion oder Verleugnung hatten abwehren können, überwältigt zu werden. Darüber hinaus sollte dieses Objekt eine umfassende Versorgung sicherstellen, so daß auch keine Spannungen und Konflikte drohen würden, die eine psychische Desintegrierung hervorrufen könnten.

Für eine derartige exklusive, dyadische Beziehung bietet sich der Einzelpsychotherapeut an. Damit diese therapeutisch wirksame Beziehung gelingen kann, ist wichtig, daß er den Patienten in der Klinik begrüßt und besonders zu Beginn der Behandlung zeitlich zur Verfügung steht. Entsprechend betonten diese Patienten im Abschlußinterview, daß nur ihr Einzelpsycho-therapeut anfangs ihr Halt gewesen sei, aufgrund dessen sie in der Klinik geblieben wären. Von ihm und seiner Zugewandtheit hing zu Beginn also weitgehend Scheitern oder Gelingen der Therapie ab.

Der Therapeut wird aber auch mehr oder weniger bewußt getestet, wie weit er mit Eigenarten, Bedürfnissen und Schwächen des Patienten umgehen kann (vgl. Kasuistik I). Aufgrund unserer Erfahrungen scheint es notwendig zu sein, dies zu akzeptieren, aber nicht schon zu thematisieren.

Sich-Aufgehoben-Fühlen ermöglicht (brüchige) idealisierte Beziehung zum Therapeuten

Selbst wenn der Therapeut dann gelegentlich abweisend erlebt wurde, ver-suchten Patienten stets, die Beziehung zum Therapeuten weiter zu idealisie-ren. Auf nicht verständliche oder verletzend erlebte Aussagen ihres Thera-peuten reagierten sie innerlich mit Uminterpretationen wie „der wird schon wissen, was er tut und was gut ist". Allerdings sprachen sie dies in der je-weiligen Situation nicht an, und häufig schienen Therapeuten dies auch nicht zu bemerken. – Diese Idealisierung ist ein notwendiges Gegengewicht gegen aufkommende Befürchtungen, auch vom Therapeuten überwältigt und zerstört zu werden, oder vor der Gefahr, die phantasierte Harmonie in der Symbiose zu gefährden. In der Tendenz bleibt diese idealisierte Beziehung zum Therapeuten aber brüchig, weil auch auf ihn in Gefahrensituationen aggressiv-destruktive Impulse projiziert werden. Weil die Idealisierung zu diesem Zeitpunkt dem Schutz vor einer gefürchteten Desintegrierung des Patienten dient, sollte sie akzeptiert bzw. durch einfühlsames identifikatori-sches Vorgehen gefördert werden.

Erlebt der Patient eine hinlänglich idealisierte Beziehung zu seinem The-rapeuten, so mindern sich innere Spannungen; er fühlt sich geschützt und weniger hilflos den befürchteten Angriffen anderer ausgesetzt. Damit ver-ringert sich auch sein Mißtrauen und die diesem Mißtrauen zugrundeliegen-den Projektionen seiner Aggressivität. Er beginnt, sich in der Klinik mehr umzusehen und einzurichten. Allerdings wird die Welt „draußen" weiterhin als aggressiv-destruktiv und feindlich phantasiert.

Diese Art der Idealisierung, die die Beziehung zum Therapeuten betrifft, ist zu unterscheiden von jener Idealisierung, die wir bei psychosomatisch Erkrankten beschrieben haben. Patienten mit psychosomatischen Störungen idealisierten nicht die Beziehung, sondern das Objekt. Dieses Objekt, von dem sie große fachliche Autorität erwarteten, sollte entweder den Patienten in seinem Konflikt mit dem System seiner rigiden Idealbildungen (z. B. Ich-Ideal-Forderungen) entlasten oder ihn wieder in die Lage versetzen, seinen inneren Normen zu entsprechen. Die Beziehung zum Psychotherapeuten verstanden diese Patienten als eine handwerklich-technische, während strukturell gestörte Patienten vor allem Sicherheit in der Beziehung zu erleben suchten.

Eher ängstlich abwartende Haltung zu Mitpatienten

Nicht nur die Klinik als Institution, sondern auch die Mitpatienten sind zu Beginn der Behandlung für den Patienten eine notwendige Projektionsfläche für seine aggressiv-destruktiven Impulse. Die Patienten berichteten aus dieser Phase, daß sie sich auf ihr Zimmer zurückgezogen hätten, um sich z. B. mittels Lesen, was manche exzessiv betrieben, zu beruhigen und zu sichern. Oft hätten sie die festgefügte Gruppe der Mitpatienten als beängstigend und feindlich erlebt. Beziehungen zu Mitpatienten können daher zu Beginn nicht eingegangen werden, es sei denn, sie werden als Ersatz für eine nicht idealisierbare therapeutische Beziehung notwendig. So schilderte uns jene Patientin, die in der Anfangszeit mit einem Therapeutenwechsel konfrontiert wurde, daß sie danach eine Beziehung zu einer älteren, als mütterlich erlebten Mitpatientin gesucht hätte; ihre zweite („Ersatz-")Therapeutin erhielt dadurch keine besondere Bedeutung mehr. Das änderte sich während der weiteren Therapie nicht, wobei sie auch keine anderen Beziehungen zu Mitpatienten einging. Die übrigen Patienten dieser Gruppe begannen sich dagegen schrittweise auf andere Patienten einzulassen, nachdem sie eine Zeitlang die therapeutische Dyade hatten idealisieren können. Bedingung für den Übergang in den nächsten Behandlungsabschnitt schien also zu sein, daß diese Patienten in einer idealisierten Beziehung Halt und Schutz finden und so ihr Mißtrauen gegenüber anderen mindern konnten.

Phase B: Mehrere Dyaden

Möglichkeit zu Beziehungen, in denen Ähnlichkeiten erlebt werden

Erfahrungen, die Patienten in der therapeutischen Dyade gemacht hatten, befähigten sie langsam, sich auch anderen (insbesondere Mitpatienten) zu öffnen, sofern sie sich in ihnen wiedererkennen konnten. Ähnliche Erlebnisse wurden einander mitgeteilt, nach gemeinsamen Interessen wurde gesucht. Alles Konflikthafte wurde jedoch umgangen und ausgeklammert. Entsprechend reflektierten die Patienten auch nicht, daß diese neuen Beziehungen in Konkurrenz zur bisherigen therapeutischen Dyade geraten könnten. Diese verschiedenen dyadischen Beziehungen verliefen gleichsam nebeneinander ohne Berührungspunkte, weswegen die außertherapeutischen Beziehungen auch nicht in die Psychotherapie eingebracht wurden. – Dies anzusprechen ist nicht ratsam, weil der Patient noch keine hinreichenden Möglichkeiten hat, sich Konflikthaftem in Beziehungen zu stellen und es konstruktiv zu bearbeiten. Auch andere konfrontierende Interventionen des Therapeuten dürften sich in dieser Phase nur ungünstig auf die therapeutische Beziehung auswirken.

Aktivieren von Ressourcen

Damit begannen die Patienten auf frühere Möglichkeiten, ihr psychisches Gleichgewicht zu sichern, zurückzugreifen. Dazu dienten ihnen neben Begleittherapien und Freizeitangeboten der Klinik Spiele oder Ausflüge in Eigenregie. Rückblickend stellten die Patienten fest, daß sie sich dabei zunehmend wieder lebendiger gefühlt hätten. Hier wird ein weiterer Unterschied zu Patienten mit psychosomatischen Störungen deutlich, die zwar ähnlich wieder frühere Erfahrungen nutzten, aber dabei das Ziel verfolgten, entsprechend ihres Ich-Ideals „der Alte" zu werden, wobei Mitpatienten als Begleiter nur funktional verstanden wurden. Dagegen suchten strukturell gestörte Patienten dieser Gruppe weitere dyadische Beziehungen, in denen sie Harmonie erleben konnten und in denen etwas Drittes oder ein anderes Objekt nicht (zer-)störend eindringen durfte. Allerdings schienen die Patienten derartige Beziehungen im nachhinein als unzureichend zu erleben, weil sie diese dann zuweilen als „oberflächlich" bezeichneten. Auch dies deutet darauf hin, daß nicht das Beziehungsobjekt, sondern die Beziehung selbst solange idealisiert werden muß, bis Beziehungen, die der menschlichen Realität mehr entsprechen, möglich werden.

Indem sich Patienten in dieser Weise mehr ihrer sie umgebenden Realität öffneten und eigene, verloren geglaubte Ressourcen wiederentdeckten, erlebten sie sich wieder stärker als eigenständig. Ihr Selbstbewußtsein stieg und die Wertschätzung anderer minderte ihre bisherige Ich-Regression. Dabei erlebten sie allerdings auch stärker ihre Verletzlichkeit, wodurch ihnen mehr bewußt wurde, daß und worunter sie litten. Oft ahnten sie schon, worin ihre Unfähigkeiten bestanden.

Ertragen von enttäuschender Realität in Beziehungen zu anderen und zu sich selbst

Damit sind wir bei der Voraussetzung angelangt, die den Übergang zur nächsten Phase ermöglichen kann. Wenn eine gewisse Ich-Stabilität erreicht ist, der Patient sich also etwas gefestigter erlebt, beginnt er – sowohl bezogen auf sich selbst als auch in seinen Beziehungen zum Therapeuten und anderen Personen – störende Aspekte wahrzunehmen. Die bisher vorherrschenden Abwehrmechanismen von Spaltung, Projektion und Idealisieren schwächen sich ab. Negative Aspekte in Beziehungen, also insbesondere kleinere Enttäuschungen, können nun ertragen und hingenommen werden angesichts des bisher erlebten Schutzes und Haltes in der Beziehung. Sie erhalten gleichsam einen Status wie Störgeräusche, deren Existenz zwar anerkannt wird, deren Ursache und Bedeutung aber noch geleugnet werden.

Als Ergebnis dieser Therapiephase ist festzuhalten, daß der Patient sich als kohärenter erlebt. Er fühlt sich gefestigter, lebendiger und in seinem inneren Zusammenhalt weniger durch andere bedroht. Zudem erlebt er sich nicht mehr so angewiesen auf sein bisher allein schützendes und haltgebendes Objekt, den Therapeuten, weil er nun noch andere ähnliche Beziehungen hat. Dieses Selbstgefühl des Patienten wird zuweilen vom Patienten und vom Behandler schon als echte Autonomie verstanden. Aber das Ich des Patienten ist noch weitgehend auf diese dyadischen Beziehungen angewiesen und noch nicht hinreichend abgegrenzt von den es stützenden Objekten.

Zudem können in dieser Phase Konflikte noch kaum ertragen und erst recht nicht genutzt werden.

Phase C: Erleben von Unterschieden in dyadischen Beziehungen

In dieser Phase wird manchmal deutlich, daß sich die bisher nur nebeneinandergestellten dyadischen Beziehungen durchaus wechselseitig behindern können. So stagnierte eine Psychotherapie, als der Patient sich einer Mitpatientin zuwandte und über diese Beziehung nicht in den therapeutischen Gesprächen berichtete. Die Therapeutin stellte ihn nach einiger Zeit vor die Wahl, entweder über die Beziehung zu jener Mitpatientin offen zu sprechen, oder die Behandlung zu beenden. Erst nach schwerem Ringen konnte der Patient verstehen, daß er keinen Loyalitätsbruch gegenüber der Mitpatientin beging, wenn er in der Therapie über die gemeinsame Beziehung sprechen würde. Indem er seine Ängste vor einer absoluten Loyalitätsforderung bearbeitete, relativierte er innere Spaltungsprozesse und erlaubte der einen Beziehung, auch von der anderen zu wissen. Er konnte damit gegenüber der Therapeutin jemand sein, der auch andere wichtige Beziehungen haben darf. – Diese Prozesse verstehen wir im Sinne einer frühen Triangulierung, wobei der Patient erleben kann, daß ein zeitweiser Objektwechsel nicht mit Schuldgefühlen gegenüber einem anderen Objekt verbunden sein muß. Dadurch werden Prozesse der Ablösung vom Primärobjekt bzw. hier die Relativierung der idealisierten therapeutischen Dyade gefördert.

Unterschiede als Anregung, die eigene Position wahrzunehmen

Zuweilen beginnt nun ein Patient, Beziehungen zu Personen zu suchen, die ihm in mancher Hinsicht nicht mehr ähnlich sind. Teilaspekte, in denen sich jene Personen von dem Patienten unterscheiden, werden jetzt als Möglichkeit wahrgenommen, anderes kennenzulernen und sich dadurch anregen zu lassen. Dabei wird das Unterschiedliche noch nicht bewertet, so daß es konfliktfrei bleiben kann. So fing eine Patientin mit einer psychotischen Störung an, sich von einer Patientin mit einer ähnlichen Störung abzuwenden, obwohl sie ihr zuvor (in Phase B) gerade durch ihre Gespräche über ähnliche (psychotische) Erlebnisse nahe gekommen war und dadurch ihre Scham über ihre Erkrankung hatte mindern können. Nun suchte sie Kontakt zu einer anderen Patientin, die sich recht burschikos gab und damit von ihr verschieden war, insofern sie sich selbst angepaßt-weiblich verhielt. Dadurch konnte sie ihre Eigenart als ihr zugehörig unterscheiden von der Andersartigkeit der Mitpatientin, was zu ihrer Ich-Stärkung beitrug.

Austragen kleinerer Konflikte gestützt auf andere

Kleinere Konflikte, die sich aus unterschiedlichen Ansichten ergeben, werden langsam deutlicher wahrgenommen. Damit können nun auch aggressive Affekte in Form von Reizbarkeit, Unmut und Widerwillen als eigene im Unterschied zu denen anderer erlebt werden. Allerdings ist dies noch ängstigend und befremdend. Deswegen können Unterschiede in Ansichten oder Gefühlen oder im Wollen nur dann geäußert werden, wenn Mitpatienten dazu ermutigen bzw. dabei hilfreich sind oder wenn der Therapeut gleichsam eine Erlaubnis dazu gibt.

So kann der Patient jetzt auch in der therapeutischen Beziehung Unterschiede stehen lassen, ohne die Beziehung in Frage zu stellen oder gleich befürchten zu müssen, daß sich sein Therapeut abwenden würde. Die Idealisierung der bisherigen Beziehung wird langsam abgelöst durch eine Wertschätzung des Therapeuten, der nun als Person auch mit anderen Therapeuten verglichen wird. Eine Auseinandersetzung über unterschiedliche Ansichten mit dem Therapeuten ist dem Patienten jedoch nicht möglich oder führt zu einer (noch zu beschreibenden) Krise mit Auflösung der therapeutischen Beziehung. So nahmen Patienten z. B. Entscheidungen ihres Therapeuten bezüglich ihres Entlassungstermins hin, ohne sich mit den Gründen auseinandersetzen und eigene Argumente dagegen vorbringen zu können. Wenn sie über solche Entscheidungen auch enttäuscht waren, so minderte das meist nicht mehr den Wert des Therapeuten bzw. der Beziehung zu ihm.

Erweitern eigener Fertigkeiten nach dem Vorbild anderer

Der Patient erlebt sich in dieser Phase gleichbleibender, da es ihm möglich ist, sein Selbst-Sein in der Begegnung mit von ihm verschiedenen Anderen

191

aufrechtzuerhalten. Konnte er sich in Phase B nur „unter meines Gleichen" sicher fühlen, so beginnt er jetzt die Beziehung zu anderen konstruktiv zu nutzen nach dem Motto „ich bin so und Du bist (etwas) anders – so lerne ich mich in der Begegnung mit Dir mehr so kennen, wie ich bin". Er beginnt sich also über den Weg zu einem anderen mit sich selbst zu identifizieren, wozu aber notwendig bleibt, daß er sich stets der Gewogenheit des anderen sicher sein kann.

In einer zweiten Beziehungsmodalität vermag der Patient den anderen auch als Vorbild zu nutzen nach dem Motto „ich möchte in gewissen Bereichen so werden wie Du, deswegen versuche ich, mir etwas von Dir abzuschauen". Dabei dient dem Patienten die Grenze zum anderen nicht zum Erkennen, Bestätigen und Sichern seiner Eigenart, sondern zur Entwicklung und Entfaltung neuer eigener Fähigkeiten.

Ein Krisenpunkt in Phase C

Bisher haben wir eine typische phasenweise Entwicklung in der Therapie beschrieben. Anscheinend gibt es aber in der Phase C einen Wendepunkt, an dem die Therapie rasch in einer Krise zu Ende gehen kann. In der Konkurrenz dyadischer Beziehungen gerät die therapeutische Beziehung nämlich dann leicht in Gefahr, wenn Patienten ihren Therapeuten mit Wünschen konfrontieren, in denen sie von Mitpatienten unterstützt werden und die sie deswegen umso mehr als berechtigt erleben. Erfüllt der Therapeut die Wünsche nicht oder macht er nicht deutlich, daß er die Wünsche zwar akzeptiert, aber aus bestimmten Gründen nicht erfüllen kann, dann entwerten die Patienten ihre Beziehung zum Therapeuten und erleben dessen Äußerungen als überwiegend feindlich und destruktiv. Das anfängliche Mißtrauen des Patienten auf die Klinik und andere Menschen, vor dem der Therapeut bisher geschützt war, kehrt sich um und richtet sich nun gegen diesen; er wird zur alleinigen Projektionsfläche der Aggressivität des Patienten. Dabei wird der Therapeut weiterhin als omnipotent phantasiert: wenn er wollte, könnte er die Wünsche erfüllen.

Solche Therapien sind trotzdem nicht als gescheitert zu beurteilen. Vergleicht man den erreichten Zustand mit dem zu Behandlungsbeginn, so hat sich nicht nur die Symptomatik des Patienten gebessert, sondern auch in seiner Beziehungsfähigkeit hat er deutliche Fortschritte gemacht. Diese Besserung konnte ein Patient auch im Abschlußinterview benennen. Er sah sie jedoch ausschließlich in seinem eigenen Bemühen bzw. in der hilfreichen Unterstützung durch seine Mitpatienten begründet. Im Vergleich zum Beginn seiner Behandlung erlebte er sich jetzt gestützt durch ein Netz von dyadischen Beziehungen zu Mitpatienten, das ihn aufzufangen und zu stabilisieren vermochte.

Der Erfolg eines derartigen Therapieverlaufes besteht also in einer Reorganisierung von Abwehrprozessen: Die Subjekt-Objekt-Grenzen wurden – gestützt auf positiv besetzte Beziehungen zu ähnlichen Anderen – gleichsam wieder so stabilisiert, daß mit Hilfe anderer eine (wenn auch undifferenzierte) Abgrenzung gegenüber dem als bestimmend und mächtig erlebten Therapeuten (Objekt der Elterngeneration) möglich war. Der Patient erlebte sich nicht mehr dem Elternobjekt schutzlos ausgeliefert. Dies brachte eine Patientin in eine Metapher: Sie sei jetzt wie ein Ball, der auch dann „nicht mehr zerspringt", wenn er „hart geschlagen" werde. Die Umwelt und insbesondere Elternrepräsentanten werden also weiterhin mit aggressiv-destruktiven Projektionen angefüllt, der Patient fühlt sich aber nicht mehr von ihnen überflutet und ihnen wehrlos ausgesetzt.

Kasuistik I

Unsere bisherige typisierende Beschreibung wollen wir durch einen Verlaufsbericht illustrieren. Wir haben ein Beispiel gewählt, in dem sich der Therapieprozeß zunächst gradlinig entwickelte, dann aber in Phase C jene Krise eintrat, die wir beschrieben haben und deren Ursachen mittels des Schemas verständlich gemacht werden können.

Frau K., 27 Jahre alt, wurde mit der Diagnose einer Panikstörung und eines episodischen Drogenmißbrauchs (Alkohol, Tabletten) bei einer Persönlichkeitsstörung vom Borderlinetyp in die Klinik Wittgenstein überwiesen (ICD-10: F19.1, F41.0, F60.31, F62.0). Die Patientin berichtete auch von gelegentlich auftretenden psychotischen Symptomen (Wahnvorstellungen, Stimmen-Hören [ICD-10: F22.0]). Frau K. war bereits früher ambulant psychotherapeutisch behandelt worden, hatte die Behandlung aber abgebrochen. Danach hatte sie sich von ihrem Mann und den gemeinsamen Kindern getrennt und einen Suizidversuch unternommen, weswegen sie stationär psychiatrisch behandelt und anschließend in die Klinik Wittgenstein aufgenommen wurde.

Frau K. hatte als kaufmännische Angestellte das Geld für die Familie verdient, während ihr Mann die Kinder versorgte. Nach der Trennung hatte sie geplant, ein Abendgymnasium zu besuchen, um studieren zu können. Frau K. stammte aus einem schwierigen Elternhaus. Ihre Mutter beschrieb sie als kalt und uneinfühlsam, so daß sie, um Geborgenheit zu erfahren, in die Nachbarschaft habe laufen müssen. Ein Jahr nach ihrer Geburt sei ein Bruder geboren worden, der insbesondere durch komplizierte Krankheiten viel Aufmerksamkeit beansprucht habe. Je schwieriger die Familienverhältnisse geworden seien, desto mehr habe sich ihr Vater aus der Familie zurückgezogen, bis er sich schließlich suizidierte, als die Patientin 5 Jahre alt war. In der Schule erlebte sich die Patientin als Außenseiterin. Mit 11 Jahren sei sie vergewaltigt worden, worüber sie mit niemandem habe sprechen können. In ihrer Pubertät habe sie verschiedene Beziehungen gehabt, auf deren Ende sie jeweils mit Alkohol- und Tablettenabusus oder mit Suizidversuchen reagiert habe. Ihre Beziehung zu ihrem Ehemann, mit dem sie 3 kleine Kinder habe, sei insbesondere sexuell schwierig gewesen. Gegenüber ihren Kindern habe sie stets sehr wechselhafte Gefühle empfunden.

Aufgrund ihrer Intelligenz und ihrer Fähigkeit, differenziert zu verbalisieren, bestand die Gefahr, sie in ihren Fähigkeiten der Selbststrukturierung zu überschätzen. Neben starken Wünschen nach einer symbiotischen Beziehung schienen bei Frau K. unvermittelt Strebungen nach Eigenständigkeit zu stehen. Ihren Grundkonflikt faßten wir in die „innere Formel" (Dührssen 1972): „Ich sehne mich nach einer engen emotionalen Beziehung, die störungsfrei sein muß; allerdings befürchte ich dann, mich selbst darin aufzulösen. Störungen in dieser Beziehung kann ich nur überleben, wenn ich mich intellektualisierend außerhalb meiner Selbst stelle (wie bei der sexuellen Vergewaltigung) und mich wenigstens dadurch wertvoll zu erleben vermag; gelingt mir das nicht, muß ich mich in meinem Verletzt-Sein und aufgrund meiner Scham selbst zerstören."

Phase A: Zwischen Mißtrauen und Idealisieren

Zu Beginn der Behandlung hatte Frau K. starke Ängste. Sie hatte vor der Behandlung von einem Haus geträumt, in dem ihr „etwas zugefügt werden sollte ... ich sollte Tiefkühltruhen aufmachen und das essen, was drin ist. --- Und das waren eingefrorene Menschenteile. Und ich wußte, ich mußte das tun, ich hatte keine Wahl, mich dagegen zu wehren." Diesen Traum bezog sie auf die stationäre Behandlung, die sie als sadistisch phantasierte: „Und diese Ängste hatte ich (hier) wieder, daß mir Sachen zugemutet würden, die ich eigentlich überhaupt nicht tun könnte."

Charakteristisch ist ihr Gefühl von Schutzlosigkeit, das auch andere Patienten mitteilten, weswegen sie sich nicht in der Lage fühlen, sich gegen Übergriffe zu wehren. Gefahren fürchten sie von einem äußeren, diffus bleibenden Objekt, wie es die Institution Klinik für sie ist. Daneben erhoffen sie sich von diesem Objekt aber auch ihre Heilung. Würde diese scheitern, sähen sie sich ihrer eigenen Destruktivität ausgeliefert, die Frau K. als „riesige Wut" mit einem Wunsch, „irgendwie mich kaputt zu hauen" und in ihren Suizidversuchen mehrfach erlebt hatte. Aus ihrer Erfahrung von Destruktivität anderer und mit dem Wissen um ihre eigene Destruktivität, die sich im Traum ausdrückten, meinte sie: „Ich hatte mit mir vereinbart, wenn das hier nichts werden würde, dann --- wär's das für mich gewesen. --- Von daher war ziemlich viel Druck da."

Dieser Druck und ihr ausgeprägtes Schutzbedürfnis äußerten sich zunächst in einer inneren Ablehnung ihrer Therapeutin: „Meine Therapeutin – da dachte ich erst, was muten die mir zu, weil sie so jung wirkt, und ich dachte, die kann niemals alles verstehen in dem Alter." Die aggressiv-destruktiv phantasierte Klinik nötigte ihr etwas Unannehmbares auf. Frau K. reagierte darauf, indem sie ihre Therapeutin strengen Prüfungen unterzog. „Ich war erst mal wochenlang damit beschäftigt gewesen, sie auszutesten, ihre Kompetenz auszutesten. – [Wie haben Sie das gemacht?] – (Patientin lacht:) öhm --- z. B. die Sitzordnung, ich habe die Gruppe (der Mitpatienten) so beeinflußt, daß sie (die Therapeutin) eben ihren gewohnten Sitzplatz (in der Gruppentherapie) nicht behalten konnte und dann hab ich beobachtet, wie sie damit umgeht ... Ich wußte schon, wie jemand reagiert, der kompetent ist." Auch verhandelte sie mit ihrer Therapeutin über Ausnahmeregelungen, nämlich daß sie für das Abendgymnasium weiter lernen und notwendige Prüfungen während ihres Klinikaufenthaltes machen dürfe. Das Ergebnis ihrer Tests fiel insgesamt positiv aus: Frau K. fühlte sich „in meiner Persönlichkeit geachtet ... das brauchte ich, wenn ich mich anvertraue, dann muß ich das Gefühl haben, der andere ist sicher und stark, sonst geht das ja nicht." – Eine solche aktive Auseinandersetzung mit der Therapeutin und mit den Klinikregeln fanden wir selten; denn die meisten Patienten konnten sich entweder nicht mehr an ihre anfänglichen Projektionen von Aggressivität auf Therapeut und Klinik erinnern oder übergingen ihre innere Spannung zu Therapiebeginn. Aus Anspielungen und weil manche Patienten davon berichteten, wie schlecht es ihnen nach ihrer stationären Aufnahme gegangen sei, schlossen wir, daß wohl durchgängig die Patienten eine Idealisierung als Gegengewicht gegen ihre projizierte Aggressivität versuchen. Wenn diese gelingt, kann sich der Patient auch seinen Mitpatienten zuwenden.

Phase B: Verschiedene Dyaden

Danach griff Frau K. frühere Formen ihrer Freizeitgestaltung auf. Sie widmete sich wieder der Musik, indem sie am Instrumentalunterricht des Freizeitbereiches teilnahm. Sie ging mit einer Gruppe von Mitpatienten schwimmen und joggen. Und sie spielte Karten: „Es war eine Gruppe ... nur Jungs und abends wurde immer Doppelkopf gespielt. Ich war die Königin -- das war gut, da ging es mir ziemlich gut." Zweierlei scheint dabei bedeutsam. Zum einen fand sie im gemeinsamen Tun mit anderen zu früheren Formen des Zusammenseins zurück. Wichtig dabei scheint, daß diese Kontakte zunächst durch Konventionen (z. B. festgelegte Spielregeln) strukturiert und begrenzt werden. Damit wird eine gewisse Unabhängigkeit vom Einzeltherapeuten möglich, so daß das Erleben des Angewiesen-Seins auf ihn erträglich wird. Zum anderen kann das Ich wieder narzißtisch besetzt werden: Frau K. fühlte sich wieder lebendig und erlebte sich als etwas Besonderes (als „Königin"); positive Selbstbilder und motivierende Größenvorstellungen tauchten also wieder auf. Frau K. mußte in dieser Phase nicht mehr ihre Grenzen zu anderen durch Abwehr, Testen oder Rückzug sichern, sondern konnte sie in dem durch Konventionen geschützten Rahmen von Spiel und Sport selbst bestimmen, was eine Regression aufhält oder ihr entgegenwirkt.

Zwar ging es Frau K. jetzt mit anderen zusammen gut. Sobald sie aber allein war, erlebte sie sich extrem hilflos ihren Gefühlen und Gedanken ausgeliefert, was zeitweise psychosenahe erschien. Sie phantasierte dann ein Objekt, dessen Anwesenheit sie real spürte und mit dem sie sprach. Dieses Objekt begleitete sie zeitweise überall hin, ohne daß sie seine Abwesenheit oder Anwesenheit bestimmen konnte. Sie erlebte es trotzdem nicht verfolgend, weil es beruhigend und ordnend wirkte, insofern es gegen das innere Chaos half. Einerseits schützte es Frau K. vor einer weiteren Regression, andererseits erlebte sie sich damit nicht mehr kohärent: „Weil ich damit draußen vor der Tür jemand anderer war als hinter der Tür. Und die andere (Frau K.) war völlig hilflos."

Die Schwierigkeit, dieselbe Person sein und bleiben zu können, wird der Patientin leidvoll bewußt. In ihren bisherigen dyadischen Beziehungen, die als verschiedene nebeneinander standen, erlebte sie sich jeweils vom anderen her und auf die augenblickliche Situation hin bestimmt: Als Patientin beim Therapeuten, als Sportlerin unter Mitsportlern, als Schülerin im Musikunterricht, als (einzig weibliche) Spielerin unter (männlichen) Kartenspielern.

Phase C: Erleben von Unterschieden in dyadischen Beziehungen

In der Folgezeit verlor ihre Beziehung zu dem imaginären Hilfsobjekt langsam an Bedeutung. Frau K. erklärte sich dies damit, daß sich ihr „Umgang mit den Jungs" intensiviert hätte. Im Schutze der Spielregeln konnte sie Seiten an sich entdecken und zulassen, die sie sich bisher verboten hatte: „Also wenn ich mit 3 Männern Doppelkopf spiele, da läuft schon einiges – das ist einfach erlaubt." Neben möglichen libidinösen Aspekten war es vor allem der hier erlaubte Umgang mit Aggressivität: „Sich zu freuen, wenn der andere haushoch verliert." Im Schutz dieser „Geschwistergruppe" mußte insbesondere Aggressivität nicht mehr in dem Maße wie bisher projiziert und konnten zuvor abgespaltene Selbstanteile etwas integriert werden, was weiterwirkte: „Ich habe eben gemerkt, daß ich dann auch nachher was davon mitgenommen hab, daß das nicht mit dem Spiel nachher zu Ende war und dann wieder das große Loch kam, sondern daß das so ein bißchen weitergetragen hat." Nachdem sie sich in ihrem Selbsterleben wieder zu stabilisieren begann, brauchte sie ihr imaginäres Objekt nicht mehr: „Nachdem ich erstmal den Eindruck hatte, daß ich hinter der Tür noch die Gleiche bin wie vor der Tür, hat es eigentlich relativ schnell nachgelassen."

Enttäuschungen in ihren Beziehungen verbalisierte die Patientin nicht direkt. Vermutlich erlebte sie diese in dieser Phase noch nicht als solche, sondern eher als Erschütterung ihres ganzen Selbst, worauf folgende Aussage hindeutet: „Immer dann, wenn ich mit meiner Therapeutin Gespräche geführt hatte, die dann sehr tief gingen – mußte ich dann immer Distanz schaffen, da mußte ich sie mal wieder austesten, wie mit dem Stuhl."

Nach 3 Monaten erfolgte aber eine Trennung von haltvermittelnden Objekten: „Dann wurden 2 von den Jungs entlassen und dann kam ein ziemlicher Einbruch --- und dann hab ich mir einen Beziehungsstreß angetan. Wenn ich das nicht getan hätte, würde es mir viel besser gehen, aber es ist nun mal passiert." Diesen Objektverlust versuchte Frau K. dadurch aufzufangen, daß sie sich in einen neuangekommenen Patienten verliebte. Was bewirkte dieser Wechsel? Zwar ging sie damit wieder eine dyadische Beziehung ein, aber diese war nicht mehr wie die bisherige durch Konventionen und Regeln begrenzt. Die Patientin suchte erneut wie in Phase A eine idealisierte Beziehung, in der dauerhafter Schutz und Halt von einem mächtigen Objekt erwartet wird und die eine Exklusivität beansprucht. Entsprechend abhängig machte sich Frau K. von jenem Mitpatienten: „Ich hab meine gesamte Planung über den Haufen geschmissen, sobald er nur irgendwas wollte." Von ihren übrigen Mitpatienten zog sie sich wieder zurück und gab auch ihre anderen dyadischen Beziehungen auf. Sie regredierte erneut auf den Zustand der Phase A, allerdings mit dem Unterschied, daß diese Beziehungskonstellation nicht wie die therapeutische durch Regeln geschützt war und daß gegenseitig Ansprüche auf den anderen als Liebesobjekt gestellt wurden. Damit wurden Subjekt-Objekt-Grenzen teilweise aufgeweicht, was gefährlich wird, wenn neben einer unzureichenden Ich-Stabilität kein Schutz mittels gegenseitiger Verpflichtungen besteht – wie es bei dieser Beziehungskonstellation war. Denn jener Mitpatient wandte sich bald einer anderen Patientin zu, als sich Frau K. gegen weitergehende Intimitäten sträubte. Diese Abwendung erlebte sie als massive Kränkung, wobei sie ihre Wut ausschließlich gegen sich selbst richtete. Zunächst gelang es ihr noch, diese Wut mittels exzessiven Joggens, das sie aus Scham jetzt im eigentlich von ihr gefürchteten Dunkeln betrieb, zu kanalisieren. Dann wurde sie jedoch suizidal und mußte kurzzeitig in ein Akutzimmer verlegt und medikamentös behandelt werden. Zwar stabilisierte sie sich wieder, aber dabei schien ihr nur die Aussicht Halt zu geben, mit diesem Mitpatienten nach ihrer Entlassung in eine gemeinsame Wohngemeinschaft zu ziehen.

Wie ist diese Entwicklung zu beurteilen? Zunächst scheint der Therapieprozeß regelhaft verlaufen zu sein bis Phase C: Die Patientin ließ sich zunächst auf eine anscheinend idealisierte Beziehung zu ihrer Therapeutin ein, suchte dann andere zunächst nicht-idealisierte dyadische Beziehungen, so daß sie sich schrittweise abgegrenzter von anderen erleben konnte. Wie wenig stabil die Patientin in dieser Phase C war, macht die Kasuistik deutlich. Das erreichte Maß an innerer Strukturierung war von den konkreten Beziehungen abhängig. Schon der Verlust zweier haltgebender Beziehungen zu Mitpatienten verunsicherte Frau K. so, daß andere Beziehungen zu Mitpatienten und insbesondere auch die therapeutische Beziehung eine Krise nicht verhindern konnten. Wir vermuten, daß der Verlust jener beiden Mitpatienten die Patientin in der von A. Freud (1960) beschriebenen „kritischen Phase des Übergangs von Vorpubertät zur Pubertät" traf (S. 6). Aus ihrer bisherigen Nähe zu den „Jungs" wurde abrupt eine völlige Distanz, was auch Mentzos (1997) als Auslöser psychotischer Episoden beschrieben hat. Mit ihrer Beziehung zu den „Jungs" hatte sich ihre therapeutische Beziehung geändert: ihre anfängliche Übertragung von Elternimagines auf ihre Therapeutin war in Auflösung begriffen. Das erweist sich in der Bereitschaft der Patientin, nach dem Verlust jener anderen Beziehung eine idealisierte Beziehung zu jenem neuen Mitpatienten einzugehen, statt die Beziehung zur Therapeutin wieder stärker zu idealisieren. Dadurch kam es zu einer vorzeitigen progressiven Entwicklung, der die Patientin aufgrund ihrer noch unzureichend stabilisierten Persönlichkeitsorganisation nicht gewachsen war. Zwar konnte die Krise bei Frau K. so weit aufgefangen werden, daß sie nicht einen erneuten Suizidversuch unternahm, jedoch war eine Bearbeitung kaum möglich, weil die Patientin auf ihre Beziehung zu dem Mitpatienten fixiert blieb und sich alles davon erhoffte. Prognostisch günstig erscheint nur, daß sie bei ihrer Entlassung erkannt hatte, was sie sich mit dieser Beziehung „angetan" hatte und sich noch daran erinnerte, daß es ihr vorher schon besser gegangen war. Wie schwach ihr Ich aber geblieben war, zeigte ihre Bemerkung „Es ist nun mal passiert". Steuern konnte sie weder aggressive noch libidinöse Impulse ausreichend, sondern erlebte sich ihnen weitgehend ausgeliefert.

Typisierende Beschreibung II

Phase D: Von der Einzel- zur Gruppenbeziehung

Während der 3 folgenden Phasen ändert sich der thematische Schwerpunkt des Therapieprozesses. In der Identitätsentwicklung sind die Subjekt-Objekt-Grenzen jetzt so stabil, daß auch libidinös besetzte Inhalte bedeutsam werden können. Während Libido und Aggressivität in den ersten 3 Phasen weitgehend entmischt sind und erst langsam Legierungen eingehen, können sie danach komplexere Formen von Beziehungen ermöglichen. Dies zeigt sich bei Patienten zunächst in einer zunehmenden Aktivität und in einer der Pubertät ähnlichen Konstellation. Die Patienten wollen in eigener Regie und eher miteinander ihren Aufenthalt gestalten – unabhängig vom Therapeuten, der älter und „nur vernünftig" ist; überdies vertritt er die hergebrachten Regeln so wie es die Eltern taten oder noch tun. Damit wird er eher störend, weniger – wie noch im Krisenpunkt der Phase C – als feindlich oder gar verfolgend erlebt, weil er nicht mehr ausschließlich Projektionsfläche für abgespaltene Aggressionen sein muß. Dafür ist es notwendig, daß der Patient eigene Aggressionen wahrnehmen und mehr ins eigene Selbst integrieren kann. Zwei weitere Themen, die ebenfalls kennzeichnend für Pubertät und Adoleszenz sind, werden auch wichtig: die eigene Individualität in Auseinandersetzungen mit der Gruppe und in Abgrenzung von Vorstellungen der Eltern sowie die genitale Sexualität, die noch meist in metaphorische Form gekleidet wird.

200

Die Gruppe als meist verständnisvolles, präsentes Objekt

Einige unserer Patienten entwickelten mit ihrer Ankunft in der Klinik sofort eine intensive (ambivalente) Beziehung zur Gruppe der Mitpatienten. Sie wollten sofort dazu gehören und ein gleichberechtigtes Gruppenmitglied sein, fürchteten jedoch ebenso stark, von der Gruppe verurteilt und abgelehnt zu werden. Entsprechend standen in ihren Abschlußinterviews ihre Beziehungen zu den Mitpatienten ganz im Vordergrund ihrer Erzählung, dagegen sprachen sie nicht oder nur wenig über ihre therapeutische Beziehung.

Welche Art von Objekt wird hier in der Gruppe gesucht? Die Gruppe scheint ein Übergangsobjekt zu sein, das für die Ablösung von den Elternobjekten und deren inneren Repräsentanzen wichtig ist. In der Vereinheitlichung seiner Gruppenmitglieder wird das Objekt „Gruppe" als mächtig erlebt. Dadurch vermittelt es einerseits Schutz und Geborgenheit, andererseits weckt es Befürchtungen, von ihm ausgestoßen zu werden und dann entweder in die Abhängigkeit von den Eltern zurückfallen oder ganz allein sein zu müssen. Entsprechend fanden wir Mechanismen, die wir aus der Phase A kennen: Wie dort vom Einzeltherapeuten erwarteten diese Patienten ebenso von der Gruppe, daß ihre Mitglieder präsent sein und sich zugewandt-verständnisvoll verhalten sollten, wenn sie diese bräuchten. Dabei sprachen die Patienten immer von „der Gruppe" oder von der „Family", in der „nur nette Leute" seien. Das deutet darauf, daß die Gruppe als einheitliches, homogenes Gebilde erlebt bzw. zu einem solchen vereinheitlicht wurde, um Konflikte und die damit befürchtete Ausstoßung aus der Gruppe abzuwehren.

Herunterspielen der Bedeutung des Einzeltherapeuten

Die Beziehung zum Therapeuten wurde ungern geschildert. Auf Nachfragen wurde entweder ausweichend geantwortet oder am Therapeuten herumgemäkelt. So sei der Therapeut zu alt oder zu jung oder zu wenig einfühlsam gewesen. Manchmal wurde zugegeben, daß man bewußt nur oberflächliche Themen ausgewählt und wichtige Erlebnisse in Beziehungen zu Mitpatienten dem Therapeuten verschwiegen hätte. Dabei hatten wir den Eindruck, daß die Patienten dem Interviewer so wenig Einblick in die therapeutische

Beziehung geben wollten, wie wir das noch in keiner der von uns untersuchten Patientengruppen erlebt hatten. Wir vermuteten, daß die Patienten ebenso wenig über diese Beziehung sprechen wollten wie Pubertierende oft nicht über ihre Beziehung zu ihren Eltern, in der sie sich mit ihren Wünschen häufig noch wie in ihrer Kinderzeit fühlen, aber doch schon erwachsen sein wollen mit eigenen Vorstellungen und Nicht-Wollen. So schienen auch unsere Patienten mittels übertriebener Kritik oder gar Vorwürfen ihre Selbständigkeit gegenüber ihrem Therapeuten demonstrieren zu wollen. Damit wollten sie wohl weder dem Interviewer noch vermutlich sich selbst eingestehen, wie sie ihren Therapeuten gebraucht und sich dabei kindlich-abhängig gefühlt hatten. (Dem entspricht eine klinisch oft festzustellende Gruppennorm, die Therapeuten in ihrer Bedeutung abzuwerten und bei entsprechenden Themen „coolness" zu demonstrieren, um nicht in den Verdacht eines „Mammakindes", das noch abhängig ist, zu geraten.) Das Gefühl von eigener Autonomie erlebten sie noch nicht ausreichend sicher, um über ihre Ambivalenz gegenüber ihrem Therapeuten mit einem (ebenfalls erwachsenen) Interviewer sprechen zu können.

Soziales Lernen in der Gruppe

In ihren Beziehungen zu Mitpatienten stellten sich die Patienten ebenfalls als scheinbar unabhängig dar. Sie berichteten von sportlichen oder spielerischen Wettkämpfen, bei denen sie hätten mithalten können, von Ausflügen oder Tanzvergnügen, bei denen sie nicht hinter anderen zurückgestanden hätten. Manchmal schilderten sie ihre Unternehmungen wie Mutproben. Dabei war auffallend, wie sie Gruppennormen unhinterfragt akzeptierten und wie selbstverständlich einhielten.

Ein Patient in dieser Phase befindet sich zwischen ambivalenten Strebungen: Einerseits erlebt er sich weiter angewiesen auf dyadische Beziehungen, die ihm Halt und Schutz geben, andererseits drängt es ihn nach Verselbständigung, Unabhängigkeit und eigener Lebensgestaltung. Die Gruppe wird daher für ihn zu einem Objekt des Überganges zwischen der Abhängigkeit zu den Eltern und einer Verantwortung für sich selbst. Bei seiner Loslösung aus dyadischen Beziehungen kann er in der Gruppe eine Teilbefriedigung seiner frühen Bedürfnisse nach Eins-Sein mit einem idealisierten Objekt finden und so regredieren, daß seine Ich-Grenzen mit den Gruppengrenzen zeitweise zusammenfallen. In der Gruppe bleibt weiterhin noch Raum für frühe Erlebensformen wie magisches Denken mit entsprechenden Praktiken (Exorzismus, Hellsehen). Aufgrund der Gruppennormen werden aggressiv-destruktive Impulse des einzelnen in der Gruppe gebunden bzw. finden Möglichkeiten des Ausdrucks in gemeinsamen Aktivitäten. Deswegen beobachteten wir keine Projektionen von Aggressivität auf Beziehungen außerhalb der idealisierten (Gruppen-)Beziehung, so wie wir dies noch bei Patienten in Phase A festgestellt hatten. Für zunehmende libidinöse Wünsche ist jedoch kein Platz in der Gruppe, womit die Voraussetzungen für den Übergang nach Phase E gegeben sind.

Phase E: Verselbständigen innerhalb der Gruppe

Wahrnehmen von Differenzen innerhalb der Gruppe

Zunächst gerät dann ein Patient eher unfreiwillig in Opposition zu anderen in einer Gruppe, wenn sich z. B. in einem der körperorientierten Therapieangebote (wie den Gruppenspielen oder der Bewegung nach Musik) Situationen von Konkurrenz ergeben. Vor allem berichteten Patienten dies aus der Gruppencollage. In ihr gilt es, sich zunächst auf ein gemeinsames Thema zu einigen und dann eigene Vorstellungen so bildlich zu gestalten, daß man auf der Pappe nicht mit anderen dauernd ins Gehege kommt, sondern zu dem gemeinsamen Werk einen individuellen, von anderen unterschiedenen Anteil beiträgt. Die Metaphorik der Collage hilft dabei, Teile des eigenen Selbstbildes zu symbolisieren.

Innerhalb der Gruppencollage oder anderer Therapiegruppen, aber auch in der Patientengemeinschaft auf der Station fielen den Patienten zunehmend Unterschiede zu anderen auf. Sie spürten Animositäten, erlebten Intrigen und wollten selbst in manchen Dingen das Sagen in der Gruppe haben. Zu manchen Gruppenmitgliedern fühlten sie sich mehr hingezogen, andere reizten sie eher zum Widerspruch und Sich-Abgrenzen. Verschiedene Interessen wurden ihnen in Alltagssituationen (Spüldienst, Organisieren von Veranstaltungen) deutlicher. Manche eigenen Wertvorstellungen und Normen erwiesen sich als fragwürdig angesichts derer von anderen Gruppenmitgliedern. Wenn sie auch bereit waren, einige ihrer bisherigen Verhaltensweisen als jetzt unpassend oder gar hinderlich aufzugeben, so kämpften sie wegen anderer Ideale und Regeln evtl. umso mehr, daß sie von der Gruppe anerkannt oder gar übernommen würden. Besonders deutlich wurde das häufig in der themenzentrierten interaktionellen Gruppenpsychotherapie, wenn deren therapeutischer Leiter die normative Verhaltensregulierung ansprach und psychosoziale Kompromißbildungen bewußt machte (vgl. Heigl-Evers u. Heigl 1979).

Es gibt Patienten, die auf das Wahrnehmen von Differenzen in der Gruppe regressiv mittels Anpassung an die gerade herrschenden Verhaltensnormen in der Gruppe reagieren und sich derart „einrichten". Progressiv reagieren dagegen Patienten, die sich zunächst innerlich und dann auch mit Gruppenmitgliedern über die wahrgenommenen Unterschiede auseinandersetzen und sich an diesen reiben. Indem sie sich zeitweise von Teilen der Gruppe oder der Gruppe insgesamt absondern und eigene Wege gehen, befürchten sie zwar wieder verstärkt, verurteilt oder gar verstoßen zu werden, aber sie erleben auch ihre Möglichkeiten, diese Angst in begrenztem Maß zu ertragen und anschließend ihre Befürchtungen bei Gruppenmitgliedern zu überprüfen. Eine derartige zeitweise Abgrenzung einzelner Gruppenmitglieder dient diesen nicht nur zum verstärkten Selbsterleben, sondern fördert auch die weitere Differenzierung der Gruppenbeziehungen. Der Einzelne wird damit aus dem Mitläufer zu einem eigenständigen Mitglied innerhalb der Gruppe, das die Regulierung des Verhaltens in der Gruppe mitzubestimmen vermag. Indem der Betreffende derart wahrgenommene Differenzen zu seiner Positionierung in der Gruppe nutzt, erlebt er seine eigene Integrität nicht mehr allein von der Wertschätzung durch die Gruppe als ganze abhängig.

Neue Vorbilder für Beziehungen werden gesucht

Wenn bisher festgeschriebene Sicht- und Verhaltensweisen durchlässig werden für Neues, beginnt das Experimentieren mit Möglichkeiten, sich in verschiedenen Beziehungen selbst unterschiedlich zu verhalten. So werden unterschiedliche Rollen probiert, wozu bestimmte, vorgegebene Aufgaben auf der Station (z. B. Stationssprecher, Begrüßer neuer Patienten) erste Anlässe sein können. Es geht jetzt weniger darum, vorbildliche Eigenschaften eines anderen (wie in Phase C) erwerben zu wollen, sondern mehr z. B. den Amtsvorgänger, in der Weise, wie er sein Amt ausübte, nachzuahmen. Zum Vorbild werden also bestimmte Personen in ihren Einstellungen und ihrem Verhalten zu anderen genommen.

Zu solchen Vorbildern nahmen Patienten dieser Untersuchungsgruppe insbesondere Mitpatienten, die schon länger in der Klinik waren, aber häufig auch Therapeuten aus der Ergo- oder Bewegungstherapie und Mitarbeiter aus dem Pflegedienst. Weil zu diesen eine weniger starke Übertragungsbeziehung als zu Psychotherapeuten bestand, wurden sie vom Patienten als ihnen ähnlicher erlebt. Sie wurden daraufhin angeschaut, wie sie „als Gesunde" mit anderen umgingen: Wie und was sie dann äußerten oder auch verschwiegen, wie ruhig-freundlich sie dabei waren oder wann sie ärgerlich und gereizt reagierten. Deren Reaktionen wurden wieder verglichen mit denen früherer Vorbilder, wie es z. B. die eigenen Eltern oder Lehrer waren, und dann wurde darüber geurteilt, welche Verhaltensweisen sich als nützlicher erwiesen hatten.

Der Therapeut wird mehr als Partner erlebt

Die Beziehung zum Therapeuten verändert sich in dieser Phase erneut. Mit der wachsenden Fähigkeit, Unterschiede innerhalb einer Beziehung und zwischen verschiedenen Beziehungen wahrzunehmen, reduzieren sich Intensität und Rigidität projektiver Übertragungsweisen. Der Patient neigt weniger dazu, alle Objekte der Elterngeneration generell abzulehnen. So erkennt er auch die Unterschiede zwischen seinen Elternrepräsentanzen und dem therapeutischen Gegenüber. Realität in Beziehungen kommt mehr und mehr in den Blick. Für diese Entwicklung ist wesentlich, daß die Gruppe sowohl stützende und haltende Elternfunktionen übernimmt, als auch eine Verselbständigung innerhalb der Gruppe ermöglicht, was den Patienten bei der Ablösung von seinen Elternrepräsentanzen fördert. Zugleich gewinnt er damit ein differenziertes Bild von sich selbst (Selbstrepräsentanz), das er nun genauer unterscheiden kann von den Bildern, die andere in ihm hinterlassen haben (Objektrepräsentanzen). Sofern er sein Selbstbild als gleichwertig mit den inneren Bildern anderer begreift, vermag er sich ähnlich erwachsen zu fühlen wie Erwachsene um ihn herum, zu denen auch der Therapeut gehört. Die Therapie mit ihm wird langsam zur gemeinsamen Arbeit an den Störungen, unter denen der Patient leidet.

Aber noch ist die Identität des Patienten nicht gefestigt. Zwar wird der Patient nicht mehr von frühen Abwehrmechanismen der Projektion, Idealisierung und Entwertung bestimmt, aber die Integrierung neuer Werte und Normen und die Veränderung seiner inneren Repräsentanzenwelt ist noch in stürmischer Entwicklung begriffen. Daraus resultiert sein oft aufgewühltes Erleben und sprunghaftes Verhalten. Auch kann ein Patient in dieser Phase abrupt zwischen fast hilfloser Abhängigkeit und rücksichtslosem Sich-Abgrenzen hin- und herwechseln. Zur Trieb- und Affektregulierung bleibt für ihn die Gruppe weiter ebenso wichtig wie der Therapeut.

Phase F: Sich festigende Identität und persönliche Beziehungen

Initiative zum eigenen Lebensentwurf mit Übernahme von Verantwortung

Kennzeichnend für diese Therapiephase ist, daß die Patienten sich nun mit der weiteren Planung ihres Lebens zu beschäftigen anfingen und dabei neue Ideen entwickelten. In der Beurteilung ihrer bisherigen Lebensumstände und ihrer jetzigen Möglichkeiten zeigten sie sich wesentlich realistischer als zu Beginn ihrer Therapie. Sie unternahmen konkrete Schritte zur Klärung notwendiger Fragen und entschieden sich dann bezüglich ihrer Berufswahl oder Partnerschaft. Dabei bedachten sie nicht nur die erhofften Vorteile, sondern auch zu erwartende Nachteile, die einzugehen ihnen zumindest möglich erschienen.

Möglichkeit zur Reflexion innerer Konflikte

In der Therapie begannen die Patienten zunehmend, nicht nur über ihre Erlebnisse in Beziehungen zu berichten, sondern dabei auch über sich selbst und ihre Beteiligung zu reflektieren. Beziehungskonflikte konnten jetzt auch vom Psychotherapeuten auf innere Konflikte hin gedeutet werden. Aufgrund der gewachsenen Autonomie der Patienten wurde also ein tiefenpsychologisches Vorgehen in der Behandlung möglich.

Beziehungen werden unterschiedlich gestaltet, unabhängig von der Gruppe

Die Patienten lösten sich zunehmend aus dem Verbund der Gruppe von Mitpatienten und legten Wert auf Beziehungen zu unterschiedlichen Personen, zu denen sie sich hinsichtlich ihrer Bedürfnisse verschieden verhielten. Während einige Beziehungen mehr ihren Freizeitinteressen dienten, nutzten sie andere zum Gedankenaustausch. Auch suchten sie einen festen Partner für eine freundschaftliche oder intime Beziehung. Dabei wurde deutlich, daß der andere jeweils wegen seiner Eigenart geschätzt wurde. In Konfliktsituationen konnten sich diese Patienten anderen gegenüber öfter loyal verhalten und die entgegengesetzte Position anderer eher respektieren.

Kasuistik II

In dieser Kasuistik beginnt die Behandlung in Phase D. Auch der Verlauf dieser Therapie zeigt nicht nur die typischen Charakteristika der jeweiligen Phasen; denn Abweichungen und Besonderheiten sind wie im klinischen Alltag nicht selten. Trotzdem meinen wir, daß sich anhand unseres Verlaufsschemas die wesentlichen Entwicklungsschritte in der Therapie ab Phase D ähnlich aufzeigen lassen, wie wir in der ersten Kasuistik den typischen Therapieverlauf von Phase A bis C dargestellt hatten.

Herr M., ein 31 Jahre alter Student, wurde mit der Diagnose einer schweren Anpassungsstörung bei abhängiger Persönlichkeitsstörung und mit Verdacht auf eine beginnende wahnhafte Erkrankung in die Klinik Wittgenstein eingewiesen (ICD-10: F 43.25, F60.7, F23.3). Auslösend sei die Trennung von einer langjährigen Freundin gewesen. Schwierig sei diese Beziehung geworden, nachdem ihm seine Freundin berichtet hätte, früher vergewaltigt worden zu sein. Zwar sei er selbst auch früher mißbraucht worden, aber seit er dies auch von seiner Freundin gewußt habe, sei er beim Geschlechtsverkehr mit ihr sich selbst als Vergewaltiger vorgekommen. Seine verwirrende

Gleichsetzung von (sexueller) Aktivität und Schuld ließ sich bis in seine Kindheit verfolgen. Seine Mutter beschrieb er als dominant und strafend, auch der Vater habe sich nicht gegen sie zur Wehr setzen können. So sei er als Kind seiner Mutter möglichst aus dem Weg gegangen, indem er viel gelesen oder sich mit Computern beschäftigt habe. Zum Spielen sei er zu anderen Familien gegangen und habe dort jeweils die Schuld auf sich genommen, wenn ein anderes Kind etwas Verbotenes gemacht hätte, weil Strafen ihm nichts ausgemacht hätten. Zwischen dem 9. und 18. Lebensjahr sei er von verschiedenen Männern mißbraucht worden. In der Schule habe er sich angepaßt verhalten, aber häufig vor sich hin geträumt. Nach dem Abitur habe er Pädagogik zu studieren begonnen, ohne wirkliches Interesse an seinem Fach zu finden. Im Studentenwohnheim habe er sich für verschiedene Belange anderer einspannen lassen und dafür den Spitznamen „Joker" bekommen.

Seinen Grundkonflikt brachten wir auf die „innere Formel": „Ich möchte mir eigene Ziele setzen, kann mich aber nicht behaupten, weil meine Gefühle mich im Beisein anderer rasch verunsichern, so daß ich mich von anderen (ver-)führen lasse."

Phase D: Von der Einzel- zur Gruppenbeziehung

Wie wir schon beschrieben haben, geht es Patienten in diesem Therapieabschnitt darum, ihren Platz in einer Gruppe zu finden und aktiv mitzubestimmen. Sie suchen deswegen weniger den Therapeuten, als vielmehr den Anschluß an eine Gruppe, weil sie sich in ihr – insbesondere wenn sie aus nahezu Gleichaltrigen besteht – am besten aufgehoben fühlen. Sie entwickeln eine „Ferienlager-Erwartung", wobei die idealisierte Beziehung zur Gruppe dazu dient, sich vom Psychotherapeuten als Elternobjekt abzugrenzen. Die Beziehung zur Gruppe hat also in Phase D Priorität vor der Beziehung zum Therapeuten. Das läßt sich nicht als Folge eines Behandlungsfehlers (z. B. zu wenige Sitzungen mit dem Therapeuten) erklären, sondern tritt mit großer Regelmäßigkeit auf und entspricht ähnlichen Beziehungskonstellationen in der Pubertät.

Bei der Aufnahme wirkte Herr M. in sich versunken und so wenig bezogen in seinen Interaktionen, daß sich der Verdacht auf eine psychotische Störung zunächst zu erhärten schien. Wie in seiner Kindheit vergrub er sich in seinem Zimmer mit Büchern. Gegenüber seinem Psychotherapeuten war er voll Mißtrauen: Er habe ihn als „Gott in Weiß", als „Mensch ohne Gefühle" erlebt. Aber auch die Gruppe seiner Mitpatienten schien er nicht positiv zu besetzen, im Gegensatz zu anderen vergleichbaren Patienten. Allerdings hatte er auch viele Erfahrungen gemacht, die ihn zur Vorsicht mahnen mußten. Seine Erlebnisse als Joker im Studentenwohnheim waren noch frisch: „Ich komme aus einem Studentenwohnheim mit 150 Leuten. Ich kenn' die 150 Leute nicht namentlich, aber die kennen mich namentlich, d. h. ich hab' halt eine offene Tür gehabt. Als ich herkam, war das erste: ich hab' mich unter Druck gesetzt, zu sagen, ich will mit meiner Station nichts zu tun haben oder recht wenig, ich will mir meine Leute selbst aussuchen, nicht mich aussuchen lassen."

Seine Beziehungsverweigerung gegenüber seinen Mitpatienten auf Station beurteilte Herr M. im Abschlußinterview selbst als etwas Künstliches: „Mit dieser Einstellung oder dem Urteil oder Vorurteil bin ich direkt hier reingestampft und hab' mich im Endeffekt nur auf einer anderen Station rumgetrieben." Er hatte also Kontakte zu einer anderen Patientengruppe geknüpft, die er bei genauerem Hinsehen ebenso idealisierte wie andere Patienten die eigene Stationsgruppe. Wichtig an seinem Arrangement war für ihn, daß er auf diese Weise Nähe und Distanz leichter regulieren konnte. In der anderen Patientengruppe war er nicht auf deren Stationsregeln verpflichtet und konnte sich diese Patienten auch mehr auf Distanz halten, weil er sein Zimmer in einem anderen Haus als diese hatte. Ähnlich verhielt er sich zu einer studentischen Burschenschaft, der er am Studienort angehörte und die er nur dann in die Klinik bat, wenn ihm der Aufenthalt schwierig wurde. So suchte er seine psychische Stabilität zu sichern, indem er jeweils auf eine andere Gruppenbeziehung zurückgriff, sobald er Schwierigkeiten mit seiner gegenwärtigen bekam.

Dann begann Herr M. seine Beziehungen zu einzelnen innerhalb der beiden Gruppen zu differenzieren: „Das Wichtige war für mich, daß ich für mich rausfinden konnte: wer sind meine Freunde und wer nicht .... Ich hab jetzt zumindestens eine Handvoll Menschen, auf die ich vertrauen kann, weil ich grundsätzlich jedem Menschen mißtraue." Wie in Phase A in bezug auf den Therapeuten werden auch in Phase D „Tests" mit Gruppenmitgliedern gemacht. Ein Test von Herrn M. bestand darin, daß er jemandem unter dem Siegel der Verschwiegenheit bestimmte Dinge erzählte und anschließend bei anderen herumhörte, ob jener das ihm Anvertraute weitergetragen hatte. Das Ausmaß seines Mißtrauens läßt vermuten, daß er nicht auf hinreichend gute Objektimagines zurückgreifen konnte.

Abzusichern suchte sich Herr M. auch dadurch, daß er Bücher über psychologische Themen, insbesondere über verschiedene Kommunikationsstile „verschlang". Einerseits verstanden wir dies als Experimentieren mit möglichen Selbstbildern, andererseits suchte er nach „mächtigem" Wissen, das ihn in der Gruppe schützen sollte, ihn aber tatsächlich isolierte.

Bis zu diesem Punkt der Behandlung hatte sein Einzeltherapeut den Eindruck, nicht wirklich im Kontakt mit Herrn M. zu sein. Zwar wirkte der Patient auf ihn freundlich und verhielt sich angepaßt, aber er brachte inhaltlich wenig ein. Durch das Anstarren des Patienten während der Sitzungen fühlte sich der Therapeut kontrolliert und in Schach gehalten. Im Abschlußinterview bestätigte der Patient, daß er zu jener Zeit den Therapeuten „schwer (habe) ackern lassen".

Zwar hatte der Patient Kontakte zu jener Patientengruppe auf einer anderen Station und als weiteren Rückhalt seine Studentengruppe, auch hatte er (oberflächlichen) Kontakt zu seinem Psychotherapeuten gefunden, aber er erlebte dabei keine Besserung seines Krankheitszustandes; stattdessen litt er unter verstärkten Körpersymptomen. Wegen muskulärer Verspannungen wurden ihm Fangopackungen verordnet: „Also es fing an mit der Fangopackung, d. h. ich lag so eingepackt da und konnte mich nicht mehr rühren, weil die Regel sagt, man bleibt da 25 Minuten drin liegen. Ich hab mich der Regel gebeugt und hab` 25 Minuten lang Panik geschoben ... Ich hab` dann auch ziemlich starke Kopfschmerzen gehabt, und ich war in jedem Bereich angegriffen – in jedem – nicht nur in diesem Bereich." In der Fangopackung verdichtete sich sein Konflikt zwischen Hingabewünschen und Sich-ausgeliefert-Fühlen. Herr M. beschrieb dies in Erinnerung an frühere ähnliche Situationen anschaulich bis zum daraus resultierenden Fühlen von Desintegration: „In solchen Momenten bin ich dann total lethargisch, man konnte dann mit mir alles anstellen. Ich hab` einfach nur da gestanden und wußte nicht mehr vor und zurück, links, rechts ... mir ist jeder auf den Geist gegangen ... als würden sie irgendwie ... was weiß ich, wie wenn sie eine Billardkugel anstoßen, dann rollt sie gegen die nächste und die prallt weiter, okay, aber das ist dann so, als wenn aus der einen Billardkugel 20 Kugeln werden, die in jede Richtung gehen."

Seine Verwirrung, die zeitweise einer Desorientierung glich, hielt nach der Fangopackung an, so daß erneut ein psychotisches Erleben vermutet wurde. Aber bald wurde deutlich, daß seine Verwirrung nicht bedrohlich war. Der Patient erlebte jetzt „ein inneres Wehren", das sich gegen Gefühle des Ausgeliefert-Seins erhob. Hilfreich war dem Patienten dabei auch eine Intervention seines Psychotherapeuten. Der habe ihm gesagt, daß er sich durch sein fortwährendes Anstarren in den Therapiegesprächen gestört fühle und dadurch seiner Arbeit des Nachdenkens und Verarbeitens nur schwer nachgehen könne. Damit hatte der Therapeut einerseits den Patienten darauf aufmerksam gemacht, wie sehr er sein Gegenüber ständig kontrollierte. Andererseits hatte er seine eigene Empfindlichkeit und Verletzbarkeit zum Ausdruck gebracht. Dadurch änderte sich für den Patienten seine Beziehung zum Therapeuten, weil er sich diesem jetzt gleichwertiger empfand. Er beschrieb diese Veränderung zum Therapeuten so: „Zunächst war das so ein Mensch ohne Gefühle, also zu Anfang hatte ich echt Probleme, aber dann hat der mal von sich erzählt und eigene Lebensbeispiele rausgebracht, das hat mir tierisch geholfen."

Indem Herr M. in seinem Therapeuten kein „Überwesen" mehr sah, begann er sein Mißtrauen ihm gegenüber abzubauen und ihn positiv zu besetzen, so daß er von dessen „Erfahrungsschatz" zu profitieren begann. Durch Zusammenhänge, die er sich jetzt von seinem Therapeuten aufzeigen ließ, wurde ihm verständlicher, was zuvor „ein Rudel von Gefühlen (war), was ich nicht unter einen Hut bekommen konnte".

Diese Krise der Therapie markierte den Übergang von Phase D zur Phase E, den der Patient erst bewältigen konnte, nachdem sich seine früheren Traumatisierungen durch jenes krisenhafte Ereignis aktualisiert hatten, so daß sie anschließend angesprochen werden konnten. Erst damit wurde es dem Patienten möglich, eigene Initiative zu entwickeln und Aktivitäten nicht mehr nur schuldhaft zu verstehen (wie in seiner Kindheit, wenn er sich für andere Kinder zum Sündenbock machte).

Phase E: Verselbständigen innerhalb der Gruppe

Die Beziehung zum Psychotherapeuten wurde für den Patienten also zu einer eher symmetrisch erlebten Zusammenarbeit mit ihm. Auch wenn Herr M. in der Folgezeit mit einem Vorschlag des Psychotherapeuten spontan einverstanden war, prüfte er ihn danach selbst nochmals sorgfältig: „Zum Beispiel hat er mir vorgeschlagen, Boxtherapie zu machen. Ich hab` ihm einfach gesagt, ich sag's ihnen morgen, ob ich so was machen möchte. Ich möchte drüber nachdenken, obwohl ich gemerkt habe: Klasse, würd` ich gerne machen, aber --- überfahren lasse ich mich nicht mehr." Die Alternative in der Interaktion mit seinem Therapeuten war damit für ihn nicht mehr Ablehnung oder Unterwerfung, was beides letztlich Passivität bedeuten würde. Herr M. hatte entdeckt, daß er nach entsprechendem Überprüfen zu einer eigenen Entscheidung kommen konnte. Das wird von Patienten häufig in verschiedenen Rollen oder mit unterschiedlichen Kommunikationsstilen experimentiert. Herr M. probierte beispielsweise aus, in der themenzentrierten Gruppentherapie die anderen nicht mehr anzustarren, sondern einfach seine Augen zu schließen und zuzuhören; und war erstaunt, daß andere das wahrnahmen, aber ihm nicht verübelten. Seine bisherigen Kontrollen anderer und sein Mißtrauen störten ihn selbst zunehmend, so daß er „die ganzen blöden Überlegungen, was das Motiv des einzelnen ist" beiseite zu lassen versuchte und sich um einen spontaneren Kontakt bemühte.

Neue Erfahrungen mit sich und anderen machte er auch in Übungen zur Körperwahrnehmung. Aufgefordert, aus Seilen die Umrisse des eigenen Körpers zu bilden, gestaltete Herr M. sich als „dünn, kraftlos und mitleiderregend". Mitpatienten korrigierten dann sein Körperbild: Es wurde „von den anderen durch einen breitschultrigen, muskulären Typ ersetzt. Und zum Schluß mußte man sich (in das auf den Boden gelegte Seil) reinlegen und dann war es halt --- na ja von wegen breitschultrig --- aber es war schön, so wahrgenommen zu werden." Hier werden zwei neue Fähigkeiten des Patienten deutlich, deren Entwicklung für diese Phase charakteristisch ist. Herr M. konnte sich teilweise mit der Fremdwahrnehmung identifizieren und das darin enthaltene positivere Bild von sich annehmen. Er verlor dadurch jedoch nicht den Blick für seine Realität, so daß er sein von den anderen idealisiertes Bild realitätsentsprechend korrigieren konnte, ohne dessen positive

Anteile aufzugeben. Dadurch vermochte er seine (körperbezogenen) Selbst-repräsentanzen mehr der Realität anzunähern und sich zu bestätigen, „daß ich keine mitleiderregende Figur bin und daß ich körperlich auch ganz in Ordnung bin". Mit diesem gestärkten Selbstbewußtsein phantasierte sich Herr M. auch bisher unvorstellbare Beziehungen: „Recht nett ... daß ich recht viele Freundinnen haben kann, da ich in der Klinik Chancen ohne Grenzen hätte."

Phase F: Sich festigende Identität und persönliche Beziehungen

Eine Paarbeziehung einzugehen bedeutet, als Mitglied einer Gruppe sich von dieser mehr zu distanzieren und zeitweise sogar abzuwenden, um sich einer exklusiven Beziehung zu einer anderen Person zuzuwenden. Dies setzt nicht nur voraus, daß sich die Beziehungen zu den einzelnen Gruppenmit-gliedern differenziert haben, sondern daß eine Wahl und Entscheidung ge-troffen und vertreten werden kann, die eine andere Person außerhalb der Gruppe oder ein anderes Gruppenmitglied betrifft, ohne daß der Gruppe darauf noch Einfluß zu nehmen gestattet wird. Vor der Behandlung war dies für Herrn M. noch undenkbar, insofern er als „Joker" für jeden gleicherma-ßen verfügbar sein wollte – jetzt nahm er eine Beziehung zu einer Mitpati-entin auf und gab sich mit ihr in der Gruppe deutlich als Paar zu erkennen. Zwar mochte er im Interview nicht offen über diese Beziehung sprechen, was wir als verständliches Schützen seiner noch nicht souveränen Bezie-hungsgestaltung auffaßten: jedoch war damit deutlich, daß er sich aus seiner früheren Unverbindlichkeit gelöst und zu einer von ihm vertretenen Ent-scheidung gefunden hatte.

Die Fähigkeit, sich selbst kritisch und zugleich wohlwollend zu beurtei-len, entwickelt sich in einem regelhaften Therapieverlauf nun mehr und mehr. Herr M. entschied sich, Jura zu studieren und wollte sein künftiges Umfeld erproben, indem er ein Studenten-Café an seinem Studienort be-suchte. Dort hatte er einige Wochen zuvor schon einmal erleben müssen, wie er „noch sehr schnell zusammenfällt", d. h. in Gefahr geraten war, sich im direkten Vergleich mit künftigen Kommilitonen abzuwerten, so daß er damals das Café fluchtartig verlassen hatte. Aber er wollte einen zweiten

Versuch wagen mit der neuen Einstellung: „Wenn ich auf die Nase falle, komme ich auch schon selbst wieder hoch; ich hab das Gefühl, ich kann mich selbst wieder hochziehen." Und es gelang ihm.

Seine klare Entscheidung für seinen Wechsel des Studienfaches führte zu realitätsbezogenen Vorbereitungen. Er unternahm bereits von der Klinik aus dazu erforderliche Schritte. Er gewann einige Professoren dafür, diesen Wechsel zu unterstützen, wobei ihm sein Charme half, den er aktiv für seine Ziele einsetzte. War er früher in seiner passiv-duldenden Einstellung der Verführte und Mißbrauchte gewesen, so konnte er jetzt in angemessener und respektvoller Weise den anderen dazu bringen, ihn zu unterstützen.

Am Ende seiner Behandlung war Herr M. sicher noch nicht in seiner Identität gefestigt, aber er hatte Entscheidungen zu treffen begonnen, die dazu weiter beitragen konnten. Es war damit eine progressive Entwicklung zu einer erwachsenen Identität und Beziehungsfähigkeit in Gang gekommen, die posttherapeutisch allerdings noch gefährdet sein wird, wie wir aus katamnestischen Untersuchungen von Patienten mit strukturellen Störungen wissen (Ruff u. Leikert 1994a).

Diskussion der Ergebnisse

Die Behandlungsverläufe der 16 von uns untersuchten Patienten mit strukturellen Störungen lassen sich in unser Verlaufsschema unterschiedlich einordnen (Abb. 5.3). Dabei ergeben sich 3 Gruppen:

1. Patienten mit psychotischen Störungen oder Frühstörungsanteilen: Bei
   ihrer stationären Aufnahme war ihre psychische Struktur nur gering integriert und drohte oft zu desintegrieren. Sie begannen ihre Behandlung in
   Phase A. Von 7 Patienten kamen 6 während ihres stationären Aufenthaltes bis zur Phase C. Dort erwiesen sich diese Patienten unterschiedlich
   gut stabilisiert, so daß bei einigen Patienten (vgl. Kasuistik I) noch die
   Gefahr einer Regression drohte. Ihr Strukturniveau war über eine mäßige
   Integration nicht hinausgekommen.
2. Patienten mit einer Adoleszenzproblematik: Bei ihrer stationären Aufnahme waren diese Patienten in Phase D und gelangten während ihrer
   Behandlung bis zur Phase E, manchmal auch bis zur Phase F (vgl. Kasuistik II). Während ihres Therapieverlaufs erfolgte eine deutliche Reifung
   ihrer Persönlichkeitsorganisation, so daß sich ihr anfänglich meist mäßig
   integriertes Strukturniveau besserte hin zu einer guten Integrationsfähig-
   keit. Aber wie in der Pubertät erfolgen die Veränderungen in dieser und
   der folgenden Phase nicht geradlinig, sondern sind durch ein Hin und Her
   auf verschiedenen Organisations-ebenen gekennzeichnet, wie dies A.
   Freud (1960) für einen normalen Jugendlichen beschrieben hat: „Er wehrt
   seine Triebregungen ab, gibt ihnen aber auch nach; er vollbringt Wunder
   an Selbstbeherrschung, ist aber auch ein Spielball seiner Gefühle; er liebt
   seine Eltern und haßt sie zugleich; er ist gleichzeitig in voller Revolte
   und voller Abhängigkeit; er will nichts von seiner Mutter wissen, sucht
   sie aber unvermittelt zu vertraulichen Aussprachen; er ist bereit, sich
   selbst aufzugeben und anderen hörig zu werden, sucht aber gleichzeitig
   seine eigene Identität; er hat mehr künstlerisches Verständnis, ist ideali-
   stischer, großzügiger und uneigennütziger als je vorher oder nachher;
   aber er ist auch das Gegenteil: egoistisch, selbstsüchtig und berechnend."
   Und sie zog daraus den Schluß, „daß das Ich nach Lösungen sucht, sie

aufnimmt und wieder verwirft und zögert, endgültige Entscheidungen zu treffen" (S. 22). Von unseren Patienten zeigten 6 einen solchen Verlauf.

3. Nicht in eine dieser beiden typischen Gruppen waren 3 Patienten einzuordnen: Gemeinsam war diesen Patienten, daß sie bei relativ gut entwikkelter Persönlichkeitsorganisation erheblich regrediert (bis zu einem zeitweise gering integriertem Strukturniveau) zu uns kamen, so daß uns eine konfliktzentrierte Behandlung nicht möglich erschien. Ihre Therapieentwicklungen lassen sich zwar mit Hilfe unseres Schemas darstellen, aber der Phasenverlauf hing bei ihnen davon ab, wie ihre Regression in der Therapie bearbeitet werden konnte (vgl. die Patienten 4, 8, 14).

Pat.	Diagnosegruppe	Therapiephasen A	B	C	D	E	F	Therapiedauer in Wochen
1	a	■	■	■				19
2	a	■	■	■				11
3	a	■	■	■				9
4	c			■				11
5	b				■	■		15
6	b				■	■		12
7	a	■	■	■				9
8	c	■	■	■	■			18
9	b					■	■	11
10	b				■	■		14
11	b					■	■	15
12	b				■	■		14
13	a		■	■				18
14	c	■	■	■	■	■	■	19
15	a		■	■				25
16	a	■	■					12

Abb. 5.3: Phasenverlauf bei verschiedenen Gruppen der Stichprobe:
a Psychose oder Frühstörungsanteile
b Adoleszenzkonflikte
c Untypisch

Krisen in der Behandlung

Wir stellten 2 Therapieverläufe dar, in denen sich Krisen ereigneten, ohne daß aber solche Krisen in unserer typisierenden Übersicht (Abb. 5.2) auftauchen. Wie schon die 2 Kasuistiken zeigten, sind Krisen bei den Patienten dieser Untersuchungsgruppe nicht überindividuell erfaßbar und als typisch zu beschreiben. Unter Krise verstehen wir hier eine Situation, in der ein Patient psychisch oder psychosomatisch zu dekompensieren droht, weil seine verfügbaren Abwehrmechanismen nicht ausreichen, um die für ihn bedrohliche Situation bewältigen zu können. Deswegen muß dann die Behandlungstechnik so modifiziert werden, daß insbesondere seine Unterscheidungsfähigkeit zwischen Selbst und Nicht-Selbst (Subjekt-Objekt-Grenzen) erhalten bleibt oder wieder hergestellt wird, z. B. durch medikamentöse Behandlung und Verlegung in ein Akutzimmer.

Was geschieht in einer solchen Krise? Beide geschilderten Patienten fanden sich auf sich selbst zurückgeworfen und mit früheren Traumatisierungen konfrontiert. Frau K. (Kasuistik I) wurde von „ihren Jungs" verlassen, was vermutlich Empfindungen mobilisierte, die sie nach dem Suizid ihres Vaters in ihrem 5. Lebensjahr gehabt hatte. Herr M. (Kasuistik II) erlebte sich isoliert in der Fangopackung und – wie ehemals beim Mißbrauch – eingezwängt und überwältigt. Damit verloren beide Patienten – in zeitlosem Erleben – ihre bisherige Objektbezogenheit, ihren äußeren Beziehungsrahmen. Ihre erreichte Unterscheidung zwischen Selbst und Nicht-Selbst verwischte sich und drohte sie in ihrer Ambivalenz zwischen „Selbst- und Objektpol" (Mentzos 1997) einseitig zu fixieren. Frau K. suchte einen Ausweg in gesteigerter Aktivität, indem sie zunächst joggte und dann sich regressiv auf eine neue dyadische Beziehung fixierte. Herr M. ging zunächst in einen narzißtischen Rückzug von Passivität, den er dann mittels aktivem Protest progressiv überwinden konnte. Beide Krisen ereigneten sich in verschiedenen Phasen des Therapieprozesses. In den anderen Therapieverläufen dieser Untersuchungsgruppe fanden wir entweder keine derartigen Krisen oder die auftretenden Krisen konnten – ähnlich wie bei Frau K. – nicht progressiv verarbeitet werden.

Bei dieser Gruppe strukturell gestörter Patienten sind – entsprechend ihres Struktur- bzw. Organisationsniveaus (Kernberg u.a. 1993) – Krisen an unterschiedlichen Stellen ihrer Identitätsentwicklung zu erwarten: je nach dem erreichten Grad ihrer Unterscheidungsfähigkeit zwischen Selbst und Nicht-Selbst, der Reife ihrer Abwehrmechanismen, ihren Möglichkeiten einer adäquaten Realitätsprüfung, der „Vernarbung" erlittener Traumatisierungen usw.. Durch äußere Veränderungen, die unspezifisch zu sein scheinen, aber die Subjekt-Objekt-Grenzen bedrohen und damit eine labile Identität treffen, können solche Krisen ausgelöst werden. Sie sind allerdings für den Therapieverlauf nicht notwendig, auch wenn sich eine solche Krise bei Herrn M. progressiv auswirkte. Das unterscheidet sie in Form und Stellenwert von jener Krise, die wir bei Patienten mit neurotischen Störungen als „therapeutische Krise" bezeichnet haben. In erfolgreichen Therapieverläufen dieser Patienten bewirkte eine krisenhafte Situation, daß sich der Patient von seinen bisherigen Formen einer Konfliktbewältigung distanzierte und dafür nach neuen Möglichkeiten suchte und sie auszuprobieren begann. Diese Krise hatte aber bestimmte Voraussetzungen: Die reinszenierten neurotischen Beziehungsmuster mußten sich in der Klinikrealität als unzureichend erweisen; sah sich der Patient damit konfrontiert, geriet er regelmäßig in eine Krise, und zwar an einem bestimmten Punkt im Therapieprozeß (vgl. Kapitel 3). Das konnten wir bei strukturell gestörten Patienten nicht in gleicher Weise finden, auch wenn es häufiger zu krisenhaften Situationen kam. Diese verstehen wir mit A. Freud (1960) als Ausdruck der „Disharmonie in der psychischen Struktur", wie sie bei Adoleszenten auch „während der Pubertät als Grundtatsache anzusehen" ist (S. 21).

*Reifung in Beziehungen und in der Verarbeitung von Aggressivität mit be-
handlungstechnischen Überlegungen*

Gerade im komplexen Feld einer stationären Psychotherapie lassen sich verschiedene typische Konstellationen von Beziehungen gut beobachten. Das
bewog auch Konzag und Fikentscher (1998), aufgrund ihrer klinischen Erfahrung für die stationäre Behandlung strukturell gestörter Patienten ein
Modell von Veränderungsprozessen vorzustellen, das sich an der Leitkate-
gorie „Objektbeziehungen" orientiert. In ihrem Verstehensmodell unterschieden sie verschiedene Behandlungsphasen, die jeweils durch eine Veränderung der Beziehungsgestaltung gekennzeichnet seien. Auch wir fanden
bei den meisten unserer Patienten aus der sozialpsychiatrischen Abteilung
zunächst abhängige und idealisierte Beziehungen, die sich Schritt für Schritt
zu eher symmetrischen Beziehungsformen entwickelten. Anfänglich primitive Mechanismen der Abwehr von Angst – insbesondere Projektionen von
Aggressivität und Idealisierungen von Beziehungen – wurden zunehmend
durch subtilere Formen einer Verarbeitung von Aggressivität und einer Bewertung von Beziehungen ersetzt. Diese Mechanismen scheinen jedoch in
jeder Phase der Entwicklung dasselbe Ziel zu verfolgen: dem Subjekt ein
relativ spannungsfreies Erleben seiner selbst zu ermöglichen. Aufgrund der
Verschiedenheit eines jeden vom anderen ist dafür notwendig, das eigene
Selbst mittels einer Grenze zwischen Innen und Außen, zwischen Subjekt
und Objekt zu schützen. Die Entwicklung dahin geht zunächst aus von der
Erwartung, in einer idealisierten Beziehung vor dem bedrohlich erscheinen-
den Außenraum bewahrt werden zu können. Insbesondere aufgrund dosier-
ter Enttäuschungen und eigener Autonomiestrebungen kann schließlich ein
Zustand erreicht werden, in dem das Selbst Spannungen innerhalb seiner
Persönlichkeitsorganisation (Instanzen) ertragen und konstruktiv verarbeiten
kann, so daß Objekte in der Außenwelt nicht mehr zu Trägern für projizierte
Aggressionen aus der Innenwelt werden müssen. Diese Entwicklung der
Beziehungsfähigkeit und des Umgehens mit Aggressivität stellen wir – entsprechend unseres bisherigen typisierenden Therapieverlaufes – schematisch
in Abbildung 5.4 dar.

A Zwischen Mißtrauen und Idealisieren Dyadische Abhängigkeit des Subjekts (SU) von einem omnipotent phantasierten Objekt der Elterngeneration (EO). In der brüchig bleibenden Beziehung zum Therapeuten wird Mißtrauen durch Idealisieren abgewehrt, was die Subjektgrenzen sichert. Aggression wird projiziert, was das Mißtrauen gegenüber Mitpatienten (gleich erlebte Objekte GO) erklärt.	EO / SU // GO
B Mehrere Dyaden Wenn die Idealisierung der therapeutischen Beziehung gelungen ist, geht die Projektion von Aggressivität zurück. Es werden weitere dyadische Beziehungen zu ähnlich erlebten Objekten eingegangen. Diese Beziehungen mildern die Abhängigkeit vom elterlichen Objekt, sie bestehen aber ohne Verbindung miteinander. Das Ich wird wieder mit narzißtischer Libido besetzt, Ressourcen werden aktiviert.	EO / SU // SU GO
C Erleben v. Unterschieden in dyad. Beziehungen Wenn das Subjekt sich in verschiedenen Beziehungen sicher fühlt, wird es möglich, Widersprüchliches zu erleben. Gestützt auf die je andere Beziehung können Differenzen zum Therapeuten, zu Gruppenmitgliedern oder zwischen den Beziehungen auftreten. Das Subjekt beginnt sich in den verschiedenen Beziehungen abzugrenzen und als eigenständiger zu erleben.	EO GO / Su / GO
D Von der Einzel- zur Gruppenbeziehung Jetzt wird der Akzent stärker auf die Beziehung zur Gruppe gelegt; die noch tragende Beziehung zum elterlichen Objekt ('Therapeut') wird heruntergespielt; wichtigeThemen werden in den jeweiligen Beziehungen verschwiegen. Die Gruppennormen relativieren die elterlichen Normen. Soziales Lernen findet im Einklang mit der Gruppe statt.	EO GO GO Su GO
E Verselbständigen innerhalb der Gruppe Die Beziehungen innerhalb der Gruppe beginnen sich zu differenzieren. Es werden Vorbilder gewählt, eigene Entwürfe werden formuliert und widersprechen teilweise der Gruppennorm. Es kommt zu Konflikten in der Gruppe. Die Beziehung zum Therapeuten ist abgegrenzter und wird jetzt eher als eine symmetrische Beziehung erlebt.	EO GO Su — GO GO
F Identität und persönliche Beziehungen Durch die Vielzahl von Beziehungen, durch eigene Ideale und Selbstbilder erlebt sich das Subjekt jetzt als abgegrenzt von seinen Objekten. Es können persönliche Beziehungen eingegangen, Beziehungen zwischen Objekten anerkannt und realistische Lebensplanungen gemacht werden. Jetzt besteht die Möglichkeit, den eigenen (aktualisierten) Konflikt zu bearbeiten.	EO — GO Su — GO

Abb. 5.4 Entwicklung der Subjekt-Objekt-Grenzen und Verarbeitung der Aggressivität

Bei den einzelnen Entwicklungsschritten im Therapieverlauf beziehen wir uns auf theoretische Strömungen in der Psychoanalyse, die wir hier nicht im einzelnen darstellen können (beispielsweise ließe sich die erste Beziehungsform mit Begriffen wie „primärer Narzißmus" [Freud 1914], „Selbstobjekt" [Kohut 1990] oder „Partialobjekt" [Klein 1991] fassen). Wir wollen uns stattdessen darauf beschränken, unsere Konzeption mit Arbeiten zu vergleichen, die sich ebenfalls mit dem Entwicklungsprozeß in Behandlungen dieser Patientengruppe beschäftigt haben, und daraus therapeutische Überlegungen ableiten, soweit wir dies nicht schon in den typisierenden Beschreibungen getan haben.

Phase A: Zwischen Mißtrauen und Idealisieren

Der leidende, Schutz und Heilung suchende Patient mit strukturellen Störungen gerät bei seiner stationären Aufnahme in die Abhängigkeit von einem Objekt, auf das er frühere libidinös besetzte Erinnerungen mit Elternimagines überträgt: Er phantasiert dieses als omnipotent-hilfreich. Da er Elternobjekte aber auch als bemächtigend und frustrierend erlebt hatte, projiziert er auf jenes Objekt ebenso (archaische) aggressiv besetzte Erinnerungen, die sich im Mißtrauen gegenüber diesem Objekt äußern. Sein Versuch, dieses Objekt zu idealisieren, dient dem Ziel, sein Mißtrauen zu mindern. Gefühle von Hingabe bis zur Regression in primäre Passivität wechseln abrupt mit Gefühlen von Abgrenzung bis zur aggressiv-destruktiven Aktivität. Diese abrupten Gefühlswechsel führen zu ähnlich entgegengesetzten affektiven Zuschreibungen (Übertragungen) auf den Therapeuten, die dieser als abrupte Veränderungen in seinem Erleben des Patienten (Gegenübertragung) wahrnimmt.

Kernberg und Mitarbeiter (1993) empfahlen dem Therapeuten in dieser Behandlungsphase, seine Verwirrung nur diagnostisch zu verwenden und ohne Deutungen zu ertragen. Auch Lempa (1997) empfahl bei der Behandlung schizophrener Patienten, „daß der Therapeut seine Affekte wahrnehmen und denken kann und sein inneres Gleichgewicht, seine therapeutische Kompetenz aufrechterhält" (S. 209). Es geht also darum, den Patienten zunächst in seiner Sprunghaftigkeit zu akzeptieren und seine Versuche, die Beziehung zum Therapeuten zu idealisieren, eher durch ein identifikatorisches Vorgehen zu unterstützen und ihm zu helfen, seine Gedanken und Affekte zu ordnen. Das entspräche dem „spiegelbildlichen Beziehungsrahmen", den Mahler (1972) zu Beginn des Loslösungs- und Individuationsprozesses für bedeutsam hielt; denn eine „narzißtische, wechselseitige libidinöse Spiegelung fördert die Identitätsbildung" (S. 25). Ein Ansprechen von Konflikten oder gar das Deuten der Übertragung würde diesen Versuch zunichte machen; noch ist der Patient nämlich nicht zu einer aktiven Mitgestaltung der Therapie fähig, sondern auf die Kompetenz des Therapeuten und dessen gestaltendes Vorgehen angewiesen. In ihren Abschlußinterviews betonten unsere Patienten, wie wichtig ihnen in dieser Phase eine größtmögliche Verfügbarkeit und Konstanz des Therapeuten gewesen waren – wichtiger offenbar als bei den anderen Patientengruppen, die wir untersuchten.

Hat dann die Idealisierung der therapeutischen Beziehung das Mißtrauen des Patienten begrenzt, so kann der Patient Kräfte frei setzen, die ihm eine Hinwendung zur gefährlich erlebten Außenwelt ermöglichen. Denn wenn der Patient den Therapeuten als einen „ihn verstehenden Verbündeten" (Bartholomew-Günther 1994) erlebt, fühlt er sich ausreichend geschützt vor seiner eigenen Aggressivität und Destruktivität, die er in dieser Phase zum Selbstschutz weiterhin nach außen projizieren muß. Neben „empathischer Akzeptanz" forderten Konzag und Fikentscher (1998) – in der von ihnen vermuteten „pseudoneurotischen Anfangsphase" – vom Therapeuten, daß er als Hilfs-Ich sein Vorgehen „strukturierend auf die Erarbeitung der Therapieziele und Vereinbarungen" ausrichte (S. 372). Wir halten diese als „vorwiegend apersonal-beziehungsvermeidend" bezeichnete Anfangsphase aufgrund unserer Untersuchungen für ein Konstrukt oder für das Ergebnis einer anfangs zu geringen therapeutischen Zuwendung. Stattdessen gleicht die von jenen Autoren danach beschriebene „Spaltungsphase" mit Idealisierungs- und Abwertungstendenzen eher der von uns gefundenen Phase A. Allerdings empfahlen Konzag und Fikentscher (1998) schon hier ein „integratives Therapiesetting", indem „die Patientengruppe von Therapiebeginn an ein ‚Drittes Objekt' neben der Beziehung zum Einzeltherapeuten bildet" (S. 373), wozu wir nach unseren Untersuchungsbefunden nicht raten können.

Phase B: Verschiedene Dyaden

Bartholomew-Günther (1994) unterschied eine symbiotische Übertragung in der ersten von einer idealisierenden Übertragung in der zweiten Phase der Behandlung. Damit wies er darauf hin, daß die Schutz gewährende therapeutische Beziehung zur weiteren psychotherapeutischen Arbeit notwendig bleibt. Jetzt beginnt der Patient aber, neben dem Therapeuten auch einzelne andere Objekte positiv zu besetzen. Aus der ambulanten Behandlung von psychotisch Erkrankten ist bekannt, daß diese Patienten zur Stabilisierung ein Netz von Beziehungen brauchen. „Die Vernetzung dient dem Schutz vor der Regression in eine Dyade, die von diesen Patienten als gefährlich erlebt wird, weil sie in eine die Ich-Grenzen bedrohende Symbiose führt ... Die Vernetzung verringert die reale Abhängigkeit vom Therapeuten, eröffnet aber dem Patienten die Chance einer langfristigen therapeutischen Beziehung", sofern die „Objektkonstanz in der therapeutischen Beziehung" gewahrt bleibt (Bruns 1997, S. 353). Auch unsere Patienten schilderten, wie sie sich ein solches Netzwerk mit Hilfe von Mitpatienten und Begleittherapeuten während dieser Phase schafften; aber diese Beziehungen existierten als Dyaden nebeneinander und ohne Bezug (so daß das Bild des Netzes noch nicht zutrifft, weil die Beziehungen eher wie verschiedene, miteinander nicht verbundene Fäden sind, die der Patient in der Hand zu halten versucht). Widersprüche und Konkurrenzen zwischen diesen dyadischen Beziehungen nahmen die Patienten zu diesem Zeitpunkt nicht wahr oder negierten sie.

Die Notwendigkeit eines solchen „Netzwerkes" leitete Bruns (1997) in Anlehnung an Lempa (1997) aus der Unfähigkeit dieser Patienten ab, innere Konflikte in unbewußte Repräsentanzen binden und symbolisieren zu können, so daß diese Konflikte in der Außenwelt inszeniert werden müssen. Deswegen sollte der Therapeut „eine großzügige und gewährende Haltung gegenüber Vernetzungsbemühungen des Patienten" einnehmen (Bruns 1997, S. 353). Solche Vernetzungen fallen Patienten im stationären Rahmen leichter als in ambulanten Behandlungen, weil „in der Klinik die Verknüpfung zwischen verschiedenen Kontaktpunkten des Patienten wesentlich auch aus der institutionellen Vorgabe der Klinik entsteht" (S. 354). Dabei kann der Therapeut seinen Patienten zu Kontakten ermuntern, sollte ihn aber nicht dazu drängen, sich für Mitpatienten, Begleittherapien oder Freizeitangebote aktiv zu interessieren. Kernberg und Mitarbeiter (1993) schlugen vor, in dieser Phase die verschiedenen Dyaden lediglich zu benennen, aber noch nicht auf den Mechanismus der Spaltung aufmerksam zu machen, durch den sie voneinander getrennt gehalten werden.

Phase C: Erleben von Unterschieden in dyadischen Beziehungen

Wenn der Patient libidinöse und aggressive Besetzungen auf verschiedene Dyaden verteilt, schafft er sich „einen verläßlichen Bezugsrahmen für die wahrnehmungs- und gefühlsmäßige Rückversicherung" (Mahler 1972, S. 25). Beginnt er sich in diesen Beziehungen sicherer zu fühlen, kann er seine Loslösung aus der therapeutischen Dyade fortführen. So könnte diese Zeit, welche Konzag u. Fikentscher (1998) als „Triangulierungsphase" bezeichneten, als Aktualisierung der präödipalen Separations- und Individuationsphase verstanden werden. Ihr Ergebnis ist „eine sichere Trennung von Selbst und Objekt" (Bohleber 1987, S. 76). Wie das Kind, dem in der frühen Wiederannäherungsphase seine „Macht und Fähigkeit, sich physisch von der Mutter zu entfernen, klar wird" (Mahler 1972, S. 30), so braucht auch ein Patient zu diesem Zeitpunkt weiterhin den Rückhalt in der therapeutischen Beziehung, um Differenzen erleben oder gar Konflikte außerhalb dieser Beziehung austragen zu können. So berichteten uns Patienten, daß sie Unterschiede zu Mitpatienten entdeckten und daß sie kleinere Auseinandersetzungen mit anderen nicht mehr wie bisher ängstigten. Differenzen zu anderen beschrieben Patienten entweder mit den Worten „Ich bin nicht so wie du" oder „So gut wie du spielst, will ich auch spielen können". Mit der ersten Bemerkung betonten sie ihre Abgrenzung vom anderen. Die zweite Bemerkung deutete darauf hin, daß Patienten sich in ihren Eigenschaften nun mit andern verglichen, dabei eigene Unfähigkeiten entdeckten und den Wunsch entwickelten, in bestimmter Weise so fähig zu werden wie der andere. Damit vermag sich der Patient getrennt von anderen und selbst-ständig zu erleben, ohne länger fürchten zu müssen, sich in seiner Einzigartigkeit zu isolieren oder widerstandslos in der Omnipotenz eines anderen aufzugehen. Gerade die Klinik bietet dafür dem Patienten einen „inneren und äußeren zeitlichen und sozialen Spielraum" (Bohleber 1987, S. 78).

Hat ein Patient ausreichend libidinös besetzte Beziehungen zu Mitpatienten entwickelt, kann er seine Enttäuschungen durch die Institution Klinik oder durch den Therapeuten auch in der therapeutischen Beziehung zur Sprache bringen. Dies kann die Trennung und Konturierung von Selbst- und Objektrepräsentanzen fördern. Allerdings besteht besonders hier die Gefahr, daß sich die Idealisierung des Therapeuten ins Gegenteil verkehrt. Ist die Enttäuschung eines Patienten an seinem Therapeuten nicht zu groß, so kann er die Beziehung noch relativieren: „Da mein Therapeut mich nicht immer versteht, muß und kann ich dann selbst zurechtkommen". Problematisch wird es, wenn „destruktive Impulse und Haßgefühle (aktualisiert werden), die der Patient lange Zeit nicht in die Therapie einbringen kann, in der Sorge, dann das Leben desjenigen zu zerstören, der der Garant seines Lebens ist" (Bartholomew-Günther 1994, S. 255). Dies kann passieren, wenn ein Therapeut glaubt, jetzt sein bisheriges identifikatorisches Vorgehen schon ganz durch ein konfrontierendes ersetzen zu können. Zwar beginnt der Patient im Vergleichen mit anderen, bisher abgewehrte eigene Schwächen und Defizite wahrzunehmen und eigene Fähigkeiten zu entdecken. Aber seine Frustrationstoleranz ist noch gering und bedarf einer wohldosierten Mischung zwischen Einfühlen und Konfrontieren von seiten des Therapeuten. Mangelt es daran, kommt es gerade in dieser Phase zu einer die Therapie beendenden Krise, wie wir sie bei der Patientin K. beschrieben haben (Kasuistik I).

Phase D: Von der Einzel- zur Gruppenbeziehung

In unserer Stichprobe konnten wir den Übergang von Phase C zu Phase D nur bei 2 Patienten, die nicht zu den beiden typischen Gruppen strukturell gestörter Patienten gehörten, feststellen. Das könnte ein Artefakt insofern sein, als die Behandlungszeit der Patienten aus der ersten Gruppe aufgrund des stationären Settings für einen solchen Schritt zu knapp bemessen war. Konzag und Fikentscher (1998) beschrieben noch eine Nachreifungs- und eine Trennungsphase, obwohl ihre stationäre Psychotherapie eine „in der Regel auf 3 Monate ... eng limitierte Intensivpsychotherapie" (S. 369f) gewesen sei. Inhaltlich sehen sie diese beiden Phasen gekennzeichnet durch einen „Abbau der Spaltungsmechanismen" mit einem „Durcharbeiten individuell relevanter Beziehungskonstellationen im Hier und Jetzt" (S. 374), sowie durch die „Ablösung vom stark strukturierten und haltgebenden Therapierahmen" (S. 376); diese Prozesse hatten wir der Phase C zugerechnet. Autoren, die Patienten mit strukturellen Störungen über mehrere Jahre ambulant oder intermittierend stationär behandelt hatten, beobachteten Therapieentwicklungen über die Phase C hinaus (vgl. Lempa 1997, Marx 1994), wie wir sie in den folgenden Phasen beschreiben.

Thematisch vollzieht sich mit Phase D ein Wandel. Bisher stand im Vordergrund das Bemühen um Beziehungen, welche Schutz boten vor destruktiven Impulsen, die entweder als eigene projiziert oder als von anderen ausgehend befürchtet wurden. Jetzt taucht die Frage auf, wie eigene Bedürfnisse und Wünsche mit oder auch gegen andere realisiert werden können. Der Patient hat einen Teil seiner libidinösen Besetzung vom Therapeuten abgezogen; er sucht mehr und mehr außerhalb der therapeutischen Beziehung nach realer Wunscherfüllung. Dies entspricht ebenfalls Entwicklungen in Pubertät und Adoleszenz, die sich im Therapieprozeß zu wiederholen scheinen (Bohleber 1987, Erikson 1956, Streeck-Fischer 1994).

Freud (1905) hat vor allem zwei „durch das Auftreten der Pubertät gesetzte Veränderungen" beschrieben: „Die Unterordnung aller sonstigen Ursprünge der Sexualerregung unter das Primat der Genitalzonen und den Prozeß der Objektfindung" (S. 136). Mit der „Ablösung von der Autorität der Eltern" (S. 128) verbindet sich eine Hinwendung zu Gleichaltrigen. Die Pubertätszeit ist also eine Zeit der Wandlung, Neuordnung und Integration von früherem. Dabei werden frühere Entwicklungen wieder aufgenommen und deren Resultate dem weiteren Reifungsprozeß zugrunde gelegt. So ist auch die Trennung von Selbst- und Objektrepräsentanzen keine ein für allemal abgeschlossene Aufgabe. Entsprechend wies Bohleber (1987) daraufhin, daß „im Zuge der adoleszenten Identitätsbildung ... viele alte infantile und auch neue Identifizierungen einer Überprüfung unterzogen (werden), ob man sie in die eigene Identität aufnehmen möchte" (S. 78). Wenn sich das Subjekt von den Eltern abwendet, wird in der Regel nicht sofort eine enge persönliche Beziehung zu einem einzigen anderen Objekt angestrebt. Vielmehr wird zunächst eine Gruppe von meist gleichgeschlechtlichen Altersgefährten gesucht, um dieser anzugehören. Dabei sorgen oft Mutproben (Initiationsriten) dafür, daß bisherige Werte und Normen des neuen Gruppenmitglieds in Frage gestellt werden mit der Absicht, daß davon abweichende Werte und Normen der Gruppe übernommen werden. Dadurch wird erreicht, daß sich das Selbstverständnis des Einzelnen mit seinen Grenzen auflockert und dem Objektverständnis der „Gruppe" mit ihren Grenzen angleicht. So wird beispielsweise ein neuer Patient nach seiner Aufnahme in die Klinik von den Patienten seiner Station dazu verpflichtet, in seiner Anrede auf das „Sie" zu verzichten und alle Mitpatienten zu duzen.

Aus der Gruppenpsychologie ist bekannt, daß die Zugehörigkeit zu einer nach außen abgegrenzten Gruppe zunächst Regressionen auslöst, welche die Ich-Grenzen zugunsten der Gruppengrenzen verschieben. Wenn beispielsweise „die Station" (also deren Patienten) einen Kegelabend zu veranstalten beschließt, wird auf Widerstrebende oft so lange Druck ausgeübt, bis sie „mit der Gruppe" kegeln gehen. Bereits 1921 beschrieb Freud diesen Mechanismus: „Eine ... Masse ist eine Anzahl von Individuen, die ein und dasselbe Objekt an die Stelle ihres Ichideals gesetzt und sich infolgedessen in ihrem Ich miteinander identifiziert haben" (S. 128). Ein solches Objekt kann auch negativ besetzt und dann besonders leicht in einer Gruppe bekämpft werden. Das kann Eltern, aber auch Therapeuten passieren, wenn diese dem Gruppenideal und dessen Normen nicht entsprechen, was – positiv gewertet – die notwendige Abgrenzung oder „Abschirmung" ermöglicht (Streeck-Fischer 1994).

Die Abgrenzung einer Gruppe und seiner Mitglieder von Eltern oder Therapeuten kann sich bis zur Ablehnung oder gar Bekämpfung durch die Gruppe dann ausweiten, wenn in ihr primitive Idealisierungen und Projektionen von Strukturanteilen (z. B. des Überich) vorherrschen. Bei Patienten zeigt sich in derartigen Situationen neben dem Mangel an Mitarbeit eine deutliche Gleichgültigkeit dem therapeutischen Prozeß und dem Therapeuten gegenüber, wie dies A. Freud (1960) im Hinblick auf die ambulante Behandlung Pubertierender beschrieben hatte. Für den Therapeuten ist es dann wichtig, der Unberechenbarkeit und Unverläßlichkeit seines Patienten mit dem Hinweis auf bestehende Regeln zu begegnen und zugleich Verständnis dafür zu vermitteln, daß die Suche nach neuen Werten und Normen die Eigenständigkeit fördern kann, falls sie mit dem Bewußtsein von Eigenverantwortung verbunden wird. Reagiert der Patient mit der Verleugnung positiver Gefühle und einem verächtlich-entwertenden Verhalten (als Reaktionsbildung), kann es hilfreich sein, auf Aspekte seines Verhaltens in der Auflehnung gegen den Therapeuten und im Gehorsam gegenüber der Gruppe aufmerksam zu machen.

Phase E: Verselbständigen in der Gruppe

Erikson (1956) beschrieb die Adoleszenz als eine „normative Krise". In diesem „letzten Stadium seiner Identitätsbildung" leide der Jugendliche „oft schwerer denn je zuvor (und jemals danach) an einer Rollendiffusion" (S. 144f). Im sozialen Spiel mit Gleichaltrigen experimentiert der Jugendliche mit inneren und äußeren Gefahren. Dabei orientiert er sich an verschiedenen Rollenbildern in seiner sozialen Umgebung und probiert sich in unterschiedlichen Rollenfunktionen. Bohleber (1987) machte darauf aufmerksam, daß es „beim adoleszenten Rollenexperimentieren ... zum einen sicherer Selbst- und Objektgrenzen (bedarf), damit das Ich nicht in Verwirrung gerät, zum anderen aber auch eines inneren und äußeren zeitlichen und sozialen Spielraums, ohne daß das Ich zu schnellen Festlegungen gezwungen ist" (S. 78). In einem Pendelprozeß zwischen verschiedenen früheren und neuen Selbst- und Objektrepräsentanzen vollziehe sich eine Reorganisierung der Ich-Identität. Im Gegensatz zur Phase C, in der schon der Prozeß von Differenzierung und Abgrenzung begonnen hatte, ist jetzt das Subjekt selbst gestaltend aktiv tätig.

Dabei beschäftigen sich Patienten – ähnlich wie Erikson es von Adoleszenten beschrieb – mit ihrem „Selbst-Bildnis" und vergleichen dieses mit ihren verschiedenen Bildern von anderen. Innerhalb der Gruppe erleben sie weiterhin Intimität, aber jetzt auch stärker als Gegenpol das Bedürfnis nach Distanzierung. In der Hoffnung auf einen Kompromiß zwischen Intimität und Distanzierung wird häufig ein „Führer" innerhalb oder außerhalb der Gruppe gesucht – ein „Erwachsener also, der fähig und willens ist, sich als verläßliches Objekt für die versuchte Hingabe und als Schrittmacher für die neu zu erlernenden ersten Schritte zu intimer Gemeinsamkeit und legitimer Ablehnung anzubieten" (Erikson 1956, S. 158). In der Gruppe ermöglicht oft erst die Konstituierung eines „Führers", daß Rivalitäten und Streitigkeiten konstruktiv zur Abgrenzung genutzt werden können. (In der stationären

Gruppenpsychotherapie soll diese Funktion der therapeutische Leiter vorbildhaft vermitteln.)

Bei der Suche nach einem „Führer", der als Vorbild den Weg weisen soll zum Erwachsen-Sein, werden nach Blos (1964) „nicht inzestuöse Liebesobjekte" gewählt. Dabei scheint auf positive, nicht konflikthafte Erfahrungen während der Triangulierungsphase zurückgegriffen zu werden, die mit dem gleichgeschlechtlichen Elternteil gemacht wurden (Blos 1990), wodurch eine zeitliche Kontinuität innerhalb des Ich-Erlebens hergestellt wird.

Adoleszentes Experimentieren mit verschiedenen Rollen und mit Vorbildern verstehen wir mit Blos (1964) als ein Handeln, das im Dienst der Ich-(Selbst-)Synthese steht. Darin können sich auch Größenvorstellungen ausdrücken, was das Selbstgefühl zeitweise stabilisieren hilft (Erikson 1956, Mertens 1994, Streeck-Fischer 1994). Hinweise darauf, daß Patienten versuchen, mittels Handeln narzißtische Wünsche und Vorstellungen zu befriedigen, fanden wir in der stationären Psychotherapie seltener. Eine damit verbundene narzißtische Isolierung wird vermutlich durch die Gruppe der Mitpatienten von vornherein begrenzt. Wenn ein Patient in Phase D einen intensiven Kontakt zur Gruppe gefunden hat, so erhält er durch seine Zugehörigkeit zur Gruppe wohl ausreichend narzißtische Gratifikationen (zur Wirkung spontaner Gruppenbildungen in der stationären Psychotherapie vgl. Ruff u. Leikert 1994c).

Mit dem Erleben einer eigenen Identität und der zunehmenden Sicherheit im Handeln aufgrund gewandelter Werte und Maßstäbe ändert sich auch die Beziehung des Patienten zu seinem Therapeuten. Zwar ist der Therapeut in der Übertragung während dieser Phase oft Projektionsfläche für positiv besetzte präödipale Elternimagines, aber zeitweise nutzt ihn der Patient auch als Modell für sein Probehandeln und als Vorbild für die Entwicklung privater oder beruflicher Wünsche. Weniger die Eigenschaften des Therapeuten interessieren den Patienten als vielmehr dessen Fähigkeit, zugleich gefühlvolle und begrenzte Beziehungen zu gestalten. Damit wird er in der Phantasie des Patienten zu einer ihm ähnlichen und gleichwertigen Person. Die Therapie gestaltet sich mehr und mehr zu einer Zusammenarbeit.

Phase F: Sich festigende Identität und persönliche Beziehungen

Jetzt sind Prozesse der Identitätsbildung so weit gediehen, daß der Patient verbindliche Entscheidungen zu treffen vermag. Aus dem Experimentieren mit Rollen, Beziehungen und Selbstbildern hat der Patient ausreichende Erfahrungen gewonnen, um jetzt Konsequenzen einer Entscheidung zwischen verschiedenen Möglichkeiten voraussehen und einkalkulieren zu können. (Das zeigte sich bei unseren Patienten in realitätsangemessenen Überlegungen für ihren weiteren Berufsweg).

Ein wichtiger Fortschritt findet sich auch im Selbstbezug des Patienten. Aufgrund seiner sich festigenden Identität gewinnt der Patient mehr „Selbstdistanz" (Streeck-Fischer 1994). Diese und seine Fähigkeit zur Selbstreflexion ermöglichen ihm, innere Konflikte als eigene wahrzunehmen und seine Anteile in Konflikten mit anderen zu erkennen. An vergangene Erfahrungen beginnt er sich bewußter zu erinnern; frühere Ereignisse und Erlebnisse kann er differenzierter beurteilen. Auch hier lassen sich Parallelen finden zu theoretischen Überlegungen über die Adoleszenz, von der Erdheim (1993) meinte, daß sie den Menschen „gleichsam geschichtsfähig (macht), d. h. fähig, sich eine Geschichte zu schaffen, indem er Vergangenes symbolisiert und dem Prinzip der Nachträglichkeit zugänglich macht" (S. 942).

Dazu ist oft notwendig, daß der Patient sich mit der Sichtweise seines Therapeuten identifizieren kann. Indem er dadurch sowohl seine bisherigen positiven als auch negativen Erfahrungen im Leben anders zu sehen und neu zu interpretieren vermag, kann er auch seinen Zwiespältigkeiten in sich begegnen und Ambivalenzen ertragen. Die konstruktive Wendung von Aggressivität nach innen ermöglicht ihm, sich seinen Konflikten zu stellen und wandelt auch seine Beziehungen zu anderen. Jetzt braucht er Aggressivität nicht mehr zur Sicherung seiner Subjekt-Objekt-Grenzen, sondern kann sie dosiert und gezielt zum Verwirklichen wichtiger Wünsche und Vorstellungen nutzen. Seine Subjekt-Objekt-Grenzen sind nicht mehr bloß Schutzwall gegen eine als überwiegend feindlich erlebte Außenwelt, sondern können zum Ort fruchtbarer Begegnungen mit anderen Personen werden. Eine vom Subjekt verschiedene Wirklichkeit eines Objekts kann jetzt angstfreier wahrgenommen und teilweise wertgeschätzt werden. In der Grundspannung von „Intimität und Solidarität gg. Isolierung" (Erikson 1956) werden persönliche Beziehungen möglich, in denen sich auch Liebe und Genitalität entfalten können.

Kapitel 6

Vergleichende Übersicht

Die psychoanalytische Behandlungsmethode sucht Entwicklungen in Gang zu setzen, entweder um die im Wiederholungszwang festgefahrenen Verhaltensmuster in Bewegung zu bringen oder um einen steckengebliebenen Reifungsprozeß anzustoßen und zu fördern. Deswegen wollen wir uns zunächst dem Begriff der Entwicklung zuwenden, um danach die bei den einzelnen Patientengruppen gefundenen Entwicklungsmuster in ihren Übereinstimmungen und Unterschieden darzustellen.

Entwicklung als Gegenstand unserer Verlaufsuntersuchungen

Patienten kommen zur stationären Aufnahme in einer Situation, in der sie oft weder ein noch aus wissen, in der sie erleben, daß sie auf der Stelle treten oder daß ihr Leidensweg ohne Ausweg scheint. Ihre Gegenwart ist durch ihre Symptomatik belastet und ver-leidet, ihre Zukunft erscheint ihnen düster und verstellt, und ihre Vergangenheit bedrückt sie als verlorenes Glück oder als belastende Schuld. Sie sehen sich in ihrer Entwicklung blockiert. Diese Stagnation soll eine stationäre Psychotherapie überwinden helfen, indem sie ein entwicklungsförderndes Milieu bereitzustellen versucht.

Dazu gehört zunächst die *Klinik als Versorgungseinrichtu*ng, die dem Patienten die Möglichkeit bietet, sich eine Zeitlang ganz aus seinem Alltag zu entfernen, sich in seinem leiblichem Wohl von ihr umsorgen zu lassen und sich seiner psychischen Realität zuzuwenden. Es ist damit gleichsam eine Art Laborsituation gegeben, in der psychische Entwicklungen weniger störanfällig als in ambulanten Psychotherapien verlaufen können. Denn Einflüsse aus Familie und Beruf werden durch den Klinikaufenthalt erheblich eingeschränkt und sind – ebenso wie neue Einflüsse von Seiten der Mitpatienten und des Klinikpersonals – leichter in ihren Auswirkungen auf den Patienten zu beobachten. Daher vermuten wir, daß die von uns beschriebenen Entwicklungsmuster auch bei ambulanten Psychotherapien zu finden sein werden, wenngleich sie dort weniger klar zu erkennen und schwieriger zu untersuchen sind.

Die Klinik als Versorgungseinrichtung ist also die erste von drei Bedingungen, die eine Entwicklung ermöglichen sollen. Die zweite ist die *Zugehörigkeit* des Patienten *zu einer Gruppe* von Mitpatienten, die sich wie er in Psychotherapie befinden. Das Zusammensein mit anderen, die in einer ähnlich leidvollen Situation erlebt werden, fördert den Wunsch, abseits von bisherigen, oft hemmend empfundenden Alltagsbeziehungen offenere Kontaktmöglichkeiten zu suchen (Ruff u. Leikert 1994c). Aufgrund der von uns beobachteten Entwicklungen scheinen diese beiden unspezifischen Wirkfaktoren (Klinik und Patientengruppe) die Entwicklung eines Patienten in der Psychotherapie oft mehr (positiv oder negativ) zu beeinflussen als das spezifische Behandlungskonzept der betreffenden Klinikabteilung. Die dritte (spezifische) Bedingung für die Möglichkeit von Entwicklung sind *therapeutische Maßnahmen*, die im jeweiligen Konzept der Abteilungen begründet sind und vom Psychotherapeuten mit dem Patienten zu einem individuellen Behandlungsplan zusammengestellt werden.

Diese drei Einflußgrößen wirken sich jeweils unterschiedlich im Therapieverlauf von Patienten aus. In unseren Untersuchungen interessierte uns jedoch nicht, ob das bestimmte Konzept einer Abteilung die Entwicklung der dort behandelten Patienten weniger oder mehr fördert und dadurch zu einem guten Therapieergebnis beiträgt. Dazu müßten in einer aufwendigen Studie die unspezifischen Einflüsse auf den Behandlungsverlauf von der Therapiewirkung getrennt und entsprechend gewichtet werden. Gegenstand unserer Untersuchungen war vielmehr die weitgehend eigendynamische Entwicklung, die bei einem Patienten mit einem bestimmten *Störungsbild* und einer bestimmten *Persönlichkeitsorganisation* innerhalb eines therapeutischen Rahmens festzustellen ist. Hierzu ein Beispiel: nachdem bei der Untersuchung von Patienten mit neurotischen Störungen schon ein typisierender Ablauf ihrer Entwicklungen während des stationären Aufenthaltes recht deutlich geworden war, konnten wir die Entwicklung einer Patientin, die auf der psychoanalytischen Abteilung behandelt worden war, in keiner Weise diesem Schema zuordnen. Schließlich kamen wir aufgrund klinischer Erfahrung auf den Gedanken, daß Persönlichkeitsorganisation und Störungsbild der Patientin in eine andere, von uns noch nicht untersuchte Patientengruppe gehören könnte. Als wir dann bei Patienten mit psychosomatischen Störungen ein für diese typisches Verlaufsmuster gefunden hatten, fügte sich dort die Entwicklung jener Patientin gut ein. Weniger das Konzept der Abteilung, als vielmehr Störungsbild und Persönlichkeitsorganisation der Patientin bestimmten also die Art der Entwicklung, die diese Patientin während ihres Klinikaufenthaltes nahm.

Entwicklung in der Zeit

Gegenstand unserer Untersuchungen war die jeweilige (weitgehend eigendynamische) Entwicklung bestimmter Patientengruppen während ihres stationären Aufenthaltes in der Klinik Wittgenstein. Diesem Gesichtspunkt hatten wir uns in den Kapiteln 3 bis 5 von empirischer Seite her angenähert. Unbeantwortet blieb dabei die Frage, wie Entwicklung überhaupt zu denken sei und wie sie in Begriffen dargestellt werden könnte. Weil die Erörterung dieser Frage komplex und weitreichend ist, können wir hier nur einen Aspekt herausgreifen, nämlich die Beziehung zwischen Entwicklung und Zeit.

Entwicklung vollzieht sich in zeitlicher Abfolge. Zeit ist die grundlegende Bedingung für Entwicklung. Insbesondere im psychischen Erleben wird Zeit nur selten erfahren: das Altern des Körpers wird zwar im Verlauf des Lebens unübersehbar, im Denken und Fühlen aber scheint der Mensch ewig jung bleiben zu können. Konkret wird Zeit ihm erst dann, wenn er sich und sein Tun an der Zeit gemessen sieht. In Langeweile, Hast, Sehnsucht und Ruhe erlebt der Mensch seinen Zeitbezug. „Für viele Menschen", meinte Arlow (1986), „bedeutet der Kampf mit der Uhr einen endlosen Kampf gegen Überich-Forderungen, und sie drücken ihre Illusion, Zeit manipulieren zu können, in einer Weise aus, die einer Karikatur von Sterblichkeit gleicht"

(S. 525). Aber schließlich konfrontiert die Zeit jeden Menschen mit dem Gesetz seines Seins: wenn er an Unzulänglichkeiten leiden oder gar sich in seiner Hinfälligkeit zum Sterben bereiten muß. Dann kann er sich nicht mehr in die Illusion zeitloser Größe und Unsterblichkeit flüchten.

Schon Freud unterschied die Zeitlosigkeit unbewußter Vorgänge von der Zeit- und Realitätsbezogenheit des Ichs: „Die Vorgänge des Systems *Ubw* sind *zeitlos*, d. h. sie sind nicht zeitlich geordnet, ... haben überhaupt keine Beziehung zur Zeit. Auch die Zeitbeziehung ist an die Arbeit des *Bw*-Systems geknüpft" (1915, S. 286). Während der Primärvorgang ohne Rücksicht auf Zeit und Realität Macht über das psychische Geschehen fordert, strebt das Ich danach, sich die innerseelischen Vorgänge bewußt zu machen, um anhand der Realität zu prüfen, ob eine Befriedigung der Wünsche zum augenblicklichen Zeitpunkt sinnvoll ist. Freud (1926) wies auch darauf hin, daß bestimmte Störungsbilder ein spezifisches Verhältnis zur Zeit zeigen; so z. B. „die Neigung zur Wiederholung und zum Zeitaufwand" bei Zwangs-neurosen (S. 145f). Entsprechend arbeitete Boschan (1990) an klinischen Beispielen die Fragmentierung des Zeiterlebens bei frühen strukturellen Störungen oder das Bestreben, Zeit zu manipulieren, bei narzistischen Krankheitsbildern heraus. Zeitsinn und psychische Integrität seien eng miteinander verbunden, so daß die Art des Zeiterlebens ein wichtiges Zeichen für psychische Krankheit oder Gesundheit sei.

In unseren Untersuchungen fiel uns auf, daß auch das Zeiterleben bei Patienten mit neurotischen Störungen nicht kohärent ist, sondern sich während des Behandlungsverlaufs phasenweise verändert. Zu Beginn der Behandlung *(Phase II)* dominiert noch ein Zeiterleben, das einem Alltagsbezug zur Zeit entspricht. Der Tag wird geplant und verplant, Zeiten zwischen den Therapien müssen ausgefüllt werden, damit es keine „leere Zeit" gibt. Auch die Dauer des stationären Aufenthaltes wird geplant und – in Analogie zum Urlaub oder zur Kur – zumindest innerlich festgelegt: 4 bis 6 Wochen höchstens – dann können die familiären Aufgaben und beruflichen Verpflichtungen nicht länger aufgeschoben werden. Länger darf auch die Gesundung nicht dauern, was würden die Leute zu Hause denken! Der auf Realität und Zeit bezogene Sekundärprozeß fungiert noch als Widerstand gegen das Auftauchen von Wünschen und Bedürfnissen aus un- bzw. vorbewußten Schichten. Ebenso wie Beziehungen noch nach dem bisherigen neurotischen

234

Muster arrangiert werden, wird die Zeit entsprechend der gewohnten Alltagssituation gestaltet.

In *Phase III* ändert sich das Zeiterleben des Patienten, wenn ihm seine eigene Beteiligung an Beziehungskonflikten deutlicher wird und seine bisherigen Erklärungsmuster brüchig werden. Das wurde recht häufig von Patienten verbalisiert und damit verbunden, daß „jetzt meine Psychotherapie eigentlich erst angefangen hat". Mit diesem Anfang beginnt ein neuer Zeitabschnitt, für den jetzt gilt: „er dauert so lang, wie er dauert". Diese Bemerkung ist typisch für das neue Zeiterleben, mit dem das Planen aufgegeben wird und das sich auch in ambulanten Psychoanalysen besonders im Anfangsstadium findet (Grunberger 1976). Jetzt wird anerkannt, daß seelische Entwicklung Zeit benötigt und daß sich dieser Prozeß nicht durch zeitliche Begrenzung verkürzen läßt. Gefördert wird diese Einsicht dadurch, daß eine eigene Veränderung während der folgenden Zeit als notwendig eingesehen, aber auch mit Zagen und Bangen befürchtet wird. Damit wird jetzt möglich, sich ausführlicher mit der eigenen Lebensgeschichte zu beschäftigen, bisherige Beziehungen genauer zu betrachten und sich für gegenwärtige neue Gestaltungsmöglichkeiten zu interessieren. Das augenblickliche Erleben mischt sich mit der Zeitlosigkeit des Unbewußten, die endlos scheinenden Möglichkeiten zur Vertiefung des Verständnisses der eigenen Persönlichkeit scheinen den realitätsorientierten Zeitbezug zu suspendieren. Beide Formen des Zeiterlebens sind in ihrer jeweiligen Ausschließlichkeit nicht entwicklungsfördernd. Führt die Beschäftigung mit Vor- und Unbewußtem zu einer relativen Zeitlosigkeit, kann diese zum Widerstand gegen jede Veränderung werden, wie dies Freud (1918) anscheinend in der Behandlung des „Wolfsmannes" befürchtet hatte, so daß er – aus heutiger Sicht wohl zu früh – mittels Zeitbegrenzung der Therapie das dialektische Verhältnis zwischen Primär- und Sekundärprozeß wieder herzustellen suchte.

Auch bei den von uns beobachteten Behandlungen ereignete sich die entscheidende Wende in der Therapie immer dann, wenn Zeit und äußere Realität in die scheinbar zeitlos gewordene innere Wirklichkeit der Patienten einbrachen *(Phase IV)*. Plötzlich aufgrund eines äußeren Ereignisses, an dem sich der innere Konflikt wieder konstellierte, erlebten sie oft mit großer Wucht, daß alle Lebensvollzüge zeitlich begrenzt sind und zu einer Entscheidung für eine Veränderung oder dagegen herausforderten. Die Macht der Zeit wurde in dieser krisenhaften Zuspitzung erfahren. Die therapeutische Krise kann also nicht bloß beschrieben werden als Situation der Entscheidung für eine neue Konfliktlösung; in ihr erreicht der Patient auch einen neuen Bezug zur Zeit, wobei er zwei antithetische Erlebensweisen von Zeit aussöhnen muß in einem neuen Zeiterleben.

In *Phase V* vollzieht sich dieser Integrationsprozeß immer wieder: die Zeitlosigkeit des Vor- und Unbewußten soll sich mit dem Zeiterleben in der bewußten Realität verbinden. Denn die Unsicherheit im Umgehen mit Konfliktsituationen und mit neuen Bewältigungsmöglichkeiten verträgt einerseits nicht den Druck vonseiten einer Zeitbegrenzung, andererseits erfordert sie ein mehrfaches Erproben in Zeit und Realität. Die Patienten scheinen in dieser Phase meist ein gutes Gespür dafür zu haben, wie lange sie noch brauchen, um ihre neuen Möglichkeiten der Konfliktlösung im Rahmen der Klinik zu erproben, und wann sie soweit sind, sich mit ihrem Alltag wieder zu konfrontieren.

Vor der Entlassung *(Phase VI)* wird die Gestaltung der Zeit nach der stationären Therapie überlegt. Die Art wie dies geschieht, scheint ein Indikator für den weiteren Erfolg der Behandlung sein zu können. Entwickelt der Patient keine Ideen, was er an seinem früheren Alltag ändern könnte, so deutet das darauf hin, daß er noch zu keinem ausreichend realitätsorientierten Zeitbezug gefunden hat und noch Zeit zur Therapie in der Klinik braucht. Plant ein Patient dagegen die Umgestaltung seines Alltags wie selbstverständlich nach Art eines festliegenden Renovierungsprogramms, so scheint er die psychische Realität aus seinem Zeiterleben auszublenden, um nicht mit eigenen Unsicherheiten und äußeren Unwägbarkeiten rechnen zu müssen; deswegen sollte er auf weitere ambulante oder stationäre Intervalltherapie vorbereitet werden. Geglückt im Erleben ist die Synthese von Zeitlosigkeit und Zeitbegrenzung dann, wenn ein Patient die Zeit nach seinem stationären Aufenthalt sowohl mit Zuversicht als auch mit Angst und mit dem Wissen um anstehende Probleme zu betrachten vermag. Und er wird einplanen, daß es noch längere Zeit dauern wird, bevor für ihn das in der Therapie Erarbeitete und teilweise Erprobte auch im Alltag selbstverständlich werden kann. Aus früheren katamnestischen Untersuchungen wissen wir, daß sich dieser neue Bezug zur Zeit dauerhaft stabilisieren kann. So konnten wir 10 Jahre nach stationären Behandlungen feststellen, daß frühere Patienten ihre in der

Therapie bewußt gewordenen Stärken und Schwächen weiterhin bedacht und berücksichtigt hatten bei ihren Planungen der äußeren Realität, ohne daß sie zwischenzeitlich erneut krank geworden waren (Ruff u. Leikert 1995).

Übereinstimmungen und Unterschiede: Gruppenvergleich der Therapieverläufe

In den Kapiteln 3 bis 5 hatten wir für neurotisch, psychosomatisch und strukturell gestörte Patienten jeweils unterschiedliche und charakteristische Entwicklungen während ihres stationären Aufenthaltes dargestellt. Bei jeder dieser Patientengruppe konnten wir am Ende ihrer Behandlungen für sie typische Verlaufsmuster beobachten, woraus sich verschiedene Behandlungsstrategien ableiten ließen. Aufgrund unserer klinischen Erfahrung vermuteten wir aber, daß es dennoch Gemeinsamkeiten in den Entwicklungen gebe, die in allen Therapieverläufen durchscheinen müßten. Als gemeinsame Linie fanden wir eine Grundbewegung, die von einer – von jedem Patienten mehr oder weniger ausgeprägt erlebten – Hilflosigkeit und Passivität ausgeht und über verschiedene Schritte einer unterschiedlich bewußten Besinnung auf sich selbst und auf eigene Möglichkeiten schließlich zum Wiedererleben von eigener Gestaltungsfähigkeit und Aktivität führt. Alle Patienten, die in ihrer Behandlung das strukturspezifische Entwicklungsmuster (zumindest bis zu einem Teilerfolg) durchlaufen hatten, berichteten in ihren Abschlußinterviews, daß sie wieder Kraft und Mut spürten, sich ihren Alltagsaufgaben zu stellen. Ihre zu Beginn der Therapie vorhandene Symptomatik war verschwunden oder zumindest gemindert. Und ihr Vertrauen, ihr Leben entsprechend ihrer in der Therapie überlegten Ziele aktiv gestalten zu können, dominierte über ihre noch verbliebenen Zweifel und Ängste.

Wenn auch in allen 3 Patientengruppen am Anfang ihrer Behandlung ein Erleben von *Passivität* und an deren Ende ein Erleben von *Aktivität* festzustellen ist, so fiel uns auf, daß die Patienten damit Unterschiedliches verbanden und daß sie auf verschiedenen Wegen von der Passivität zur Aktivität gelangten.

237

So suchte die eine der beiden Gruppen strukturell gestörter Patienten (diejenigen mit psychotischen Störungen oder Frühstörungsanteilen) anfangs dyadische Beziehungen, in denen sie passiv ihre Sehnsucht nach Schutz und Halt zu befriedigen suchten. Die teilweise Erfüllung ihrer Wünsche war für diese Patienten die Voraussetzung dafür, aktiver zu werden und sich auch anderen zuzuwenden. Dabei blieben alle Patienten dieser Gruppe von einer bestimmten, sie in ihren Aktivitäten sichernden Beziehung abhängig, so daß ihre Aktivitäten noch kein Zeichen wirklicher Autonomie waren.

Psychosomatisch gestörte Patienten erlebten ihren Zustand von Passivität dagegen anders. Zwar schienen auch sie zunächst auf ein Objekt dyadisch bezogen, aber sie idealisierten nicht (so wie strukturell gestörte Patienten) ihre Beziehung zu diesem Objekt, sondern dieses Objekt selbst. Der Arzt als Fachmann sollte ihre Leiden heilen und zwar so, daß es zu keinem persönlichen, individuellen Bezogensein auf ihn kommen mußte, sondern nur zu einer funktionalisierten Beziehung. Diese Patienten hatten kein positives Bild von Beziehung und hätten am liebsten „Psychotherapie in Vollnarkose" an sich vollziehen lassen. Weil ihre Psychotherapeuten ihre Erwartungen nicht einlösten (aber auch nicht einlösen konnten), erlebten sie sich oft mehr getäuscht als enttäuscht; so sahen sie sich gezwungen, ihre Behandlung selbst in die Hand zu nehmen. Ihre Wendung zum Aktivwerden resultierte also nicht – wie bei jenen strukturell gestörten Patienten – aus einer Befriedigung passiver Erwartungen in einer Beziehung, sondern aus einem Erleben von Unfähigkeit (oder gar Unwilligkeit) eines zuvor idealisierten Objektes. Die von ihnen dann geschilderte Aktivität war auch anders als die bei der vorgenannten Patientengruppe. Denn sie griffen frühere gewohnte Rollenmuster wieder auf und orientierten sich dabei an Normen, die ihnen ihr System von rigiden Idealbildungen (Ruff 1999) vorgaben. Psychosomatisch gestörte Patienten entwickeln sich also nicht abhängig von haltgebenden oder stützenden Beziehungen, sondern bezogen auf ihre wachsenden Möglichkeiten, wieder Ansprüche vonseiten ihrer Idealbildungen (z. B. ihres Ich-Ideals) zu erfüllen. Sobald sie sich von ihren alltäglichen Verpflichtungen entlastet fühlen und dadurch weniger unter einem Druck von Forderungen ihrer Umwelt erleben, können sie nämlich wieder mehr ihren inneren rigiden Normen genügen, was ihren Konflikt zwischen ihren Idealbildungen und ihrem Ich mindert.

Patienten mit einer Adoleszenzproblematik erlebten sich passiv-gehemmt, bis ihnen der Schritt in die Gruppe der Mitpatienten – meist aufgrund deren Zutuns – gelang. Als Gruppenmitglied konnten sie aktiv werden, wenn sie sich in Übereinstimmung mit den Gruppennormen fühlten. Alle individuellen Wünsche und Initiativen, die nicht den Normen der Gruppe entsprachen, mußten weiterhin abgewehrt werden. Erst wenn diese Patienten sich ausreichend stark und gesichert in der Gruppe erlebten, konnten sie sich selbst differenzierter innerhalb der Gruppe sehen und damit auch dort persönliche Ziele verfolgen. Ihre zunächst mit der Gruppe konformgehende Aktivität wurde dann zunehmend zu einer individuell geprägten Aktivität im Rahmen einer Gemeinschaft von unterschiedlichen Einzelnen.

Die anfängliche Passivität von Patienten mit neurotischen Störungen beruhte vor allem auf einer Vermeidung, mit der sie alles Konflikthafte abzuwehren versuchten. Sie erhofften sich vom Therapeuten, daß er ihre Gesundung bewirken könnte, ohne daß sie sich mit ihren (meist schon bewußten, zumindest aber vorbewußten) Problemen auseinandersetzen müßten. Mit dieser Hoffnung wurden sie bald aktiv auf Station, indem sie ihre alten Beziehungsmuster im neuen Rahmen anwandten. Wenn sie dann in Phase III erkennen mußten, daß diese Strategien ein Wiederholungsmuster waren, begannen sie sich in der Psychotherapie ihrem aktualisierten Grundkonflikt zuzuwenden. Aber auch dann ließen sie zunächst möglichst ihren Psychotherapeuten arbeiten, indem sie sich ihm anheim gaben und in ihrer Genese nach Ursachen bei anderen dafür suchten, daß sie krank geworden waren. Erst die therapeutische Krise aktivierte sie, eigene Anteile mehr anzuerkennen, im Handeln Stellung zu beziehen und Entscheidungen zu verantworten. Die dabei entdeckten neuen Möglichkeiten einer Konfliktlösung wurden zur handlungsleitenden Maxime für eine aktive und reflektierte Gestaltung ihres Konflikts. Passivität und Aktivität wechselten hier also im Verlauf der Behandlung mehrmals, bis die Patienten zu einer neuen Gestaltungsmöglichkeit im Umgehen mit ihrem Konflikt fanden.

Die Gemeinsamkeit in den Therapieverläufen aller 3 untersuchten Patientengruppen, nämlich die Entwicklung von der Passivität zur Aktivität, ist daher ein eher grobes Grundmuster, das erhebliche Variationen aufweist und nicht zu einem umfassenden Metaschema für alle Patienten in Psychotherapie führen kann. Dies wird noch deutlicher, wenn wir an einem Teilaspekt von Aktivität – nämlich der Reaktivierung von Ressourcen – die möglichen Zielsetzungen des stationären Settings für die verschiedenen Patientengruppen betrachten. Alle Patienten, die in der Klinik aufgenommen wurden, waren psychisch bzw. psychosomatisch so dekompensiert, daß sie nicht mehr über ihre bisherigen individuellen und sozialen Gestaltungsmöglichkeiten verfügen konnten. Im Laufe ihres stationären Aufenthaltes gelang es ihnen mehr oder weniger rasch, manche ihrer früheren Ressourcen zu reaktivieren: aufgegebene Hobbys wurden wieder aufgegriffen (z. B. Schwimmen oder Jogging; Lesen wurde wegen der dazu notwendigen Konzentrationsfähigkeit meist erst später wieder möglich), und soziale Aktivitäten (z. B. Unternehmungen mit Mitpatienten) machten wieder Spaß. Für psychosomatisch gestörte Patienten schien die möglichst umfassende Aktivierung von Ressourcen und deren Sicherung bereits das erreichbare (und oft auch einzige gewünschte) Ziel stationärer Psychotherapie gewesen zu sein. Bei strukturell gestörten und adoleszenten Patienten war die Reaktivierung von Ressourcen eher ein Zwischenschritt auf dem Weg zur weiteren Entwicklung ihrer Fähigkeiten im Rahmen der Reifung ihrer Persönlichkeitsorganisation. Patienten mit neurotischen Störungen begannen mit dem Aktivieren ihrer Ressourcen (z. B. in Ergo- oder Bewegungstherapien) wieder ihren Grundkonflikt in Beziehungen zu inszenieren, was sich als Übertragung und Widerstand in der Psychotherapie aktualisierte, womit sich die Möglichkeit einer Bearbeitung eröffnete. So bestätigen die Ergebnisse unserer Untersuchung eine Erfahrung aus dem klinischen Alltag, nämlich daß Konzepte für eine stationäre Psychotherapie den spezifischen Besonderheiten psychischer und psychosomatischer Störungen, aber letztlich auch der jeweiligen Individualität der Patienten gerecht werden müssen.

Ein allgemeines Entwicklungsgesetz für alle Patientengruppen haben wir also nicht zu finden vermocht; auch das Wesen von Entwicklung konnten wir in diesem Rahmen nicht thematisieren. Auf einer mittleren Abstraktionsebene sind wir aber zu typisierenden Beschreibungen für die jeweiligen Patientengruppen gekommen, ohne daß wir allerdings daraus schon weiterreichende Konsequenzen für entsprechende Behandlungskonzepte abgeleitet haben. Entsprechend unserer Zielsetzung, eine empirische psychoanalytische Forschung für die klinische Praxis zu leisten, war unser Ausgangspunkt, einzelne Patienten über ihre Sicht des Therapieverlaufes und über ihre Erlebnisse während ihrer stationären Behandlung zu befragen. Um diese Erfahrungsberichte für die Praxis nutzbar zu machen, bedurfte es allerdings unserer Interpretation und Abstraktion. Wir sind uns der Problematik dieses Vorgehens bewußt und haben in Kapitel 1 und 2 ausführlich dargestellt, wie wir damit umgegangen sind. Und doch bleibt ein Rest. Da es in der psychoanalytischen Wissenschaft keine standardisierte Methodik gibt und unserer Meinung nach auch nicht in angemessener und zutreffender Form geben kann, wird die Interpretation von Ergebnissen immer vom Interpretierenden mitbestimmt. Seine wissenschaftliche Bildung, seine Lebenserfahrung und sein persönlicher Stil werden in der Handschrift seiner Interpretation deutlich. Entsprechend sind wir uns der zugrundeliegenden Problematik unseres Interpretierens und unserer Verantwortung für die hier vorgelegten Ergebnisse unserer Untersuchung bewußt und hoffen, daß wir vom Leser entsprechend verstanden worden sind.

Danksagung

Das Buch dokumentiert einen Forschungsprozeß, der sich über fünf Jahre erstreckte. Neben den beiden Autoren waren viele Personen daran beteiligt, die durch ihr Engagement einen wesentlichen Beitrag zum Gelingen des Projekts geleistet haben. Vor allem waren Zustimmung und Mitarbeit der hier untersuchten 47 Patienten, die zuvor in der Klinik Wittgenstein behandelt wurden, Voraussetzung und Grundlage für unsere Studie. Nachdem wir die Patienten davon unterrichtet hatten, daß wir die Qualität unserer Behandlungen in der Klinik überprüfen und verbessern wollten, waren alle gefragten Patienten willens, uns aus ihrer Sicht den Verlauf ihrer Therapie im Abschlußinterview vor ihrer Entlassung zu schildern. Soweit notwendig haben wir ihre Daten anonymisiert.

Auch den Mitarbeitern der Klinik Wittgenstein, die an unserer Untersuchung beteiligt waren, möchten wir danken: vor allem den Abteilungsleitern, den Ärzten und Psychologen, die damit einverstanden waren, daß wir über die Abschlußinterviews ihrer Patienten Einblick in ihre psychotherapeutische Arbeit bekamen.

Dankbar sind wir als Autoren insbesondere den übrigen Mitgliedern unserer Forschungsgruppe: Frau Dorothea Kuttenkeuler, Herrn Hermann Schürmann und Frau Edeltraud Thamm. Neben ihrer klinischen Tätigkeit haben sie 5 Jahre lang viel Zeit und Mühe für das Studieren von Literatur, für das Durcharbeiten der Abschlußinterviews von Patienten und für die Diskussionen aufgewandt. Ohne ihren Idealismus wäre unser Projekt in dieser Weise nicht möglich gewesen.

Herr Hans-Thomas Sprengeler supervidierte anhand von Tonbandprotokollen unsere Gruppendiskussionen zum Therapieverlauf neurotischer Störungen; mit seinen Hinweisen half er uns, die Gruppendiskussion als Forschungsmethode zu konzeptualisieren.

Unbeeinflußt von unseren Hypothesen und schon gefundenen Ergebnissen machten Herr Winfried Böhner, Herr Dieter Dehnen, Herr Sebastian Krutzenbichler und Herr Helmuth Thiel mehrere der Abschlußinterviews mit Patienten und ermöglichten uns so, unsere Überlegungen zur Dynamik zwischen Interviewer und Patient zu überprüfen. Dies war für die Objektivität unserer Studie ebenso von Wert wie einige zusätzliche Interviews mit den jeweiligen Psychotherapeuten und Mitarbeitern aus dem Pflegedienst nach der Entlassung der betreffenden Patienten, wobei wir klären wollten, ob uns die Abschlußinterviews ausreichend über den betreffenden Behandlungsverlauf informiert hatten.

Finanziell wurden unsere Untersuchungen ermöglicht durch die Klinik Wittgenstein in Bad Berleburg und deren Träger, das Evangelische Johanneswerk in Bielefeld. Sie übernahmen die Kosten für eine halbtägige Forschungsstelle und anteilig für den Druck des Buches, ohne in all den Jahren in irgendeiner Weise Einfluß auf die Untersuchungen genommen zu haben. Frau Blindenbacher und Frau Suess-Hücking gilt schließlich unser Dank für ihre geduldige und zuverlässige Sekretariatsarbeit.

Literatur

Ahrens S (1988) Die instrumentelle Forschung am instrumentellen Objekt. Psyche 42: 225-241

Albani C u.a. (1994) Vom Zentralen Beziehungs-Konflikt-Thema (ZBKT) zu Zentralen Beziehungsmustern (ZBM). Psychother.Psychosom.med.Psychol. 44: 89-98

Anzieu D (1985) Das Haut-Ich. Suhrkamp, Frankfurt/M 1991

Argelander H (1979) Die kognitive Organisation psychischen Geschehens; ein Versuch zur Systematisierung der kognitiven Organisation in der Psychoanalyse. Klett-Cotta, Stuttgart

Arlow JA (1986) Psychoanalysis and Time. Amer. Psychoanal.Ass. 34: 507-528

Balint M (1970) Trauma und Objektbeziehung. Psyche 24: 346-358

Bartholomew-Günther J (1994) Regelhafte Abläufe in der psychotherapeutischen/psychoanalytischen Arbeit mit schizophren regressiven Menschen. In: Streeck U, Bell K (Hrsg) Die Psychoanalyse schwerer psychischer Erkrankungen. Pfeiffer, München, 244-257

Bastiaans J (1977) Der Beitrag der Psychoanalyse zur Psychosomatischen Medizin. In: Eicke D (Hrsg) Tiefenpsychologie Bd 2. Beltz, Weinheim 1982, 223-257

- (1985) Psychoanalyse und Psychosomatik. Prax.Psychother.Psychosom. 30: 87-94

Baumgart M (1991) Psychoanalyse und Säuglingsforschung; Versuch einer Integration unter Berücksichtigung methodischer Unterschiede. Psyche 45: 780-809

Beland H (1994) Validation in the clinical process: four settings for objectifikation of the subjectivity of understanding. Int.J.Psycho-Anal. 75: 1141-1158

Bergmann MS (1998) Die Beendigung der Analyse: die Archilles-Ferse der psychoanalytischen Behandlungstechnik. Zschr.f.psychonal.Theorie u. Praxis 13: 309-322

Blos P (1964) Die Funktion des Agierens im Adoleszenzprozeß. Psyche 18: 120-138

- (1990) Vater und Sohn. Diesseits und Jenseits des Ödipuskomplex. Klett-Cotta, Stuttgart

Bohleber W (1987) Die verlängerte Adoleszenz. Identitätsbildung und Identitätsstörung im jungen Erwachsenenalter. Jahrb. Psychoanal. 21: 58-84

Boschan PJ (1990) Temporality and Narcissism. Int.Rev.Psychoanal. 17: 337-349

Bruns G (1997) Die Öffnung der Dyade. Eine patienteninduzierte Modifikation der psychoanalytischen Behandlung psychotischer Patienten. Psychotherapeut 42: 350–355

Buchholz MB (1996) Metaphern der ‚Kur‘. Eine qualitative Studie zum psychotherapeutischen Prozeß. Westdeutscher Verlag, Opladen

Danckwardt JF (1976) Stationäre Behandlung, Katamnese und sekundäre Prävention neurotischer Störungen. Nervenarzt 47: 225-231

Daser E (1998) Interaktion, Symbolbildung und Deutung. Zur triadischen Struktur der Erkenntnis. Forum Psychoanal. 14: 225-240

Devereux G (1967) Angst und Methode in den Verhaltenswissenschaften. Suhrkamp, Frankfurt 1984

Dührssen A (1972) Analytische Psychotherapie in Theorie, Praxis und Ergebnissen. Vandenhoeck & Ruprecht, Göttingen

Engel GL, Schmale AH (1969) Eine psychoanalytische Theorie der somatischen Störungen. Psyche 23: 241 - 261

Erdheim M (1993) Psychoanalyse, Adoleszenz und Nachträglichkeit. Psyche 47: 934-950

Erikson EH (1956) Das Problem der Ich-Identität. In: Identität und Lebenszyklus. Suhrkamp, Frankfurt/M 1973, 123-212

-   (1959) Identität und Lebenszyklus. Suhrkamp, Frankfurt/M 1981

Ermann M (1987) Die Persönlichkeit bei psychovegetativen Störungen. Klinische und empirische Ergebnisse. Springer, Berlin/Heidelberg

-   (1988) Die stationäre Langzeitpsychotherapie als psychoanalytischer Prozeß. In: Schepank H, Tress W (Hrsg) Die stationäre Psychotherapie und ihr Rahmen. Springer, Berlin/Heidelberg, 51-60

Ferenczi S (1927) Das Problem der Beendigung der Analysen. In: Schriften zur Psychoanalyse Bd II. Fischer, Frankfurt 1982, 227-236

Fischer G (1986) Der dialektische Charakter psychoanalytischer Konzepte. Forum Psychanal. 2: 20-27

-   (1989) Dialektik der Veränderung in Psychoanalyse und Psychotherapie. Asanger, Heidelberg

Freud A (1960) Probleme der Pubertät. Psyche 14: 1-24

Freud S (1900) Die Traumdeutung GW Bd II/III,

-   (1905) Drei Abhandlungen zur Sexualtheorie. GW Bd V, 27-145

-   (1910) Die psychogene Sehstörung in psychoanalytischer Auffassung. GW Bd VIII, 94-102

-   (1911) Psychoanalytische Bemerkungen über einen autobiographisch beschriebenen Fall von Paranoia. GW Bd VIII, 239-320

-   (1912) Ratschläge für den Arzt bei der psychoanalytischen Behandlung. GW Bd VIII, 375-387

-   (1913) Zur Einleitung der Behandlung. GW Bd VIII, 454-478

-   (1914) Zur Einführung in den Narzißmus. GW Bd X, 137-170

-   (1915) Das Unbewußte. GW Bd X, 262-303

-   (1916/17) Vorlesungen zur Einführung in die Psychoanalyse. GW Bd XI

-   (1917) Trauer und Melancholie, GW Bd X, 427-446

- (1918) Aus der Geschichte einer infantilen Neurose. GW Bd XII, 27-157
- (1921) Massenpsychologie und Ich-Analyse. GW Bd XIII, 73-161
- (1923) Das Ich und das Es. GW Bd XIII, 235-289
- (1926) Hemmung, Symptom und Angst. GW Bd XIV, 111-205
- (1926/27) Die Frage der Laienanalyse. GW Bd XIV, 207-296
- (1938) Abriß der Psychoanalyse, GW Bd XVII, 63-138

Frommer J (1996) Grundlinien einer Systematik der Neurosen und Persönlichkeitsstörungen. Psychotherapeut 41: 305-312

Fürstenau P (1978) Die Verlaufsstruktur der nicht-fokussierten psychoanalytischen Einzelbehandlung. In: Zur Theorie psychoanalytischer Praxis. Klett-Cotta, Stuttgart, 66-82

Geyer M, Reihs RG (1998) Zur Wirksamkeit stationärer Psychotherapie – Ergebnisse einer Langzeit-Katamnesestudie. Vortrag auf der Tagung „Stationäre Psychotherapie –State of the Art", Düsseldorf 21.-23.5.

Grunberger B (1976) Vom Narzismus zum Objekt. Suhrkamp, Frankfurt/M

Habermas J (1968) Erkenntnis und Interesse. Suhrkamp, Frankfurt/M 1994

Hau TF u.a. (1984) Die Initialphase in der klinischen Psychotherapie. Prax.Psychother. Psychosom. 29: 271-281

Heigl F (1972) Indikation und Prognose in Psychoanalyse und Psychotherapie. Vandenhoeck & Ruprecht, Göttingen
- (1981) Psychotherapeutischer Gesamtbehandlungsplan. In: Baumann U (Hrsg) Indikation zur Psychotherapie. Urban & Schwarzenberg, München, 41-51

Heigl-Evers A, Heigl F (1979) Interaktionelle Gruppenpsychotherapie. In: Die Psychologie des 20. Jhd. Bd. VIII. Kindler, Zürich, 850-858
- (1982) Tiefenpsychologisch fundierte Psychotherapie – Eigenart und Interventionsstil. Zschr.Psychosomat.Med. 28: 160-175

Heigl-Evers A, Streeck U (1985) Psychoanalytisch-interaktionelle Therapie. Psychother. med.Psychol. 35: 176-182

Hellwig A (1981) Die Vorbereitung der Entlassung aus der stationären Psychotherapie. In: Heigl F, Neun H (Hrsg) Psychotherapie im Krankenhaus. Vandenhoeck & Ruprecht, Göttingen, 173-180

Hirsch M (1997) Die Psychosomatosen als Erkrankungen der Grenzfindung. Anthropologica 3: 11-24
- (1998) Suizidalität und Selbstbeschädigung. Überschneidungen und Differenzen. Forum Psychoanal. 14: 123-138

Janssen PL (1987) Psychoanalytische Therapie in der Klinik. Klett-Cotta, Stuttgart

Jung CG (1921) Psychoanalytische Typen. GW Bd 6 (1994). Walter, Solothurn/Düsseldorf

Kächele H (1992) Psychoanalytische Therapieforschung 1930-1990. Psyche 46: 259-285

Kernberg OF (1970) Eine psychoanalytische Klassifizierung der Charakterpathologie. In: Objektbeziehungen und Praxis der Psychoanalyse. Klett-Cotta, Stuttgart 1981, 139-160

-   (1975) Borderline-Störungen und pathologischer Narzißmus. Suhrkamp, Frankfurt/M. ³1979

-   (1994a) Validation in the clinical process. Int.J.Psychoanal. 75: 1193-1200

-   (1994b) Der gegenwärtige Stand der Psychoanalyse. Psyche 48: 483-508

Kernberg OF u. a. (1993) Psychodynamische Therapie bei Borderline-Patienten. Huber, Bern

Klein M (1991) Das Seelenleben des Kleinkindes. Klett-Cotta, Stuttgart

Kohut H (1990) Narzißmus – Eine Theorie der psychoanalytischen Behandlung narzißtischer Persönlichkeitsstörungen. Suhrkamp, Frankfurt/M.

König H (1996) Gleichschwebende Aufmerksamkeit, Modelle und Theorien im Erkenntnisprozeß des Psychoanalytikers. Psyche 50: 337-375

König K, Sachsse U (1981) Die zeitliche Limitierung in der klinischen Psychotherapie. In: Heigl F, Neun H (Hrsg) Psychotherapie im Krankenhaus. Vandenhoeck & Ruprecht, Göttingen, 168-172

Konzag TA, Fikentscher E (1998) Stationäre Psychotherapie – Phasen der therapeutischen Beziehung bei strukturell schwergestörten Patienten. Psychotherapeut 43: 369-376

Küchenhoff J (1989) Gegen eine vorschnelle Vermittlung von klinisch-hermeneutischer und gesetzeswissenschaftlicher Empirie. Psychother.med.Psychol. 39: 310-314

-   (1992) Zur kommunikativen Funktion psychogener Körperstörungen. Zschr.Psychosom. Med. 38: 240-250

-   (1994) Aspekte der psychoanalytischen Psychotherapie bei psychosomatischen Erkrankungen. In: Streeck U, Bell K (Hrsg) Die Psychoanalyse schwerer psychischer Erkrankungen. München, Pfeiffer, 143-161

-   (1995) Der Körper und die Grenzen des Ichs. Forum Psychoanal. 11: 239-249

Kutter P (1981a) Sein oder Nichtsein. Die Basisstörung der Psychosomatose. Ein Ansatz zu einer Objektspezifität psychosomatischer Erkrankungen. Prax.Psychother. Psychosom. 26: 47-60

-   (1981b) Der Basiskonflikt der Psychosomatose und seine therapeutischen Implikationen. Jahrb.Psychoanal. 13: 93-114

-   (1984) Die Dynamik psychosomatischer Erkrankungen – damals und heute Psyche 38: 544-562

-   (1988) Phantasie und Realität bei psychosomatischen Störungen. Psychosomatische Triangulation, Basiskonflikt und der Kampf um den Körper. Prax.Psychother.Psychosom. 33: 225-232

Lacan J (1949) Das Spiegelstadium als Bildner der Ichfunktion. Schriften Bd I. Walter, Olten 1975

- (1957) Das Drängen des Buchstabens im Unbewußten oder die Vernunft seit Freud. Schriften Bd II. Walter, Olten 1975

Leikert S, Ruff W (1994) Methodische Prinzipien psychoanalytischer Therapieforschung. Forum Psychoanal. 10: 77-86

- (1997) Die posttherapeutische Krise. Eine Untersuchung zum Durcharbeiten von Therapieerfahrung. Jahrb.Psychoanal. 39: 135-153

Lempa G (1997) Die Symbolisierung des schizophrenen Grundkonflikts – behandlungstechnische Überlegungen. Anal.Psychol. 28: 203-219

Lichtenberg JD (1983) Psychoanalyse und Säuglingsforschung. Springer, Berlin/Heidelberg 1991

Lorenzer A (1970) Sprachzerstörung und Rekonstruktion – Vorarbeiten zu einer Metatheorie der Psychoanalyse. Suhrkamp, Frankfurt/M 1995

- (1976) Die Wahrheit der psychoanalytischen Erkenntnis – Ein historisch materialistischer Entwurf. Suhrkamp, Frankfurt/M

- (1983) Sprache, Lebenspraxis und szenisches Verstehen in der psychoanalytischen Therapie. Psyche 37: 97-115

Luborsky L, Kächele H (1988) Der Zentrale Beziehungskonflikt. Ein Arbeitsbuch. PSZ-Verlag, Ulm

Mahler MS (1972) Symbiose und Individuation. Klett-Cotta, Stuttgart

Malan DH (1961) Zur Methodik der Beurteilung von Behandlungsergebnissen in der Psychotherapie. Psyche 15: 331-362

Marty P, de M'Uzan M (1963) Das operative Denken („Pensée opératoire").Psyche 32 (1978): 974-984

Marx EM (1994) Modifizierte Psychoanalyse im Formenkreis der schizophrenen Pathologie. In: Streeck U, Bell K (Hrsg) Die Psychoanalyse schwerer psychischer Erkrankungen. Pfeiffer, München, 270-282

Mentzos S (1997) Die Psychodynamik der Psychosen. Psychotherapeut 42: 343-349

Mertens W (1990) Einführung in die psychoanalytische Therapie. Kohlhammer, München

- (1994) Entwicklung der Psychosexualität und der Geschlechtsidentität. Kohlhammer, Stuttgart.

Mitscherlich A (1967) Über die Behandlung psychosomatischer Krankheiten. Gesammelte Schriften II, Psychosomatik 2. Suhrkamp, Frankfurt/M 1983, 255-277

Pfeffer AZ (1959) A procedure for evaluation the results of psychoanalysis. J.Amer.Psychoanal. Ass. 7: 418-444

- (1961) Follow-up study of a satisfactory analysis . J.Amer.Psychoanal.Ass. 9: 698-718

Plassmann R (1996) Körperpsychologie und Deutungstechnik. Forum Psychoanal. 12: 19-30

Popper K (1934) Logik der Forschung. Mohr, Tübingen 1973

Porsch U (1997): Der Körper als Selbst und Objekt. Vandenhoeck & Ruprecht, Göttingen

Rad M v (1983) Alexithymie; empirische Untersuchungen zur Diagnostik und Therapie psychosomatisch Kranker. Springer, Berlin/Heidelberg

Raguse H (1994) Der Raum des Textes. Kohlhammer, Stuttgart

Rangell L (1969) Choice-conflict and the decision-making function of the ego. A psychoanalytic contribution to decision theory. Int.J.Psycho-Anal. 50: 599-602

Rank O (1924) Das Trauma der Geburt und seine Bedeutung für die Psychoanalyse. Int.Psychoanal.Verlag, Leipzig/Wien/Zürich. Neuauflage Psychosozial-V., Gießen 1998

- (1926) Die Technik der Psychoanalyse Bd I. Die analytische Situation. Deutike, Leipzig

Rohde-Dachser C (1987) Zeitbegriff und Zeitbegrenzung in der Psychotherapie. Prax.Psychother.Psychosom. 32: 277-286

Rudolf G (1992) Körpersymptomatik als Schwierigkeit in der Psychotherapie. Prax.Psychother.Psychosom. 37: 11-23

Rudolf G u. a. (1995) Struktur und strukturelle Störung. Zschr.Psychosom.Med. 41: 197-212

Ruesch J (1948) The infantile personality. Psychosom.Med. 11: 338-353

Ruff W (1983) Die stationäre Voruntersuchung. Ein Modell zur Verbesserung der klinischen Psychotherapie. Zschr.Psychosom.Med. 29: 15-27

- (1999) Werten – urteilen – verantworten. Grundannahmen für eine psychoanalytische Ethik. Jahrb. Psychoanalyse 41 (im Druck)

Ruff W, Leikert S (1994a) Die Entwicklung psychotischer Patienten – Zehn Jahre nach stationärer psychiatrisch-psychotherapeutischer Behandlung. Nervenarzt 65: 323-328

- (1994b) Die Posttherapeutische Entwicklung bei schwergestörten und bei neurotischen Patienten. In: Streeck U, Bell K (Hrsg) Die Psychoanalyse schwerer psychischer Erkrankungen. Pfeiffer, München, 299-313

- (1994c) Struktur und Wirkung spontaner Gruppenbildungen bei Patienten in stationärer Psychotherapie. Gruppenpsychother.Gruppendynam. 30: 262-275

- (1995) Stationäre tiefenpsychologische Psychotherapie – eine eigenständige Behandlungsform. Untersuchungen von Entwicklungen ehemaliger Patienten in 10 Jahren. Psychotherapeut. 40: 163-170

Ruff W, Werner H (1987) Das Therapieziel des Patienten als ein Kriterium für Prognose und Erfolg in der stationären Psychotherapie. Zschr.Psychosom.Med 33: 238-251

- (1988) Behandlungsabbrüche in der stationären Psychotherapie. Zschr.Psychosom. Med. 34: 125-139

Saussure F de (1916) Grundfragen der allgemeinen Sprachwissenschaft. Walter de Gruyter, Berlin 1967

Schepank H, Tress W (1988) Die stationäre Psychotherapie und ihr Rahmen. Springer, Berlin/Heidelberg

Schlessinger N, Robbins FP (1983) A developmental view of the psychoanalytic process. Intern.Univ. Press, New York

Schöl R, Künsebeck HW (1984) Behandlungserwartungen bei psychosomatischen Patienten und deren Bedeutung in Poliklinik und Konsiliardienst. Zschr.Psychosomat.Med. 30: 119-133

Schöttler B, Buchholz MB (1993) „Haltung", „Prozeßphantasie" und „Fortschrittsvorstellung" nach stationärer Psychotherapie – das Tiefenbrunner Abschlußinterview. Psychother.Psychosom.med.Psychol. 43: 140-149

Schöttler C (1981) Zur Behandlungstechnik bei psychosomatisch schwergestörten Patienten. Psyche 35: 111-141

Schur M (1955) Zur Metapsychologie der Somatisierung. In: Overbeck G, Overbeck A (Hrsg) Seelischer Konflikt – körperliches Leiden. Rowohlt, Reinbeck 1978, 83-142

Sifneos PE (1973) The prevalence of 'alexithymic' characteristics in psychosomatic patients. Psychother.Psychosom. 22: 255-263

Simmel E (1927) Eröffnung einer psychoanalytischen Klinik in Berlin. Int.Zschr. Psychoanal. u. Imago 13: 245f

- (1928) Die psychoanalytische Behandlung in der Klinik. Int.Zschr.Psychoanal. u. Imago 14: 352-370

Stern D (1985) The Interpersonal World of the Infant. Basic Books, New York

Streeck U (1991) Klinische Psychotherapie als Fokalbehandlung. Zschr.Psychosom.Med. 37: 3-13

- (1994) Psychoanalytiker interpretieren „das Gespräch, in dem die psychoanalytische Behandlung besteht". In: Buchholz MB, Streeck U (Hrsg) Heilen, Forschen, Interaktion. Westdeutscher Verlag, Opladen, 179-224

Streeck-Fischer A (1994) Entwicklungslinien der Adoleszenz. Narzißmus und Übergangsphänomene. Psyche 48: 509-528

Stuhr U (1995) Die Fallgeschichte als Forschungsmittel im psychoanalytischen Diskurs. In: Kaiser E (Hrsg) Psychoanalytisches Wissen – Beiträge zur Forschungsmethodik. Westdeutscher Verlag, Opladen, 188-204

Tress W (1988) Forschung zu psychogenen Erkrankungen zwischen klinisch-hermeneutischer und gesetzeswissenschaftlicher Empirie: Sozialempirische Marker als Vermittler. Psychother.med.Psychol. 38: 269-275

Wegner P, Henseler H (1991) Die Anfangsszene des Erstinterviews im Prisma einer Analytikergruppe. Forum Psychoanal. 7: 214-224

Weiss J (1993) How psychotherapy works: Process and technique. The Guilford Press, New York

Widok W (1977) Krisen im Umkreis stationärer Psychotherapie. In: Beese F (Hrsg) Stationäre Psychotherapie. Vandenhoeck & Ruprecht, Göttingen (1978), 178-190

Wittgenstein L (1918) Tractatus logico-philosophicus. Suhrkamp, Frankfurt/M 1984

- (1945) Philosophische Untersuchungen. Suhrkamp, Frankfurt/M 1984.

Zepf S (1981) Psychosomatische Medizin auf dem Weg zur Wissenschaft. Campus, Frankfurt/M

- (1986) Die psychosomatische Erkrankung in der „Theorie der Interaktionsformen" (Lorenzer): Metatheorie statt Metasemantik. In: Zepf S (Hrsg) Tatort Körper – Spurensicherung. Eine Kritik der psychoanalytischen Psychosomatik. Springer, Berlin/Heidelberg, 129-151

Psychosozial-Verlag

Sándor Ferenczi

Das klinische Tagebuch

Sándor Ferenczis klinisches Tagebuch hat ein bewegtes Schicksal hinter sich: Niedergeschrieben im Jahr 1932 – ein Jahr vor seinem Tod, über den viel gerätselt worden ist, und ein Jahr vor der Machtergreifung der Nationalsozialisten –, wurde es mehr als 50 Jahre später zunächst in französischer Sprache veröffentlicht. Die erste Ausgabe in der deutschen Originalsprache erschien erst Ende der 1980er Jahre.

Das *klinische Tagebuch* enthält Überlegungen zu wichtigen Aspekten der Behandlungstechnik, zur Beziehung mit Freud und zahllose Notizen und Gedankensplitter über Ferenczis eigene therapeutische Praxis. Insofern ist es ein zentrales, jedoch zugleich auch wenig erschlossenes Dokument der Geschichte der Psychoanalyse, das so mancher Legendenbildung über das Verhältnis zwischen Freud und seinem bedeutenden Schüler den Boden entzieht.

2013 · 299 Seiten · Broschur
ISBN 978-3-8379-2310-0

Ein zugleich intimes und historisch bedeutsames Dokument mit einem bewegten Schicksal – anlässlich des 140. Geburtstags und des 80. Todestags des ungarischen Pioniers der Psychoanalyse legt der Psychosozial-Verlag dieses Schlüsseldokument wieder auf!

Walltorstr. 10 · 35390 Gießen · Tel. 0641-9699 78-18 · Fax 0641-9699 78-19
bestellung@psychosozial-verlag.de · www.psychosozial-verlag.de

Andrea Lilge-Hartmann

Transkulturalität und interkulturelle Psychotherapie in der Klinik

Ethnopsychoanalytische Untersuchung eines stationären Behandlungskonzepts für Migranten

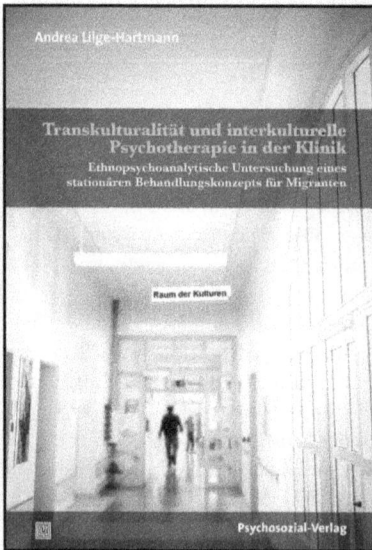

Die vorliegende Studie über ein stationäres Behandlungskonzept für Patienten und Patientinnen mit Migrationshintergrund beleuchtet die Dynamik und Komplexität transkultureller Situationen im psychotherapeutischen Klinikalltag.

Vor dem Hintergrund eines qualitativen Psychotherapieforschungsansatzes werden die in einer Feldforschung gewonnenen subjektiven Mitarbeiter- und Patientenperspektiven mit einer strukturellen Analyse des institutionellen Kontextes verknüpft. Anhand reichhaltigen ethnografischen Materials – Szenen, Gesprächen, Beobachtungen und Diskursen aus der Klinik – entfaltet die Autorin die Problematik der interkulturell orientierten Psychotherapiepraxis in ihrer ganzen Vielschichtigkeit. Die differenzierte, multiperspektivische Darstellung verdeutlicht die subtilen Beziehungsmuster des »doing culture« im therapeutischen Alltag und zeigt die Spannungen und Diskrepanzen zwischen dem intendierten Behandlungsansatz und den institutionellen Zwängen auf.

2012 · 322 Seiten · Broschur
ISBN 978-3-8379-2211-0

Walltorstr. 10 · 35390 Gießen · Tel. 0641-96 99 78-18 · Fax 0641-96 99 78-19
bestellung@psychosozial-verlag.de · www.psychosozial-verlag.de

Psychosozial-Verlag

Gertraud Reitz, Rolf Schmidts, Ingeborg Urspruch, Thomas Rosky

Kreative Therapien in der Psychoanalyse

Tanz, Musik, Theater

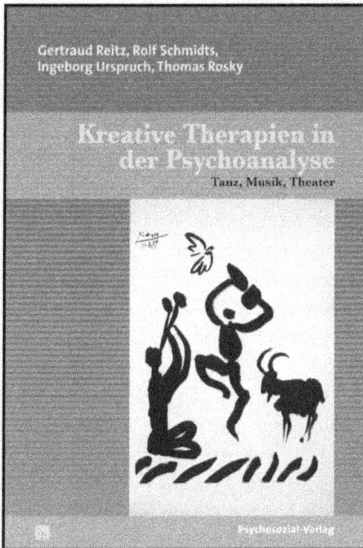

Die Einsicht, dass der Mensch nicht einen Körper hat, sondern sein Körper ist, erfordert ein erweitertes Verständnis von Psychoanalyse.
Unbewusstes artikuliert sich nicht nur mittels Sprache, sondern auch über den Körper. Deshalb gelten den Autoren Tanz-, Musik- und Theatertherapie als wichtige Ergänzung zum therapeutischen Gespräch. Der Band bietet dem Leser durch Fallgeschichten und gut verständliche Erläuterungen einen Einblick in die nonverbalen, körperzentrierten Verfahren und gibt Anregungen für die eigene Beschäftigung mit diesen kreativen Therapien.

2011 · 176 Seiten
Broschur · ISBN 978-3-8379-2108-3

Walltorstr. 10 · 35390 Gießen · Tel. 0641-969978-18 · Fax 0641-969978-19
bestellung@psychosozial-verlag.de · www.psychosozial-verlag.de

Wolfgang Weigand (Hg.)

Philosophie und Handwerk der Supervision

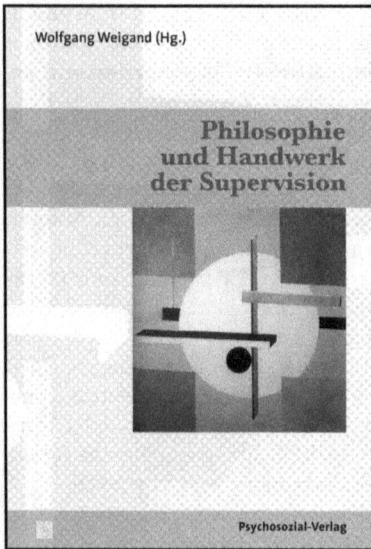

Wolfgang Weigand (Hg.)

Philosophie
und Handwerk
der Supervision

Psychosozial-Verlag

*2012 · 265 Seiten · Broschur
ISBN 978-3-8379-2194-6*

Der Beratungsbedarf der heutigen Gesellschaft nimmt kontinuierlich zu und in der Folge ebenso die mehr oder minder professionellen Angebote am Beratungsmarkt.

Die Supervision als ein Beratungsformat mit langer Tradition und einem wachsenden fachlichen Niveau stellt sich Fragen nach dem Eigentlichen der Beratung, nach dem, was aus dem Blick geraten ist und nach den Sinn- und Lebensentwürfen des Klientels.

Hervorragende Vertreter der Profession Supervision reflektieren im vorliegenden Buch diese Fragen an ausgewählten Beispielen und aus unterschiedlichen Perspektiven. SupervisorInnen wie SupervisandInnen bietet die Lektüre die Möglichkeit, das Alltagsgeschäft hinter sich zu lassen und eine tiefere Einsicht in ihre Arbeit zu gewinnen. Auf ungewöhnliche Weise entstehen daraus neue Ideen und Anregungen für die Beratungspraxis, Philosophie und Handwerk der Supervision verbinden sich.

Mit Beiträgen von Michael B. Buchholz, Ferdinand Buer, Marina Gambaroff, Rolf Haubl, Brigitte Hausinger, Rudolf Heltzel, Mathias Hirsch, Michael Klessmann, Mathias Lohmer, Marga Löwer-Hirsch, Winfried Münch, Wolfgang Weigand, Mario Wernado und Beate West-Leuer

Walltorstr. 10 · 35390 Gießen · Tel. 0641-969978-18 · Fax 0641-969978-19
bestellung@psychosozial-verlag.de · www.psychosozial-verlag.de

www.ingramcontent.com/pod-product-compliance
Lightning Source LLC
Chambersburg PA
CBHW030646270326
41929CB00007B/230